Oskar Holzberg

Wer die Liebe sucht ...

Orientierungshilfen für Paare

Illustrationen von Peter Gaymann

Ellert & Richter Verlag

Inhalt

WELCOME!

Wer die Liebe sucht ... den findet sie

Es gibt kein Rezept für die Liebe. Wir können nicht 200 Gramm guter Kommunikation mit 50 Gramm ungezügelter Erotik verrühren und sie dann in unserem auf Kuschelharmonie vorgewärmten trauten Heim garen lassen. Die Liebe entzieht sich uns. Wie wir die Natur letztlich nicht beherrschen können, so können wir auch die Liebe nicht beherrschen.

Aber wir können lernen, sie zu verstehen. Und die Bedingungen schaffen, in denen die Liebe uns finden kann. Wir können den Raum, den die Liebe braucht, von Störungen und unnötigen Kränkungen freihalten. Wir können Liebe nicht herstellen. Aber wir können dazu beitragen, dass wir sie nicht zerstören.

Ich glaube, es geht darum, die Liebe zu verstehen. Verstehen hat weniger mit Fakten zu tun, als damit, wie wir etwas betrachten, welchen Sinn und welche Zusammenhänge wir herstellen. Verstehen bedeutet auch, dass wir unser Herz nicht allein lassen, sondern es mit unserem Verstand und unserer Vernunft begleiten. Poeten und Liebende haben sich schon immer für die Liebe interessiert. Heute sind viele Liebende Wissenschaftler oder Therapeuten und versuchen auf ihre Art, die Liebe zu verstehen. Deshalb wissen wir eine ganze Menge darüber, welche unterschiedlichen Gefühle und Empfindungen wir meinen, wenn wir von Liebe sprechen. Und wir wissen einiges darüber, was für diesen Liebesmix förderlich ist. Wir wissen, was der Liebe abträglich ist, was ihr das Leben schwer macht. Wir wissen, was sie mit einiger Sicherheit auf Dauer zerstört. Und all das kann man beschreiben und mitteilen.

Heute bestimmen biologische Argumente die Diskussion um die Liebe. Doch die Forschung ist längst nicht so weit, wie es den Anschein hat. Und die Antwort ist auch dort nicht zu finden. Es ist ganz nett zu wissen, welches Hormon wann in uns ausgeschüttet wird. Aber es nutzt uns wenig, weil wir nicht in Hormonen erleben oder denken. Es hilft uns mehr zu verstehen, wie wir überhaupt über Liebe denken, wie wir sie erleben und durch welches Verhalten unsere Gefühle beeinflusst werden. Wenn wir wirklich nur von unserer Steinzeitmenschen-Natur bestimmt wären, und Männer und Frauen sich nicht verstehen könnten, dann könnten wir aufgeben. Wir müssten uns keine Gedanken über die Liebe machen und könnten einfach genießen, wohin uns unsere Gene treiben. Vermutlich aber hatten Steinzeitmenschen keine Vorstellung von großer Liebe. Und schon gar nicht von gleichberechtigter Partnerschaft. Und mit Bestimmtheit hatten sie nicht die Vorstellungen, die wir heute haben und die unser Liebesleben bestimmen.

Die Texte in diesem Buch versuchen zu beschreiben, wie wir den Raum suchen und erhalten können, in dem die Liebe uns finden kann. Sie beruhen auf dem, was Psychologie und Soziologie heute über die Liebe wissen.

Dieses Buch besteht in weiten Teilen aus Texten, die in dieser oder kürzerer Form bereits in der Zeitschrift „Brigitte" erschienen sind. Eine intensive Auseinandersetzung und viel Arbeit und Impulse einer engagierten Redaktion, der ich sehr dankbar bin, haben dazu beigetragen, dass dieses Buch nun in einer, wie ich glaube, verständlichen und gleichzeitig durchdachten Form vorliegt.

Wir haben meistens die falsche Vorstellung, dass wir die Liebe dann suchen, wenn wir allein sind und nach einem Partner Ausschau halten. Tatsächlich suchen wir die Liebe aber die allermeiste Zeit dann, wenn wir bereits einen Liebespartner haben, in den uns wichtigen und deshalb häufig langfristigen Liebesbeziehungen. In unseren Ehen und Partnerschaften geht uns irgendwann die Liebe verloren. Sie wird schwächer, und dann hoffen und ringen wir alle darum, die uns abhanden gekommene Liebe wieder zu finden.

In der Liebe, so wie wir sie verstehen und erleben, gibt es keine eindeutigen Antworten. Wir begreifen sie als Mysterium. Deshalb können wir uns ihr nur durch Fragen nähern. Es gibt keinen Ort, an dem wir sie finden werden. Er wäre ohnehin wegen Überfüllung geschlossen. Wir können sie nur suchen. Und selbst wenn wir sie gefunden haben, dann wissen wir, dass wir sie wieder verlieren werden. „Der Weg ist das Ziel." Dieser Satz ist schon zu einem schrecklichen Klischee geworden. Aber wir kommen auch nicht um diese Erkenntnis herum. Das Suchen der Liebe ist ihr Finden. Wenn Sie dieses Buch darin unterstützt, weiter zu suchen, zu suchen und zu suchen, dann hoffe ich für Sie, dass sie von der Liebe gefunden werden. Denn wer die Liebe immer weiter zu verstehen sucht, der hat die Chance, dass sie ihn immer wieder finden wird.

Partnerwahl und romantischer Mythos

Wie die Liebe anfängt

In den dreißiger Jahren des letzten Jahrhunderts forschte die Anthropologin Dr. Audrey Richards bei den Bemba im nördlichen Rhodesien. Eines Tages erzählte sie einigen von ihnen ein englisches Volksmärchen über einen jungen Prinzen, der steile Berge ersteigt, reißende Ströme durchquert und mit gefährlichen Drachen kämpft, um endlich die geliebte Jungfrau für sich zu gewinnen. Schließlich erhob ein älterer Häuptling die Stimme und sprach in einer simplen Frage die Gefühle aller aus: „Warum nimmt er keine andere Frau?"

Etwas in uns möchte dem Häuptling Recht geben. Aber sobald die Liebe anfängt, wollen wir nur noch den einen. Unsere Begegnung erscheint uns mystisch. Denn wir haben gefunden, was füreinander geschaffen ist. Und weder die gemeuchelten Lieben unseres bisherigen Liebesreigens noch die aktuelle Ehestatistik oder die täglich über uns ausgegossenen Trennungsmeldungen können uns davon abbringen.

Im Gegenteil. Wir orientieren uns mehr denn je am romantischen Liebesideal. In den sechziger Jahren waren noch drei von vier US-Amerikanerinnen bereit, auch ohne Liebe zu heiraten. Heute lehnen das über 90 Prozent ab. Sicher auch eine Folge wachsender wirtschaftlicher Unabhängigkeit und der zunehmenden Gleichberechtigung. Ohne die Schmetterlingsnummer im Bauch geht gar nichts mehr. Nur wenn es rosa prickelt, gehen wir eine Beziehung ein.

Die romantische Leidenschaft ist unser Kriterium für die Partnerwahl. Wir besitzen kein anderes. Wir wollen keine Persönlichkeitstests ausfüllen und dann den Computer den Mann unseres Lebens ausspucken lassen. Wir wollen unseren Lebenspartner auch nicht in der Partner-Tombola gewinnen. Es entspricht unserer Vorstellung von individueller Selbstverwirklichung, unseren Gefühlen ohne Einschränkungen zu folgen.

Die Anthropologin Helen Fisher, eine der führenden Liebesforscherinnen und Autorin des Bestsellers „Anatomie der Liebe", unterscheidet drei emotionale Systeme unseres Gehirns: Lust, Anziehung und Verbundenheit. Lust ist das einfache Begehren, die von Androgenen und Östrogenen bestimmte wahllose Bereitschaft, es mit irgendjemandem zu treiben.

Verbundenheit ist die lang anhaltende, formenreiche Beziehung zu einem anderen Menschen. Verbundenheit erlaubt uns, sozial und als Eltern in festen Bindungen zu leben. Bindungshormone wie Oxytocin, das bei Orgasmen, Zärtlichkeit und beim Stillen ausgeschüttet wird, bieten dafür die biologische Möglichkeit.

Dazwischen wirkt das System der Anziehung. Die euphorische Verrücktheit der romantischen Liebe. Sie macht aus zwei Einzelwesen ein Paar. Kein Lebewesen hat wahllos Sex. Und wir schon gar nicht. Wir wählen aus. Wir wählen exklusiv. Wir können immer nur in eine Person wirklich verliebt sein. Ein biologisches Programm bindet uns fest an den einen, unseren Mr. Richtig.

Bewusst nicht wahrnehmbare Duftstoffe haben uns zu einem Partner mit genetisch kompatiblen Immunsystemen geführt. Andere Duftstoffe stimmen uns entspannter und offener, erobert zu werden. Und während wir uns immer mehr in seinen Augen verlieren, werden unsere Neurotransmitter, die die Schaltungen unserer Gehirnzellen bestimmen, gnadenlos neu abgemischt. Von normal auf voll verliebt. Die Lustzentren laufen auf Hochtouren, für Trauer zuständige Hirnareale werden deaktiviert. Vermehrt ausgeschüttetes Dopamin lenkt unsere ganze Aufmerksamkeit auf unsere neue Flamme. Unser Serotoninspiegel sinkt auf die Werte eines Zwangskranken.

Wie besessen können wir an nichts anderes mehr denken als an den Partner. Ein wenig mehr Norepinephrin, ein Stoff, der an der Prägung von Tierkindern auf ihre Mutter beteiligt ist, und jedes Wort, das von seinen Lippen tropft, verwandelt sich in einen Satz für die Ewigkeit. Phenyläthylamin sorgt für eine Bombenstimmung. Die Lust- und Bindungssysteme kommen mit in Fahrt und damit die ganze Aufgeregtheit, das verminderte Schlafbedürfnis, das rosarote Schwärmen, die unglaubliche Energie, der erotische Taumel.

In einem sich selbst verstärkenden Prozess öffnen wir uns. Emotionale Intimität entsteht. Wir teilen uns alles mit, wir sind ganz füreinander da. Und schon hat sich der Fremde von eben in den lang ersehnten Romeo verwandelt.

Doch unsere biologische Fähigkeit zur Verliebtheit erklärt uns immer noch nicht, wen von all den gut riechenden Schönen wir nun auf dem Partnermarkt erwählen.

Verhaltensforscher, Psychologen und Biologen werfen darüber jeden Tag neue Theorien auf den Markt. Frauen fliegen demnach eher auf einfühlsame Versorgertypen mit Status. Männer fahren auf weibliche Kurvenverläufe ab, weil sie darüber die Nachwuchs-Chancen abchecken.

Aber so richtig bringt uns das auch noch nicht weiter. Wieso Tom und nicht Harry? Oder doch Paul? Besonders, wenn wir 60 Kilo leichter sind als unser Angebeteter und als Joschka-Fan nicht fassen können, was er an Frau Merkel findet. Doch da kommen uns die Psychologen zu Hilfe. Die Biologen sehen uns durch genetische Programme schon auf dem richtigen Weg zum bestmöglichen Fortpflanzungspartner. Die Psychologen glauben gar, dass wir den absolut Richtigen wählen: „Unbewusstes erkennt Unbewusstes irrtumslos", meint dazu der Psychoanalytiker und Paar-Experte Michael Lukas Moeller. Demnach erkennen wir unbewusst sofort, wer die gleiche Bereitschaft zu Liebe, Lust und Entwicklung, aber auch zu Angst und Abwehr hat. Doch sind uns nur zehn Prozent unserer Wahrnehmungen über den anderen bewusst. Psychologen sprechen daher auch von der unbewussten „Liebeslandkarte", die wir in uns tragen und anhand derer wir unseren idealen Partner erkennen. Unsere Beziehung zu Mama und Papa und deren Beziehung zueinander sind darauf besonders dick eingezeichnet.

Wer strenge und dominierende Eltern hatte, der wird mit großer Wahrscheinlichkeit eine Partnerschaft eingehen, die auch von Macht und Unterwerfung bestimmt ist. Er hat nur gelernt, beherrscht zu werden oder zu beherrschen. Was dazu führt, dass er durch seine Reaktionen mit jedem Partner in dieselben Konflikte gerät. Zwei Menschen, die beide auf diese Erlebens- und Verhaltensweisen reagieren, fühlen sich zueinander hingezogen. Meist ohne es zu verstehen, fühlt es sich heimisch an, richtig. Häufig sind aber auch Menschen voneinander fasziniert, die auf das Gleiche entgegengesetzt reagieren. Er ist sanft wie ein Reh und vermeidet jede Machtprobe. Sie versucht sich stets knallhart durchzusetzen. Dann spiegeln sie einander – zunächst noch unbewusst – genau die Eigenschaften vor, die sie selbst vermeiden.

Die Psyche bestimmt also, auf wen wir reagieren. Aber oft ist es erst die Situation, die das biologische Verliebtheitsprogramm zündet. Da reicht es manchmal schon, dass uns irgendetwas in gute Stimmung versetzt. Das schreiben wir dann der anwesenden Person zu. Daher die Urlaubsliebe. Und deshalb schleppen wir unsere Neu-Eroberung so gern ins Kino. Damit Julia Roberts auslöst, was wir dann einlösen können. Auch beängstigende Situationen und körperliche Erregung lassen unsere Mitmenschen attraktiver erscheinen. Wir schreiben unsere innere Erregung dem Gegenüber zu und nehmen an, wir seien spitz auf ihn. Was den hohen Flirtfaktor an den Bars mancher Mucki-Buden erklärt.

Unsere ganze romantische Partnerwahl gleicht also in vieler Hinsicht eher einer Lotterie. Gesteuert von genetischen Programmen, psychologischen Konflikten und zufälligen Umständen schaffen wir uns unseren Mr. Richtig selbst. Weltweit sind über 90 Prozent aller Männlein und Weiblein im Alter von 49 Jahren verheiratet. Was nicht nur verrät, wie wichtig uns Partnerschaft ist. Sondern auch bestätigt, dass wir tatsächlich unsere Körperflüssigkeiten mit einer abgemilderten Version einer reinen Zufallsbekanntschaft austauschen. Wie sonst könnte es dazu kommen, dass fast jeder Topf den passenden Deckel findet? Indische Wissenschaftler haben Paare, die aus Liebe geheiratet haben, mit solchen verglichen, die von ihren Familien verheiratet wurden. Nach fünf Jahren waren die Paare, die verheiratet wurden, glücklicher als die, die selbst gewählt hatten. Haben Verlieben und Liebe tatsächlich soviel miteinander zu tun wie Zahnpasta und Empfängnisverhütung?

Jede Kultur hat Heiratsregeln. Und die romantische Verliebtheit ist unsere Heiratsregel. Sie ist schwer durchschaubar und verwirrend, weil sie auf einem flüchtigen Gefühl beruht. Irgendwann ist das Bio-Programm dafür unweigerlich abgelaufen. Und die Frage des Bemba-Häuptlings holt uns ein. „Wieso suche ich mir nicht einfach jemand anderen?“ Dann hält uns die erlebte Einzigartigkeit davon ab, wie ein gedoptes Kaninchen augenblicklich in die nächste euphorische Verrücktheit zu hoppeln. Jetzt finden wir Halt im Mythos unserer Verbindung. Im Wunder unserer Begegnung, die nie stattgefunden hätte, wenn unsere Kugelschreiber nicht gleichzeitig unter den Kopierer gerollt wären. In der magischen Gewissheit, die uns erfasste, als wir uns begegneten. Wir wissen, wie richtig es sich anfühlte. Was möglich war. Und die Erinnerung an die blühende Oase unserer Liebe wird zur Vision, die uns die Kraft gibt, die Leere und Einsamkeit der Beziehungs-Sahara zu durchqueren. Wir sind als Paar eher glücklich miteinander, wenn wir schwer verliebt waren.

Romeo lebt, auch wenn wir ihn gerade entzaubern.

Die große Liebe

Die große Liebe gibt es nicht

Es tut mir ja auch Leid, aber die große Liebe gibt es nicht. Es gibt glückliche Paare, tiefe Zuneigung und Verbundenheit, die wir Liebe nennen. Aber keine große Liebe. Wenn wir einander viel bedeuten, dann vielleicht, weil die Neurosen, die wir aus unserer Kindheit mitbringen, sich wundervoll ergänzen und wir die gleichen Lebensentwürfe haben. Vielleicht auch nur, weil unsere Immunsysteme über unsere Körperausdünstungen signalisieren, dass sie prima zueinander passen und wir kerngesunden Nachwuchs produzieren können. Wir verstehen die Spielregeln der Liebe nicht so genau, aber wie es aussieht, werden wir in dieser Hinsicht von unseren Macken und unseren Erbanlagen dirigiert. Eine deprimierende Vorstellung, die wir nicht ertragen könnten. Und deshalb pflegen wir die Vorstellung von der großen Liebe.

> *Lieben – das heißt einen Menschen sehen, wie Gott ihn sich ausgedacht und seine Eltern nicht hervorgebracht haben.*
> Marina Zwetajewa

Wir glauben lieber an eine Schicksalsmacht, die uns unter einem Lkw zum spontanen Luftröhrenschnitt zusammenführt, wie es Franka Potente im Film „Der Krieger und die Kaiserin" widerfährt. Oder die uns schnurstracks in Hugh Grants Buchladen verschlägt wie Julia Roberts in „Notting Hill". Doch was ist das für eine Wundermacht, die liebende Paare bildet und dann tatenlos zusieht, wie alles wieder den Bach runtergeht? So dass ein ehrlicher Mann Mitte dreißig auf die Frage seiner gegenwärtigen Braut „Bin ich deine große Liebe?" antworten muss: „Ja. Du und Sonja und Florence und mit Abstrichen auch Carolin."

Die Wahrheit ist wesentlich simpler. Gelegenheit macht Liebe, und Gleich und Gleich gesellt sich gern. Unter allen sechs Milliarden Erdlingen finden wir unsere große Liebe zu 85 Prozent im Umkreis von mickrigen 20 Kilometern. 50 Prozent aller Liebenden stammen aus dem gleichen sozialen Milieu, der gleichen sozialen Schicht, gehören der gleichen Religion an.

Und es ist doch seltsam, dass viele der angeblich großen Lieben jahrelang existieren, nur keiner der Beteiligten merkt etwas davon. Tausendmal „nix passiert", aber dann kann man vom anderen nicht mehr lassen. Ganz so, wie man ein Paar Gummistiefel lieb gewinnt. Erst sind sie nur nützlich, hin und wieder, aber dann hängt man doch an ihnen. Das ist nicht die große Liebe, wie wir sie uns vorstellen, das ist emotionaler Kriechstrom.

Wer aus Liebe heiratet,
dem stehen schöne Nächte und schreckliche Tage bevor.
Provenzalisches Sprichwort

Ist es nicht auffällig, wie oft gerade unerfüllte oder unglücklich geendete Liebesbeziehungen zur großen Liebe verklärt werden? Bindungen, die zerbrachen, bevor das Versprechen der romantischen Anfangszeit wirklich eingelöst werden und der Alltag sie ramponieren konnte. Oder bei wie vielen Menschen die erste Liebe ein Leben lang die große Liebe bleibt, weil uns ihr Hormoncocktail umwarf wie die erste Flasche Korn und wir glaubten, jetzt gehe es ins Paradies? Nur dass wir als süße Siebzehnjährige mit der Einladung noch nicht allzu viel anfangen konnten und unsere Liebe nach zwei langweiligen gemeinsamen Wochenenden für tot hielten und es selbst gern sein wollten.

Im Gedächtnis bleiben sehr oft die nicht ausgelebten Begegnungen, weil wir darin unseren Traum von der alles umfassenden Liebe aufrechterhalten dürfen. Und nicht, weil sie unseren Träumen wirklich näher waren oder sind.

Liebe ist ein Gefühl, ziemlich riesig und schwer zu fassen. Aber große Liebe? „Groß" ist kein Gefühl. „Groß" ist eine Eigenschaft, ein Vergleich mit „klein". Es existiert aber keine kleine Liebe. Selbst wenn wir unsicher sind, ob wir lieben, kämen wir nie darauf, es eine kleine Liebe zu nennen. Eine Liebe ist immer eine große Liebe. Schon weil wir auch im Gefühlsleben nur die beste Qualität wollen, so wie kleine Kinder immer das größte Eis.

Vielleicht erwarten wir von der Liebe vor allem eins:
dass sie uns mit uns selbst versöhnt.
Charles Juliet

Unsere Erfüllung in der Liebe zu finden, ist zum Kernstück unseres Lebens geworden und das Maß unseres persönlichen Erfolgs. Besonders für Frauen, aber in zunehmendem Maß auch für Männer. Trotzdem wählen wir unsere Partner ja immer noch weniger sorgfältig aus als unsere Raumpflegerin. Über sie informieren wir uns, bevor wir sie einstellen. Die große Liebe wählen wir erst und erfahren danach, was wir so gar nicht hören wollen: trinkt, kokst, dreimal verheiratet. Wer möchte schon die volle Verantwortung für solche gigantischen Fehlentscheidungen tragen?

Wir schützen uns, indem wir an einzigartige Begegnungen glauben, an den Einfluss der Venus und dass es in der Liebe keinen Zufall gibt. Wir glauben eben an die große Liebe.

Es gibt die Idee der großen Liebe

Und eine Idee, eine Vorstellung ist ja auch eine Realität. 94 Prozent aller Jugendlichen glauben an die große Liebe. Und das scheint mehr zu sein als jugendliche Schwärmerei. Auch vier von fünf erwachsenen Deutschen glauben an die große Liebe. Und 69 Prozent wollen sie gar erlebt haben. Nun, dass man erlebt, woran man glaubt, ist ganz normal. Bevor Helicobacter als der Bösewicht identifiziert war, der die Magenschleimhaut angreift, da kannte jeder genau den Stress, der ihm auf den Magen schlug. Und als Frauen noch zweifellos als hysterische Hennen galten, da fühlten sie eben entsprechend die Ohnmacht nahen und schlugen lang hin. Was aber lässt uns trotz horrender Scheidungszahlen und der damit zuverlässig einhergehenden Vernichtung unseres Selbstwertgefühls an der Idee der großen Liebe festhalten? Warum geben wir nicht endlich zu, dass Verlieben ein Wahnsinns-Kick ist, der vorübergeht? Dass dann Vertrautheit kommt und Gewöhnung und Langeweile, und wir bleiben, weil es sonst zu teuer würde? Oder weil wir Angst haben, stur sind und ahnen, dass wir nach zwei Jahren auch in der nächsten Beziehung nicht weiter sein werden?

Wollen wir vielleicht nur nicht zugeben, dass wir das Klassenziel „große Liebe“ nicht erreicht haben? So wie im Märchen „Des Kaisers neue Kleider“ die Menschen auf ihren splitterfasernackten Kaiser glotzen und seine schönen Kleider loben, nur weil ein paar Gauner in die Welt gesetzt haben, dass alle, die die Kleider nicht sehen können, dumm und amtsuntauglich seien.

Die Antwort ist, dass wir die Idee der großen Liebe dringend brauchen. Sie vereint, was wir vereinen müssen. Unsere individuelle Glückssuche, unsere Selbstverwirklichung, die uns auffordert, so intensiv wie möglich zu leben, und unser tiefes Bedürfnis nach Bindung, die wir brauchen wie Brot und Wasser, um psychisch und körperlich gesund zu bleiben. Der Arzt Dr. Dean Ornisch hat gezeigt, dass einsame Menschen eine drei- bis fünfmal höhere Wahrscheinlichkeit haben, früh zu sterben als jene, die einen fürsorglichen Partner haben, in einer Familie oder sozialen Gemeinschaft leben.

Eine große Liebe? Ich denke, das ist,
wenn zwei Menschen es ein ganzes Leben miteinander
aushalten und sich dabei treu und ergeben bleiben.
Karel Čapek

Ohne die Vorstellung der großen Liebe, die auf den Mythos der Einmaligkeit gebaut ist, könnten wir unseren Wunsch nach verzehrendem Begehren und nach stabiler Bindung nicht einmal gedanklich vereinigen. Denn Bindung ist gut. Selbstverwirklichung ist auch gut. Bindung ist aber Abhängigkeit. Und Abhängigkeit ist keine Selbstverwirklichung. Also wie kann man gleichzeitig selbstverwirklicht und gebunden sein? Um nicht irre zu werden, gibt es die große Liebe, die Liebe unseres Lebens. Durch sie können wir uns auf die Suche nach jenem anderen machen, der uns so entflammt, dass das Feuer auch dann noch lodert, wenn wir es längst in die häusliche Fußbodenheizung eingebaut haben.

Es gibt die große Liebe

Denn eine große Idee verändert die Wirklichkeit und schafft, was sie in sich trägt. Und das tut ja auch die Idee der großen Liebe. Logischerweise erfüllt sie sich nicht. Ein einziger Mensch kann uns nicht alles geben, wonach wir uns sehnen, aber im Namen der großen Liebe suchen wir danach. Wir machen uns auf den Weg, einen Partner zu finden, der uns wirklich etwas bedeutet. Wir geben uns nicht mit dem Erstbesten zufrieden. Wir sind anspruchsvoll. Angetrieben vom abstrakten Ideal einer großen Liebe entstehen Beziehungen, die Gleichberechtigung anstreben und Gewalt und Abhängigkeit abzubauen versuchen.

> *Die Liebe ist nicht wie ein Stein einfach nur da,*
> *sie muss bearbeitet, in Form gebracht, wie Teig geknetet*
> *und immer wieder neu erschaffen werden.*
> Ursula Le Guin

Wenn wir Glück haben und die Idee nicht mit der Wirklichkeit verwechseln, dann finden wir so zu der oder den Lieben unseres Lebens. Einem Gegenüber, mit dem wir uns erfüllt genug fühlen und dem wir trotz aller Verlockungen und Anfechtungen treu bleiben. Unser Problem mit der Liebe ist ja nicht, wie man liebt, sondern wie man weiterliebt. Wir finden eine Liebe, die groß genug ist, damit wir sie zu der Liebe unseres Lebens erklären.

Nicht jeder kann wie Jean Paul Sartre und Simone de Beauvoir in einem Wust von Affären leben und niemals eine Wohnung miteinander teilen. Nicht jeder kann wie Christo und Jeanne-Claude die Welt einpacken und dabei privates und berufliches Leben verquicken. Nicht jedes Paar kann intim deponierte Zigarren überstehen wie die Clintons. Und nicht jedes sich trennen und versöhnen wie das legendäre Kampf- und Abhängigkeitspaar Liz Taylor und Richard Burton. Und nicht jeder kann einen stinknormalen Alltag mit zwei Kindern, Hund und Vorgarten glücklich leben, wie dennoch so viele es tun.

Wir sind froh über glückliche Paare, die sich zueinander als die große Liebe bekennen. Wir wissen, dass glückliche Paare die Fähigkeit zu liebevoller Kommunikation besitzen. Offenheit für und Interesse am anderen, die Fähigkeit lösbare Konflikte auf ähnliche Art zu regeln, unlösbare Konflikte ungelöst zu lassen und beides voneinander zu unterscheiden. Und dass sie gemeinsame Interessen und gemeinsame Visionen haben. Aber wir wissen nicht genau, wie sie dahin gekommen sind und wie sie es schaffen, so miteinander zu sein. Und meistens wissen sie es selber auch nicht. Doch mit Sicherheit haben sie sich weder der Verklärung noch der Entzauberung hingegeben. Die

Verklärung liegt in jener emotionalen Pornografie über die Liebe, in der die Durststrecken des Beziehungsalltags verleugnet werden. In der für das zeitweilige Erlöschen der Leidenschaft und die Leere kein Raum ist. In der im Namen der großen Liebe die Unterschiedlichkeit und das Unverständnis dem Partner angekreidet werden, statt die eigenen Ansprüche zu hinterfragen.

Die Liebe ist eine Göttin,
die manchmal kommt und manchmal geht.
Pablo Neruda

Wir sind zu sehr genuss- und erlebnisorientiert, wollen uns angeturnt fühlen und brauchen die Signale der Leidenschaft, das irrationale Begehren. Wer in seiner Beziehung die Liebe nicht mehr fühlt, der müht sich nicht lange, sondern sucht sich eine neue Liebe. Bis sie ihm dort auch wieder verloren geht und er weiterzieht. Wir wählen also nicht mehr den Partner als große Liebe, sondern die Liebe selbst. Geht sie uns verloren, lassen wir sie mit einem anderen Menschen neu aufleben.

Wenn jemand zur Liebe unseres Lebens wird, dann wohl auch, und vielleicht gerade deshalb, weil er oder sie uns nie vollständig sättigt. Weil der Blick in seine Augen, die Berührung seiner Hände, die Haltung seines Körpers oder die Sätze, mit denen er die Welt formt, ein stetes Versprechen sind. Weil darüber eine Sehnsucht in uns wach gehalten wird, ein Verlangen sich immer neu entzündet. Das ewige Versprechen nach Erfüllung, das unser Begehren, unsere Hoffnungen und Träume weckt, ist die wahre Magie der großen Liebe. Denn die große Liebe ist das Versprechen, das selbst dann bleibt, wenn es gebrochen wurde.

Was macht die Liebe stark?

„Das Schwein der Meere hat zugeschlagen“, stöhnt er, als sie das Haus der Freunde verlassen, „nie wieder Lachs!“ – „Das Schwein der Ehe hat zugeschlagen! Geschieht dir ganz recht!“ Sabine ist sauer. „Du amüsierst dich stundenlang auf meine Kosten und erzählst rum, dass ich mit Skisocken ins Bett gehe. Barbara hat mich auch entsetzt angeguckt, aber so was merkst du ja nicht.“ – „Verdammt, mir ist schlecht.“ Schweigend gehen sie die Straße entlang. „Der verdammte Fisch scheint eindeutig auf deiner Seite zu sein, Schatz“, sagt er schließlich, „Ehefrau von Lachs gerächt! Lass uns morgen noch mal drüber reden. Falls es mich nicht schon hinweggerafft hat.“ – „Blödmann“, sagt sie grinsend, während er übertrieben schuldbewusst den Kopf zwischen die Schultern zieht.

Keine schöne Szene, könnte man denken. Er macht sich über sie lustig. Sie beleidigt ihn. Doch das Paar hat seine eigene Geschichte. Es entschärft den Konflikt auf seine Art. Sie darf ihren Unmut ausleben. Er zeigt Bereitschaft, einzulenken. Sie haben sich immer als ein Paar verstanden, dass die rauen Schalen aneinander reibt und Stürme mit Humor überlebt. Dass die Umwelt das nicht immer versteht, bindet sie als Paar umso mehr. Sie erleben darüber ihre Einzigartigkeit. Frotzelnd haben sie sich kennen und lieben gelernt. So halten sie ihre Liebe lebendig, auch wenn sie immer wieder aneinander geraten.

„Wir sprechen dann von einem Paar, wenn zwei Menschen keinen ausreichenden Grund sehen, sich zu trennen“, sagt der Paartherapeut Robert Neuburger. Klar, wahr, präzise.

Aber wie schaffen es zwei Menschen, durch die ständigen Veränderungen einer Partnerschaft hindurch ein Paar zu bleiben?

Wie es anfängt, kennt jeder. Erst kribbelt es, und die Welt ist ein wunderbarer Platz. Das Verliebtheitsprogramm läuft, und wir fühlen uns unseren Zielen näher als zu jeder anderen Zeit unseres Lebens. Wir sind mit dem Menschen zusammen, der uns glücklich macht. Und fühlen uns wie der Mensch, der wir immer sein wollten.

Da wir unbewusst aber weit mehr wahrnehmen als bewusst, haben wir meistens jemanden erwählt, der unserem inneren

Bild von Mama oder Papa entspricht. Und schon deshalb lassen die Konflikte dann nicht lange auf sich warten. Die rosaroten Wolken lichten sich und enthüllen einen Partner, von dem wir maßlos enttäuscht sind. Er kritisiert uns. Er zieht sich von uns zurück. Wir entdecken Verhaltensweisen an ihm, die wir hassen. Er liebt scheußliche kleinkarierte Hemden und benimmt sich genauso. Wir sollen akzeptieren, dass er nie pünktlich sein kann, und ihn ernst nehmen, obwohl er beim Streiten unsere Lieblingstasse an die Wand wirft. Jetzt verstehen wir Tschechow. „Wer die Einsamkeit fürchtet, sollte nicht heiraten."

Nach der ersten Phase der totalen Öffnung macht das Paar irgendwann wieder dicht; jeder zieht sich in sich selbst zurück: Von „ein Herz und eine Seele" zu „ein Schmerz und eine Krise". Aber diese Phase ist genauso wichtig wie die vorhergehende. Wenn unsere persönlichen Schattenseiten und die tiefen Unzulänglichkeiten unserer Beziehung nicht sichtbar würden, blieben wir unehrlich, unerkannt, hohl miteinander. Kitsch eben. Und wir blieben mit unseren Ängsten und unseren Schwächen allein.

Die erste große Krise wird meistens durch eine Veränderung ausgelöst: den ersten gemeinsamen Urlaub, die gemeinsame Wohnung. Entweder trennt sich das Paar dann, oder es überwindet seine Konflikte und findet zu einer neuen, gemeinsamen Balance. Einem Stadium entspannten Miteinanders, in dem Licht und Schatten angenommen sind und gegenseitige Fürsorge und eine tiefere Bindung entstehen.

Expansion, Kontraktion und dann Entspannung. Ein Rhythmus, in dem jede Beziehung von nun an pulsiert. Wenn ein Paar diese Phasen immer wieder erfolgreich durchläuft, dann überlebt der Mythos des Besonderen, durch den jede Liebesbeziehung bestimmt ist. Und andererseits ist es dieser Mythos der Einmaligkeit, der einem Paar hilft, seine phasenhaften Krisen zu bestehen. Ein sich selbst unterstützendes System, das bei der allerersten Begegnung beginnt.

Der Mythos der Zusammengehörigkeit

Eine Familie hat eine Tradition, eine Geschichte. Ein Paar nicht. Es erfindet seine eigene Geschichte, seinen gemeinsamen

Mythos. Der beschreibt, warum gerade sie beide ein Paar wurden. Wie es kam und was die Gründe des Herzens waren, sich füreinander zu entscheiden. Wie es eines Tages am Fotokopierer „Zoom" machte. Und was kopierte man gerade? Erich Frieds Liebesgedichte! Wie der Blick ihrer Augen einen nicht losließ. Wie man gleich wusste: Der ist es. Wie einen das Schicksal zusammenführte, weil man wie Hugh Grant in „Notting Hill" zufällig mit seinen Orangensaft rumplanschte. Wie man sich gleich nach diesen Händen, die den kleinen Hund am Nachbartisch kraulten, sehnte. Wie man gleich von ihrem Humor und ihrer beherzten ehrlichen Art fasziniert war ...

Diese inneren Bilder, dieses magische Gefühl der Zusammengehörigkeit bindet. Selbst wenn aus dem turtelnden, dauerschnäbelnden Liebespärchen längst das Rentnerehepaar geworden ist, dessen Lebensrhythmus der Cockerspaniel und die Öffnungszeiten der internistischen Praxis bestimmen.

Dieses Grundgefühl gegenseitiger Liebe ist es, das die tiefere Wahrheit des Paares bildet. An das sich die Partner unbewusst erinnern, auf das sie sich innerlich immer wieder beziehen können. Es ist wie eine heilige Schrift, ein Album fast mythischer Paarporträts, in dem das Paar gerade in schwierigen Zeiten immer wieder nachschlägt und das sein Vertrauen festigt, miteinander auf dem richtigen Weg zu sein.

„Weder Sex noch Liebe, weder der gesetzliche Status noch der Kinderwunsch sind paarspezifische Elemente", so der Paartherapeut Robert Neuburger. Aber das Gefühl der Zusammengehörigkeit, die „Paarverliebtheit", die sich im Mythos des Paares spiegelt, ist einzigartig. Ein Paar existiert nur, solange dieser Mythos bestehen bleibt. Zwei, die auf ihre Kennenlernphase und erste Verliebtheit angesprochen, negative oder gleichgültige Aussagen machen, sind in ernster Gefahr. Zoff und Enttäuschungen haben das Fundament ihrer Ehe angegriffen und bringen das Beziehungsgebäude zum Einsturz. Denn jetzt finden die Partner auf die Frage, warum sie denn noch zusammen sind, keine gute, gefühlsmäßig tragende Antwort mehr. Die Sicht auf den anderen ist kritisch, negativ, abwertend geworden. Es bewahrheitet sich, was der Philosoph Epiktet sagte: „Den Menschen erregen nicht die Dinge selbst, sondern seine Sicht der Dinge."

Wie aber entsteht die negative Sicht des anderen, die sogar die Flitterwochen wie eine Farce erscheinen lässt und die eigene Verliebtheit zur Verblödung entwertet?

Die Beziehungskiller

Rund 70 Prozent aller Probleme in einer Partnerschaft sind nicht lösbar. Sagen Untersuchungen. Dass er als Kind immer zu kurz kam, sie keine Quickies mag, das Geld nicht jedes Jahr für eine Flugreise reicht, seine Leberwerte schlecht sind, die Tochter unglücklich verliebt ist, er ein Chaot und sie superordentlich ist, seine Eltern immer noch zur Ex stehen oder sie Blumen liebt und er Allergiker ist. Ein Paar muss mit all dem zurechtkommen.

Paarforscher sind sich in groben Zügen einig, was eine Beziehung killt. Zunächst ist es die Art, miteinander zu reden. John Gottman, amerikanischer Paarforscher, beschreibt den zerstörerischen Reigen als eine Steigerung von Kritik über Verachtung zu Abwehr und schließlich Rückzug. Erst wird nicht mehr das Verhalten, sondern die Person des Partners kritisch angegriffen. Es hagelt Beschwerden und Vorwürfe, er macht alles „nie" oder „immer". Das Vertrauen wird ihm entzogen. Danach gehen Partner in die offene Entwertung über, beleidigen sich mit Schimpfworten, ätzendem Spott, machen einander lächerlich. Der Austausch bricht zusammen, und jeder wehrt den anderen nur noch ab. Auf jede Beschuldigung folgt die Gegenbeschuldigung, es wird nur noch die eigene Sicht vertreten, durch Wiederholen, Rechtfertigen und Ausweichen. Bis in der letzten Phase geschwiegen wird, dicht gemacht, der Raum verlassen. Dann gewinnen die Unterschiede zwischen Mann und Frau die Oberhand: Sie spricht Probleme an, und er verdrückt sich schweigend.

Andere Beziehungskiller sind: unabgeschlossene frühere Beziehungen oder eine abhängige Bindung an die Eltern. Einsame Entscheidungen, Heimlichkeiten. Kündigung der Loyalität durch Seitensprünge. Oder wenn der Beruf wichtiger ist als die Partnerschaft. Die Zerstörung der Geborgenheit durch Gewalt, Alkohol- oder Drogenkonsum. Einengung durch Klammern oder Drohen. Ungleiche Machtverhältnisse und Belastungen durch die Familie.

Wie aber vermeiden oder überwinden glückliche Paare diese Hindernisse?

Das glückliche Paar

Das glückliche Paar zeichnet sich im Wesentlichen durch zwei Stärken aus: Es hat Rituale entwickelt, die die Zusammengehörigkeit stärken, und es hat eine Kommunikation entwickelt, die ausgleichend und einander bestärkend ist.

Rituale sind nicht nur Geburtstagsfeiern oder das gemeinsame Abendessen. Es ist auch die kleine Notiz auf dem Schreibtisch, das Aneinanderkuscheln vor dem Einschlafen, der tägliche Anruf aus dem Büro, der gemeinsame Einkaufsbummel, die Grimassen, wenn beide ratlos sind, das Brötchenholen jeden Morgen, ineinander verschlungen „Tatort“ gucken oder die megawichtige Frage am Abend, wie denn der Tag war. Rituale sind Intimität.

Die Kommunikation von glücklichen Paaren zeichnet sich dadurch aus, dass die positiven Zuwendungen die kritischen Bemerkungen im Alltag um ein Vielfaches übersteigen. Vor allem befolgen zufriedene Paare unbewusst eine Strategie der Deeskalation. Auf einen Angriff, eine Kritik wird nicht noch eins draufgesetzt, sondern beide versuchen die grundsätzliche Einigkeit zu betonen.

Wer auf eine Attacke mit einem stärkeren Gegenschlag reagiert, befindet sich schnell in einer heftigen Prügelei. Zufriedene Paare schaffen kleine Pausen, berühren einander auch beim Streit, binden Erklärungen ein und geben einander immer wieder positive Signale. „Ich seh auch, dass du dir Mühe gibst.“ „Ich bin wirklich nicht gegen dich.“ Es entsteht keine Spirale zunehmender Entwertung.

Das alles entscheidende Beziehungskonto bleibt ausgeglichen. Leidenschaft, Intimität und Bindung, aus der sich die Liebe zusammensetzt, bleiben erhalten. Der Mythos und mit ihm das Paar lebt weiter.

Dabei geht es keineswegs um puschelige Paare und leisetreterische Ehepartner, die sich wohlwollend ein „Ich fühle jetzt, wie sehr ich dich auf die Palme bringe“ entgegensäuseln. Ob ein Paar sanft und höflich miteinander umgeht oder temperamentvoll und auch mal streitlustig, ist relativ egal. Wichtig ist nur, dass beide den gemeinsamen Beziehungsstil unterstützen. Den sicheren Rahmen dafür haben wir, solange wir an unsere Einzigartigkeit als Paar glauben. Dazu müssen wir uns erinnern, wer wir in den kostbaren Augenblicken des ersten Kennenlernens, des gegenseitigen Sich-Erkennens füreinander sein konnten. Und er macht uns zu einem wirklich besonderen Paar: Nur mit ihm, nur mit ihr können wir es sein. Ein Paar, das sich als Paar verwirklicht, indem es ein Paar bleibt.

Es gab mal einen Mann, der lebte in einer schwierigen Beziehung. Er trug zwei Bilder in sich. Eines, als er seine Frau kennen lernte, als er sie in der Badeanstalt zum ersten Mal sah und wusste, sie wollte er. Und ein anderes, als er sich entschloss, sie zu heiraten. Wobei sie ihm damals schon so verschlossen und dunkel vorkam, dass sein Herz sich nicht mehr öffnete und er nur im Vertrauen auf ihre Bindung sein Jawort gab. Nach langen Jahren einer wechselvollen Ehe ging er eines Tages in sich und schaute sich das zweite Bild noch einmal an. Und er veränderte es. Er sah sich auf sie zugehen, sie in den Arm nehmen und spürte ihre gegenseitige Liebe und Zugehörigkeit. Er sah sich das tun, was er damals nicht tun konnte, weil er sich schon so feindselig ihr gegenüber fühlte.

Er konnte nicht beschreiben, was sich in ihm verändert hatte. Aber er konnte fühlen, wie er seine Frau danach auf eine Art schätzte und liebte, nach der er sich lange gesehnt hatte. Und auch, wie sich ihr Umgang friedlicher und liebevoller gestaltete. Es klingt ein wenig wie ein Märchen. Aber diese Geschichte ist wahr.

Vermutlich werden auch die Geschichten der Psychologen und Paarforscher in einigen Jahren ganz anders aussehen. Aber so ist es. Geschichten müssen nicht stimmen. Aber sie müssen gut sein. Und dann werden sie wahr.

Partner gibt's nur in der Familienpackung

Lebe fern von Verwandten und nahe am Wasser.
Indisches Sprichwort

„Willst du, Antje Mering, die hier anwesenden Gerda und Helmut als deine unzufriedenen Schwiegereltern, den feigen Gernot und die schüchterne Karin als Schwager und Schwägerin, den autoritären Martin als deinen Onkel und die spitzzüngige Maria als deine Tante von nun an als deine Familie lieben und ehren, bis dass der Tod euch scheidet? Dann antworte mit: ‚Ja, ich will.'

Und ihr, Familie Simon, wollt ihr die hier anwesende Antje Mering zu eurer vertrauten Schwiegertochter, Nichte, Schwägerin und Enkelin nehmen, dann antwortet auch ihr mit: ‚Ja, ich will.'"

Weder wollte Antje die Simon-Sippe noch wollten die Simons Antje. Und natürlich sind diese Worte niemals über die steifen Lippen eines Standesbeamten gekommen. Alles, was Antje wollte, war ihr Heiner. Doch Partner sind nur in unserer Illusion Einzelwesen. In Wahrheit gibt es sie immer in der Familienpackung: Wir heiraten immer eine Familie.

In Japans Zeitungen erscheinen deshalb täglich Kolumnen über den Umgang mit Verwandten. Für unsere Kultur dagegen ist typisch, was die amerikanische Psychotherapeutin Leah Averick erlebte, als sie über angeheiratete Verwandte forschte. „Ich fragte auch in Buchhandlungen nach, aber die Buchhändler dachten jedes Mal, ich wollte ein humorvolles Buch." Verwandte also nur als Gagnummer? Dabei meuchelt die Verwandtschaft manche große Liebe.

„Sie ist doch nett", befand der zukünftige Schwiegerpapa nach dem ersten Treffen. „Aber sie glaubt nicht", zischelte die Schwiegermama, die die evangelische Antje für ihren katholischen Heiner nicht haben wollte. Gekränkt musste sie dann auch noch eine protestantische Trauung über sich ergehen lassen. Ihrer Schwiegertochter begegnete sie eisgekühlt lächelnd. Schließlich wollte sie es sich mit ihrem geliebten Sohn Heiner ja nicht verderben. So richtig spürbar wurde der Kampf der Familienclans erst dadurch, dass die beiden Mütter kein einziges Wort mehr miteinander sprachen. Antjes Mama hatte, verbindlich wie sie war, noch das „Du" an Mama Simon herangetragen. Deren brüske Ablehnung führte zum eisigen Schweigen. Schließlich fand Mama Mering ihren neuen Schwiegersohn auch reichlich „windhündig" und Katholiken ohnehin irgendwie falsch. Aber weil auch sie es sich nicht mit ihrer einzigen Tochter verderben wollte, übertrugen beide Schwiegermütter ihre Ablehnung aufeinander. Vermeintlich über allen Wipfeln Ruh, lastete tatsächlich beklemmendes Schweigen auf allen Familienfeiern und auf der Ehe von Antje und Heiner ein dunkler Druck, der schließlich mit zu ihrer Scheidung beitrug.

Denn leider ist es wahr: Ohne die Unterstützung der Familien gehen romantische Bindungen eher in die Brüche. Und auch andere schreckliche Klischees sind noch sehr lebendig: Wer sozial nach unten heiratet, den verstoßen Familien eher. Die Familie der Braut hat auf die weitere Ehe den größeren Einfluss. Und die Schwiegermutter ist tatsächlich das größte Problem. „Kein Wort erzeugt mehr Ehrfurcht und Angst bei primitiven Völkern als das Wort ‚Schwiegermutter'", fand schon der Anthropologe Sir James Frazier. Dass gerade die Ehemänner Stress mit ihrer Schwiegermama haben, liegt daran, dass sie in Konkurrenz zu der engsten aller familiären Bindungen treten: zu der Beziehung Mutter-Tochter. Da reicht der genervte Gatte dann schon mal den Hörer mit der Bemerkung weiter: „Deine große Liebe ist dran!", wenn seine Schwiegermama am Sonntag morgen um acht Uhr nur nachfragen will, ob alles zum Besten steht.

Je kräftiger die erwachsenen Kinder noch in Mutters Rockschoß verkrallt sind, desto heftigere Konkurrenz entsteht zwischen den frischgebackenen Schwiegerverwandten. Gerade Eltern, die befürchten, ihr einziges Kind im angesteuerten Ehehafen eines Tages absaufen zu sehen, sind unbewusst oft doppelt enttäuscht. Steckt doch in der Phantasie vom Traumschwiegerkind bei ihnen auch immer noch der Wunsch, den Sohn oder die Tochter zu bekommen, die sie nie hatten. „Mein Schwiegersohn ist leider überhaupt nicht so, wie ich ihn mir immer vorgestellt hatte."

Doch häufig regt sich auch im Schwiegerkind ein alter Wunsch: endlich die warme, kontaktfreudige, kultivierte oder finanziell sorgenfreie Familie zu finden, die man zu Hause nie hatte.

Peter war begeistert über den Zusammenhalt in Regines Familie. Es rührte ihn zu Tränen, bei der Verlobung in den Familienkreis aufgenommen zu werden. Plötzlich hatte er gleich vier liebevolle Geschwister und ein sorgendes Elternpaar dazugewonnen. Sein eigenes Elternhaus hatte er mit 15 Jahren fluchtartig verlassen als einen lärmenden Ort voller gegenseitiger Verachtung und stinkender Alkoholschwaden. Seine innere Begeisterung für Regines Clan verstellte ihm lange den Blick auf die bedrückende Not, in der sich Regine oft befand. Ihre stille, schwer zu formulierende Kritik an ihrem scheinbar so wärmenden Elternhaus wehrte er innerlich ab. War es nicht prima, wie alle zu jedem Geburtstag anriefen und einander liebevolle kleine Geschenke machten? Wie der Vater Geld und die Mutter Kinderbetreuung anboten? Es dauerte lange, bis Peter die Familienregeln durchschaute, die Unglücklichsein schlicht untersagten. Damit musste jeder allein fertig werden. Geteilt wurde nur die Freude. Es dauerte lange, bis er zu Regine sagen konnte: „Du hast es auch ganz schön schwer mit deiner Familie." Erst dann fiel die Familienlast von ihren Schultern. Erst dann konnte sie ihre alte Rolle als Sonnenschein der Eltern aufgeben. Erst dann begannen sie beide, ihre eigene kleine unabhängige Familie zu werden.

Die Heirat eines Kindes bringt das ganze sorgfältig ausbalancierte Familiengleichgewicht durcheinander. Denn jede Familie ist ein aufs feinste abgestimmtes System. Jeder hat seine Rolle, wie in einem Theater-Ensemble. Eine Heirat bringt das ganze Stück durcheinander. Es muss neu geprobt werden. Das angeheiratete Schwiegerkind hat noch keine eigene Rolle. Und manchmal weigert sich die Familie, es überhaupt mitspielen zu lassen. Was das frisch verheiratete Familienmitglied aber natürlich verlangt.

Dahinter steht, dass eine Heirat den tiefsten Einschnitt in die Beziehung zwischen Eltern und Kind bedeutet, in die engste Beziehung überhaupt. Es ist, als verlören Eltern und Kinder einen Teil ihres eigenen Selbst und als gewännen die Kinder gleichzeitig im Partner einen neuen Teil zu ihrem Selbst hinzu. Diese Veränderungen verwirren das Selbstgefühl. Damit sind alle anfälliger für Kränkungen. Auch zwischen Geschwistern kriselt es jetzt. Alte Rivalitäten brechen auf, und das kleine Schwesterluder lässt vor dem Schwager sein Dekolleté vibrieren. Der Kontakt mit Brüdern und Schwestern lässt sich dennoch leichter regeln als der mit den Eltern. Es gibt keine Verpflichtung. Mit dem Lieblingsbruder kauft man sich ein Wochenendhaus, die ungeliebte große Schwester sieht man nur zu Omas Beerdigung.

Noch weniger verstrickt in den Sumpf der Kleinfamilie sind die Lieblingsonkel und -tanten. Sie werden für manches Schwiegerkind zum Wegführer in den Familienschoß, weil sie das Paar und den Familien-Neuling unbelasteter sehen. Sie verheddern sich nicht im Rollengerangel, sondern können eher die Person sehen, die versucht, mit der Familie mitzutanzen.

Die Tanzfläche jeder Schwiegerfamilie ist glitschiges Parkett. „In seiner Familie wird fast gar nicht geredet. Ich dachte zuerst, ich mache alles falsch, wenn so lange Gesprächspausen auftauchten." Oder: „Meine Schwiegermutter hat mir gleich auf dem Flughafen ihre Operationsnarbe gezeigt. Dabei kannte ich die Frau doch gar nicht. Ich war total verwirrt."

Zum Frontalcrash der zwei Ursprungsfamilien kommt es gern zwischen den Schwiegerelternpaaren – eine schwierige Verwandtschaft, für die wir nicht einmal ein Wort besitzen. Oft eine freundliche Nicht-Beziehung, öfter noch Rivalität: Wessen Namen werden die Enkel einmal tragen? Wo wird der erste und wo nur der zweite Weihnachtstag verbracht?

Erst wenn die Eltern endlich Großeltern werden, entspannt sich der Familienkrampf. Mag der Schwiegersohn auch weiter nur als lästiger Idiot behandelt werden, die Enkel sind goldig. Dass er seinen bescheidenen Anteil dazu beigetragen hat, macht vieles gut. Und auch die zur Elternschaft gereiften Kinder seufzen erleichtert. Zu Frieda, die man immer Mutter nennen sollte, kann man jetzt fröhlich Oma sagen. Die Familienfeste sind gerettet, weil alles begeistert darauf starrt, wie der Enkel Omas Perserteppich mit Sahne beträufelt. Den Schwiegersohn hätte sie dafür durch einen Schlaganfall bestraft.

In den Enkeln erfüllt sich der unbewusste Traum beider Sippen nach Fortbestand. Und dafür nehmen wir immer wieder in Kauf, was der unbekannte Dichter reimte: „So recht von Herzen hundsgemein, das können nur Verwandte sein."

Die passen doch gar nicht zusammen!

Griechenland, Sonne, Surfen und die Liebe: Martin und Anette erleben sie von der schönsten Seite. Sie lesen am Strand die gleichen Bücher, interessieren sich für dieselben Ruinen, reden stundenlang, ohne gelangweilt zu sein, über Gott, die Welt, Surfbretter, Abba und den Beruf. Martin, Sohn eines Technikers, ist Sozialarbeiter aus Überzeugung. Anette ist reich geboren und reich geschieden. Sie hat Kunstgeschichte studiert. Zurzeit besucht sie Vorlesungen in Biologie und Sport, mal sehen, was daraus wird. Die beiden finden einander wahnsinnig aufregend, auch im Bett. Aus dem Urlaubflirt wird eine Partnerschaft.

Deutschland, Regen, Restaurantbesuch mit Anettes Eltern: Martin trägt Jeans, Sweatshirt und Turnschuhe, wie immer. Anette hat eine gute Stunde im Bad verbracht und sieht aus wie Lady Di beim Staatsbesuch. „Designerkostüm, was?“ sagt er und lacht. „Du willst doch nicht so losgehen?“ fragt sie. „Wieso nicht?“ fragt er. „Das Restaurant hat drei Sterne“, antwortet Anette. „Dann wird’s ja wohl schmecken“, sagt Martin.

Es folgt eine unerfreuliche „Immer-bist-du-nie-machst-du-unmögliches-Benehmen“-Diskussion, die damit endet, dass Martin zu Hause bleibt. Er fragt sich, was ihn an Anette wirklich fasziniert: sie selbst oder die Kreise, in die sie ihn eingeführt hat? Von-und-Zus, Mercedesfahrer, Yachtbesitzer, die so sind, wie er nie sein will, die er jedoch gern beobachtet. Und umgekehrt: Er genießt seine Rolle als gebildeter Linker, dem Damen und Herren gebannt lauschen: „Interessant, wie du das Asylproblem siehst, Martin.“ Bringt er ihnen neue Sichtweisen in ihre Elfenbeintürme, oder ist er ihr Hofnarr? Anettes Hofnarr?

Und Anette denkt darüber nach, ob sie sich vielleicht nur an ihrem Vater rächt, der bisher mehr oder weniger diskret ihre Freunde für sie ausgesucht hat. Standesgemäße Menschen, die wissen, wie man Hummer knackt, wie spät es in Tokio ist und in welcher Boutique in Mailand die angesagten Schuhe zu haben sind. Liebt sie Martin oder seine VW-Lupo-Exotik? Fehlen seinem Gehalt nicht doch einige Nullen vor dem Komma? Nutzt er sie aus?

Die Beziehung endet mit Vorwürfen, Enttäuschungen und Tränen. Der Grund: die unterschiedliche soziale Herkunft. Vierzig Prozent aller Ehen werden in Deutschland innerhalb der gleichen Schicht geschlossen. Die Mehrzahl der übrigen Menschen findet Partner aus angrenzenden Schichten. Ehen zwischen Partnern aus der gleichen Schicht verlaufen, englischen Studien zufolge, doppelt so häufig glücklich wie schichtübergreifende Ehen.

Scheidungsgrund Kinderstube: Der Gedanke, dass die Herkunft eine so wichtige Rolle in der Partnerschaft spielt, ist unpopulär. Spätestens seit der Französischen Revolution ist Gleichheit ein Wert, an dem nur reaktionäre Geister zweifeln. Genau wie am Wert Freiheit. Wer die Meinung vertritt, dass Partnerschaften an fehlender Freiheit scheitern können, wird in keine rechte Ecke gedrückt. Nennt jemand fehlende soziale Gleichheit als Grund, geschieht ihm das schon eher. Ein Denkfehler, der aus kleinen Konflikten in Partnerschaften unlösbare Krisen macht.

Giselas Sexleben hielt Dornröschenschlaf. Aber sie machte nicht Schluss. Als Tochter eines Studienrats erfüllt sie Pflichten gewissenhaft. Vom ersten Rendezvous an ordnete sie sich ihrem Rudi unter. Rudi bestimmte das Menü und Gisela aß artig die Teller leer. Diese Situation spiegelt die Ehe wider: Wohnung, Namen der Kinder, Urlaube, Sex – Rudi entscheidet und Gisela nickt. Die beiden landeten beim Eheberater, weil es ihm nicht passte, dass sie keine Lust im Bett hatte.

Im Laufe der Therapie wurde klar, warum es im Bett nicht klappte. In ihrer gemeinsamen Heimatstadt gehörten sie als Beamtentochter und Sohn eines Ladenbesitzers zwar etwa zur selben sozialen Schicht, mit den gleichen Traditionen und Verhaltensregeln: Gymnasium, Lehre, Kirche gelegentlich und zu Weihnachten einen Tannenbaum. Doch stammte Rudis Familie aus Ostpreußen. Ihren Lebensstandard als Gutsherrenfamilie hatten schon die Großeltern aufgeben müssen, dennoch hatte Rudi deren Wertesystem mit der Muttermilch in sich aufgesogen: Man lässt sich nichts sagen, sondern gibt selbst den Ton an; Kellner sind Dienstboten, die man ohne weiteres schikanieren kann; man spielt nicht mit Schmuddelkindern, und es gibt Lieder, die man nicht singt; allzu viel Bildung schadet dem gesunden Menschenverstand, und die Frau sei dem Manne untertan. Gisela, das Lehrerkind, hatte gelernt, dass Bildung das höchste

Gut ist, dass Toleranz und Bescheidenheit Tugenden sind. Jedes Mal, wenn Rudi einen Taxifahrer schon beim Einsteigen anherrschte: „Machen Sie sofort das Radio aus!“ bekam Gisela eine Wut, die sie sich nicht erklären konnte. Sie fand die Musik nämlich auch schrecklich, und sie kannte ja Rudis Art. Umgekehrt, als Gisela den Sohn in Schutz nahm: „Nun lass ihn doch zum Ringkampftraining gehen, wenn seine Freunde auch da sind“, platzte Rudi der Kragen. Warum musste es Ringen sein, dieser Unterschichten-Sport? Was hat der Junge überhaupt für Freunde? Giselas Schuld.

Die unerklärliche Wut über den anderen ließ erst Gespräche erlahmen, dann gemeinsame Aktivitäten, dann den Sex. Als Gisela und Rudi den Grund für ihre Krise erkannt hatten, nämlich ihre Herkunft und die Unterschiede der Persönlichkeit, die sich daraus ergaben, wollten sie ihn zunächst nicht wahrhaben. Aber je öfter sie miteinander darüber redeten, desto deutlicher wurde ihnen: Wie man aufgewachsen ist, spielt im Alltag eine bedeutende Rolle. Und wer das nicht wahrhaben will, riskiert, dass aus kleinen Meinungsverschiedenheiten große Spannungen entstehen.

Wenn die Volkswirtin und der Soziologe heiraten, scheinen sie sich ihr „Ja“ auf der gleichen Stufe der sozialen Leiter zuzuhauchen. Doch während seine Großeltern ein Möbelimperium aufbauten, waren ihre Eltern Bauern im Sauerland. Während er auf teuren Elite-Internaten sein Abitur lustlos absolvierte, hatte sie sich bereits als Achtjährige vorgenommen, auf dem No-Name-Gymnasium in der Kleinstadt ein glänzendes Abitur zu machen. Während sie Theater als Geschenk des Himmels betrachtet, findet er Brecht und Shakespeare doof. Diskussion beendet. Sie setzt auf Anstrengung, er verlässt sich auf das Glück; sie glaubt an das Gute in der Welt, er glaubt, dass man sich nehmen muss, was man kriegen kann. Unterschiedliche Charaktere, geprägt von unterschiedlichen Elternhäusern.

Wir möchten das nicht gern so sehen und lieben deshalb Märchen. Richard Gere, der reiche Finanzhai, liebt Julia Roberts, die arme Prostituierte. Realistischer als „Pretty Woman“ sind alte Märchen: Prinz liebt armes Aschenputtel. Aber Aschenputtel hat ein Geheimnis: In Wirklichkeit ist ihre Herkunft standesgemäß.

Die amerikanische Publizistin Barbara Ehrenreich kritisiert zu Recht: „Während sich die Vorstellungen über Geschlecht, ja sogar Rasse, ... in Richtung einer größeren Toleranz und Integration bewegt haben, bleiben die Vorstellungen über die Klassen im Morast der Vorurteile und Mythologien stecken." Das bedeutet: Wenn Partnerschaften aus zwei Kulturen und Nationen scheitern, erkennt man die Verschiedenheit als eine der Ursachen an. Doch wenn ein Mann aus der gesellschaftlichen Unterschicht häufig vor der Glotze verschwindet, dann nehmen wir eher an, dass er seine Frau nicht mehr liebt, als dieses Verhalten seiner Herkunft zuzuordnen. Es ist jedoch erwiesen, dass die Unterschicht wesentlich mehr und unkritischer fernsieht als die höheren Gesellschaftsschichten. Wie sehr wir uns auch schütteln, den Arbeitersohn oder die Gräfin, die Krämerseele oder das höhere Töchterchen werden wir nicht so leicht los. Habitus nennt der französische Soziologe Pierre Bourdieu diese in früher Kindheit verinnerlichten Muster, die unsere Gedanken, Wahrnehmungen und Handlungen prägen und durch die wir einer bestimmten Schicht, Klasse und Kultur zugeordnet werden können. Wir sehen die Welt ganz selbstverständlich durch die unbewusste Brille unseres Habitus, unserer standesgemäß erlernten Wertvorstellungen.

Je mehr Beziehungsstress entsteht, desto kritischer wird dieser Blick und desto stärker beginnt uns der andersartige Klassengeruch zu stinken. „Solange wir uns gut verstehen", sagt Klara, „stören mich Christians Tischmanieren nicht. Aber wehe, wir haben Stunk, dann kann ich sein Geschmatze nicht ausstehen. Ich könnte ihm mitten über den Tisch eine langen. Er ist nun mal ein echter Prolo, und ich wurde ja immer fein nach Knigge erzogen." Jede aufgeklärte Handwerkertochter erstarrt, wenn ihr Adelsspross zur Rotwildjagd geht. Jede Nachfahrin eines Bildungsbürgers möchte die Konsalik-Schwarten vom Nachttisch ihres Unternehmersprösslings fegen, eine Beamtentochter ihrem Maklersohn die Brilli-Uhr vom Handgelenk reißen oder den Maurernachwuchs erschießen, der dauernd bei Mama hockt und mit dem Bruder säuft. Der Krämersohn könnte seine Reederstochter mit ihren weißen Stoffservietten erdrosseln, die Anwaltstochter ihrem Neureichen das Schienbein für seine protzigen Trinkgelder bläuen.

Hass lodert auf, wenn sie mit ihrer mittleren Reife wieder Filofax statt Feilofäx sagt und er mit seiner kleinbürgerlichen Bierkultur tatsächlich Chablis zum Wildgulasch bestellt.

In der Unterschicht wird zum Beispiel mehr Kontakt zur eigenen Familie gehalten; in der Mittelschicht wird mehr über Sex und Politik geredet, und die Kinder werden mehr gelobt; in der Oberschicht wird weit mehr Wert auf richtigen Geschmack und Stil gelegt. Herkunftsbedingte Haltungen und Verhaltensweisen, die in jeder Beziehung früher oder später ein Grund für Auseinandersetzungen sein können. Oft entstehen daraus Dauerkonflikte. „Ich komme nach Hause, und der Schreiner ist da und setzt die neuen Fenster ein. Und was machst du? Lässt dich von dem Kerl rumkommandieren. Man könnte denken, der wohnt bei uns, und du bist der Laufbursche. Nie setzt du dich durch. Immer muss ich das machen. Du hast überhaupt kein Auftreten." Die Fabrikantentochter möchte mehr Mann, als der Beamtensohn ihr bietet. Sie schreit nach dem für sie gewohnten Männerverhalten. Dabei hat sie mehr unter ihrem patriarchalischen Vater gelitten als seine Dominanz genossen. Unbewusste Wünsche sind eben oft unlogisch.

Oder: Sie lädt ihre Bekannten nach Hause ein. Er nie. Er geht dreimal die Woche weg und trifft seine Kumpels bei Sport und Spiel. Ein typischer Schichtunterschied: Die Mittelschicht lädt ihre Freunde zu sich ein, die Arbeiter treffen sich lieber im Sportverein, in der Kneipe, auf der Arbeitsstelle. Ihr Vorwurf, er habe ja keine Freunde, ist ein typisches Missverständnis, weil sie ihn durch die Mittelschichtbrille sieht. Und wenn sie ihn dafür fertigmacht, dann kann er sich nicht mal richtig wehren. Denn während sie schon im Kinderhochstuhl über die richtige Breitemperatur diskutiert hat, wurde bei ihm zu Hause geschwiegen. Über Gefühle zu reden oder Sachdiskussionen zu führen, ist ihm immer noch so fremd wie im Kopfstand zu essen.

Die Kleinbürgerin schämt sich, wenn Besuch kommt und nicht alles blitzt. Den Großbürger nervt dieser Putzzwang, wie er es nennt. Er lädt niemanden ein, weil sie sonst Stress kriegt. Sie lädt niemanden ein, weil sie fürchtet, sich zu blamieren.

Je grundsätzlicher der Klassenkonflikt wird, desto eher werden aus amüsanten Anekdoten tiefe Verletzungen des Selbstwertgefühls. Eine Frau aus so genannten schlechten Verhältnissen beispielsweise fühlt sich nicht als Expertin fürs Familienleben. Sie lässt sich dann von ihrem Mann und seiner vorgeblich heilen Mittelschichtsfamilie die Regeln diktieren. Und fühlt sich weiter gedemütigt oder unterdrückt. Es kann Jahre dauern, bis sie wieder den Wert eines deftigen Krachs entdeckt und auf die Idee kommt, den muffig-bürgerlichen Psychoterror, mit dem ihr Partner auf Konflikte reagiert, in Frage zu stellen.

Die amerikanische Fotografin Annie Leibovitz hat John Lennon und Yoko Ono auf einem Foto verewigt. Darauf klammert sich der Ex-Beatle nackt, wie ein Ertrinkender, an seine zierliche Lebensgefährtin. Yoko Ono hatte nicht ganz zufällig die Beziehungszügel in der Hand. Denn John und Yoko waren nicht nur der weltberühmte Beatle und die mäßig bekannte Performance-Künstlerin. John und Yoko waren auch das Liverpooler Kellerkind und die japanische High-Society-Tochter. Die Onos sind in Japan, was die Rothschilds in Europa sind.

Sobald die Frau aus einer höheren gesellschaftlichen Schicht stammt als ihr Partner, werden Beziehungen leichter handgreiflich. Wird in rund zehn Prozent aller Ehen der Mann gegenüber seiner Partnerin gewalttätig, so sind es bei dieser sozialen Konstellation 50 Prozent. In den Köpfen der Männer ist anscheinend immer noch vor allem die soziale Missionarsstellung akzeptabel. Wenn er nicht oben sein kann, dann rastet er aus – und schlägt zu.

Nicht nur die soziale Gleichheit der Familien erleichtert Beziehungen und spielt schon bei der Wahl des Partners eine – zwar oft unbewusste – Rolle. Auch die soziale Gleichheit der Partner, eine ähnliche Stellung im Beruf, gewinnt zunehmend an Bedeutung. Barbara Ehrenreich beobachtet in den USA „einen Wandel im Heiratsmuster. Früher entschied das Aussehen einer Frau darüber, ob sie eine gute Partie machte. Doch heutzutage sucht sich kein Collegestudent mehr eine kleine Verkäuferin aus dem Billigladen. Ein Arzt heiratet keine Krankenschwester mehr, sondern gleich eine Ärztin."

Und sie zitiert den Film „Die Waffen der Frauen", in dem sich eine Sekretärin als leitende Angestellte ausgibt. Als sie den Mann, der sich in sie verliebt, fragt, ob er sich auch in sie verknallt hätte, wenn er gewusst hätte, dass sie Sekretärin sei, ist er beschämt. Denn die Antwort ist „Nein"!

Die Regeln der Liebe

Die Gesetze der Liebe. Was eine Partnerschaft lebendig hält

Dornröschen schläft unruhig hinter ihrer Hecke. Und Aschenputtel stochert ratlos in der Asche. Kein Wunder, ihre Zeiten sind vorüber, das Märchen von der Schicksalmacht der ewigen Liebe ist ausgeträumt. Sicher, ein Prinz wird kommen. Aber bleiben wird er wahrscheinlich nicht. Und er wird die Gütertrennung beantragen und die Prinzessin wird seufzend Ratgeber zum Beziehungschaos lesen.

Wir sind nicht mehr so naiv, sondern wissen: „Auf immer und ewig" gilt gerade noch für einen Lebensabschnitt. Und wenn wir nicht gestorben sind, so leben wir zwar immer noch, aber meistens nicht mehr gemeinsam im selben Schloss.

Wir sind realistische Romantiker geworden. Wir hoffen zwar weiter unverdrossen auf die glückliche Partnerschaft, aber wir haben uns von ihrer Haltbarkeit bis in den Tod verabschiedet. Dabei zweifeln wir weniger an der großen Liebe als an uns selbst. Fast jeder von uns weiß nämlich, dass er genügend neurotisches Potenzial in sich trägt, um auch die größte Liebe durch dämliches Verhalten zu zerstören, durch unbewältigte Ängste, unrealistische Ansprüche oder die ständige Bereitschaft, sich anderen in einer Besenkammer hinzugeben.

Selbst mit 16 sind wir keine schmachtenden Jungfrauen und säuselnden Jünglinge mehr, sondern Beziehungsrealisten. Wir wissen, dass Treue ein Deal, Sex gefährlich und Beziehungen harte Arbeit sind. Und wir wissen, wie die Liebe abläuft: Zunächst werden wir – verliebt wie wir sind – im Sud hochwirksamer Glückshormone mariniert. Dabei löst sich unser beziehungskritisches Bewusstsein vorübergehend in rosarotes Lallen auf. Wir glauben dann doch, dass Märchen wahr werden und wir den Frosch für immer in einen Prinzen verwandeln können.

Doch schon bald lässt die Wirkung der hormonellen Droge nach. Der Beziehungsalltag langweilt uns, der Sex verliert den Kick, wir fühlen uns unverstanden, die ersten Türen knallen. Das Bewusstsein schaltet sich wieder ein, wir sind alarmiert und erinnern uns, dass Treue ein Deal, Sex gefährlich und Beziehungen harte Arbeit sind. Wir greifen zum Telefon, um mit unserer Freundin zu reden, oder zum Bierglas, um alles mit dem Kumpel durchzudeklinieren.

Wir hoffen mit ein paar Kniffen im richtigen Umgang miteinander und ein paar Anleitungen – wie zum Beispiel „Beschimpfen Sie sich nie vor dem Einschlafen" – wieder in liebevollere Beziehungsgewässer zu gelangen.

Oder wir meinen, wie ein Trüffelschwein in unserem Unbewussten herumwühlen zu müssen, um mühsam verdrängte Erlebnisse ebenso mühsam ans Tageslicht zu befördern. Liegt in ihnen der Kern für unsere Unvollkommenheit? Wir lernen, nicht mehr über den anderen, sondern nur noch von uns selbst zu sprechen. Wir lernen streiten. Und uns vertragen. Zu warten, bis die Spannung abgeflaut ist. Und zu handeln, solange der Konflikt noch akut ist. Wir versuchen einander als Wesen vom anderen Stern zu sehen. Und fühlen uns doch einsam auf unserem Planeten.

Trotz Selbsterkenntnis und der Fähigkeit, uns mitzuteilen, bleibt die Liebe in ihrem Dornröschenschlaf. Denn wir haben zwar das „Ich" und das „Du" betrachtet. Aber nicht das „Wir". Zu sehr, was in „mir" und in „dir" geschieht. Zu wenig, was zwischen „uns" geschieht. Eine Beziehung ist mehr als ein Mensch und noch ein Mensch. Eine Beziehung hat ihre eigenen Gesetze.

Denn einerseits sind Partner zwei unabhängige, grundverschiedene Personen. Und was für einen wahr ist, muss noch lange nicht für den anderen gelten. Andererseits gibt es in einer Partnerschaft keine Unabhängigkeit. Alles, was ich tue, denke oder wie ich handele, beeinflusst meinen Partner oder wird von ihm mit beeinflusst. Gleichzeitig sind wir sowohl unabhängig als auch vollständig abhängig voneinander. Und dieses grundsätzliche Paradox bestimmt die Beziehungsgesetze, die wir anerkennen müssen.

Je mehr wir loslassen lernen, desto stärker wird unsere Verbindung. Je mehr wir klammern, desto unsicherer wird unser Kontakt. Je selbstständiger wir uns fühlen, desto leichter können wir uns einlassen. Aus Vertrautheit erwächst Lebendigkeit. Und aus Distanziertheit Langeweile.

Dornröschen und Aschenputtel reichen der Kuss zur rechten Zeit und der Schuh in der richtigen Größe nicht mehr für ihr Glück. Ohne ein Verständnis für die Gesetze, die eine Beziehung bestimmen, sind sie aufgeschmissen.

Natürlich wird keine noch so tiefe Einsicht über das Funktionieren einer Beziehung die Liebe herbeizaubern. Aber je mehr Verständnis wir für eine Partnerschaft haben, desto eher können wir verhindern, dass wir die Prinzen und Prinzessinnen aus unserem Leben verscheuchen.

1. Gesetz

Nur wer sich selbst achtet, wird vom Partner geachtet.

„I like that Rock 'n' Roll music." Matthias hatte es mit Kugelschreiber fett auf seine Jeansjacke gekritzelt, als er 15 Jahre alt war. Rock, das war seine große Liebe, mit der er den Zoff in seiner Familie, die Trennung der Eltern und seine Bundeswehrzeit überlebte. Als er Jenny kennen lernte, hatte er nicht viel mehr als die Liebe zu ihr und seine Gitarre. Jenny spielte Volleyball und las John Irving. Sie hörten gemeinsam seine Platten und machten Liebe. Er spielte für sie auf der Gitarre. Sie versprachen einander, füreinander da zu sein. Als er mit Jenny zusammenzog, hatte er schon nicht mehr viel Zeit für seine Jungs und die Band, weil er statt mit der Jeansjacke jetzt im Anzug zur Bank ging. Matthias liebte Jenny. Und Jenny liebte Matthias. Beide hatten nicht viel Fürsorge in ihrer Kindheit erlebt und das verband sie. Jenny war eher der häusliche Typ. Nach einem langen Arbeitstag war ihr eher danach, auf dem Sofa zu kuscheln, als irgendwo in einem Club abzutanzen. Matthias war in jener Zeit oft zerrissen, aber er entschied sich meistens für Jenny und gegen die Clubs. Er wurde seiner ersten Liebe, der Musik, untreu. Die Gitarren waren nicht mehr gestimmt. Dann kamen die Kinder. Manchmal wollte Matthias die Rolling Stones ganz laut aufdrehen, aber er tat es nicht, weil die Kinder schliefen, weil Jenny Kopfschmerzen hatte, weil die Katze dann Angst bekam oder die Schwiegermutter gerade zu Besuch war. Matthias war gerne Vater und glaubte sich einen glücklichen Menschen, wenn er auch das Gefühl hatte, sich im Alltagstrott zwischen Büro, Kindergarten und seiner Ehe zunehmend schwerer zu tun.

Matthias und Jenny hatten gelegentlich eine Auseinandersetzung, aber sie hatten nie Streit. Und als Matthias nach der Bürofeier seine Kollegin küsste, merkte er selbst nicht, was geschah. Erst war es nur eine heimliche Affäre. Er wollte nicht weg von Jenny, denn er liebte sie noch. Er war für sie da, wie er immer für sie da war. Sie planten Urlaube und den Wochenend-Einkauf. Sie hörten einander zu wie immer. Sie gingen gemeinsam ins Kino. Sie trafen ihre Freunde. Er massierte ihre Schultern, wenn sie Kopfschmerzen bekam, sie kochte ihm sein Lieblingsessen. Irgendwann lief „Satisfaction“ von den Rolling Stones im Radio und Jenny fragte ihn wie so oft, ob er die Musik bitte leiser machen könne. Matthias tat es, so wie er es immer tat. Aber danach dauerte es kein halbes Jahr mehr und er war ausgezogen. Er nahm nicht viel mit, außer seinen Gitarren und seinen Klamotten. Dabei fand er auch seine uralte Jeansjacke, die er auch diesmal aus irgendeinem Grund nicht wegwerfen konnte.

Analyse: Liebe ist, auch für sich selbst da zu sein.

Alles aufzugeben, immer für den Partner da zu sein, ist kein guter Weg, um eine Beziehung lebendig zu halten.

Es gibt Kaffeebecher, auf denen sind viele rote Herzchen aufgemalt und mittendrin der Aufdruck: „Liebe ist, ganz für den anderen da zu sein.“ Den stellen sich Paare gern auf den Frühstückstisch und glauben, dass es so ist.

Sie stecken eigene Interessen und Bedürfnisse zurück, um ja nicht die Harmonie zu gefährden. Der eine traut sich nicht mehr, spontane Verabredungen mit Freunden zu treffen, der andere streicht den Italienischkurs oder geht, obwohl ihn Kunst interessiert, nicht mehr ins Museum, weil der Partner sich dort immer tödlich langweilt. Menschen, die vorher viel unternommen haben, verschwinden in der Zweisamkeit. Sie glauben, dort – und nur dort – liege das Glück. Und sitzen dabei einem gewaltigen Irrtum auf. Denn irgendwann merken sie, dass der Reiz, das Sich-angezogen-Fühlen mehr und mehr verschwinden. Langeweile und Routine ziehen ein, denn irgendwas fehlt in ihrer Liebe. In dem Bemühen, für den Partner immer verfügbar zu sein, alles miteinander und füreinander zu teilen, haben sie nämlich übersehen, dass das Zusammenleben auch von der Spannung lebt. Wenn ein Partner sich und seine Interessen aufgibt, lässt diese Spannung nach, denn er wird schlicht uninteressant.

Eine Beziehung ist wie ein Tor, das von zwei Säulen getragen wird. Stehen die Säulen zu dicht beisammen, ist es kein Tor mehr. Stehen sie zu weit auseinander, bricht der Torbogen irgendwann krachend zusammen. Auf den richtigen Abstand kommt es an.

Zugegeben: Im wirklichen Leben ist manches schwieriger als in der Theorie. Wie sehr ich meine Wünsche durchsetze oder wie oft ich mich denen des Partners anpasse, ist häufig ein Drahtseilakt. Das richtige Maß kann niemand allein festlegen, es muss in einem ständigen Dialog mit dem Partner „erarbeitet" werden.

Frauen sind in der Regel anfälliger für eine „partnerbezogene Selbstvernachlässigung", denn Einfühlsamkeit und Rücksichtnahme haben sie als Mädchen eher gelernt als die Jungs, und wenn sie nicht aufpassen, geraten sie und ihr Partner in einen Teufelskreis. Denn ganz im Geheimen erwartet ja jeder, dass der Partner sich genauso rücksichtsvoll und selbstlos verhält wie man selbst. Tut er es nicht, wird er mit Vorwürfen, vielleicht Liebesentzug bestraft, und irgendwann werden Sie – anstatt sich selbst zu ändern – es ihm sogar heimzahlen, dass Sie immerzu nach seiner Pfeife tanzten.

Eine gute Beziehung zu sich selbst, zu den eigenen Wünschen und Bedürfnissen zu finden ist ein Reifungsprozess, der sowohl die Partnerschaft als auch das Selbstbewusstsein stärkt.

Der Spruch auf dem Kaffeebecher verrät also nur die halbe Wahrheit. Auf der anderen Becherseite müsste konsequenterweise stehen: „Liebe ist, auch für sich selbst da zu sein." Denn es ist eine alte Weisheit: Wer sich selbst nicht liebt, kann auch niemanden anderen wirklich lieben, geschweige denn sich lieben lassen.

Übungen

1. Nehmen Sie sich eine Viertelstunde Zeit und erstellen Sie eine Liste mit all den Interessen, Kontakten und Unternehmungen, die Sie eingeschränkt oder ganz aufgegeben haben, seit Sie mit Ihrem Partner zusammen sind.
   Notieren Sie auf einer zweiten Liste, was Sie gerne wieder aktivieren möchten. Machen Sie möglichst konkrete Zeitangaben. Versuchen Sie, in den nächsten Wochen diese Wünsche in die Tat umzusetzen.
2. Versuchen Sie täglich, sich zu entspannen – wie bei einer Meditation oder bei autogenem Training. Das ist die beste und einfachste Form der Selbstzuwendung, die außerdem hilft, die eigenen Gedanken und die inneren Haltungen zu sortieren.
3. Führen Sie Tagebuch. Das schärft Ihre Selbstwahrnehmung und trainiert Ihre Selbstreflexion.
4. Nehmen Sie sich ein Mal pro Woche eine Stunde Zeit für einen Austausch mit Ihrem Partner. Das Thema sollte sein: „Was bewegt mich zur Zeit am meisten?" Jeder von Ihnen hat eine halbe Stunde Zeit, darüber zu sprechen. Das dient der Selbstklärung und gleichzeitig der „Partnerzuwendung".
   Und nun noch eine Anregung: Lernen Sie, die jeweiligen Formen der Selbstzuwendung Ihres Partners zu respektieren. Egal ob er liest, angelt oder Fußball spielt – er tut es nicht, um Sie zu ärgern. Gönnen Sie ihm das Vergnügen, es wird sich für die Beziehung auszahlen.

2. Gesetz

Eltern sollten sich aus Ihrem Leben und Ihrer Partnerschaft raushalten.

Latein zu lernen hat für Evi noch nie viel Sinn gehabt. Sie ist der Meinung, Jahre ihres Lebens damit vergeudet zu haben, Cäsar im Original gelesen und übersetzt zu haben. Und jedes Mal, wenn sie in Frankreich Probleme hatte, im Restaurant etwas zu bestellen, dann hasste sie die vergeudete Zeit noch mehr, in der sie Latein statt Französisch gelernt hatte. Es hatte für sie immer festgestanden, dass ihre Kinder keine alte Sprache lernen würden. Und jetzt stand Joachim vor ihr und verkündete, dass er es für das Beste halte, wenn Lennart, ihr zehnjähriger Sohn, das altsprachlich-humanistische Gymnasium besuchen würde. Evi war sprachlos. Sie fragte Joachim, wieso er plötzlich so entschieden habe. Sie seien sich doch einig gewesen, dass die Kinder kein Latein lernen müssten. Warum er nun plötzlich seine Meinung ändere? Joachim argumentierte. Aber was er sagte, stieß bei Evi auf kein Gehör.

Je mehr Evi sich aufregte, desto fester wurde Joachim in seiner Argumentation. Am Wochenende schneiten die Schwiegereltern ins Haus. Und Evi begann endlich zu verstehen: Joachims allseits sehr geliebter Großvater war Latein- und Griechischlehrer gewesen, in seiner Familie war es Tradition, auf ein altsprachliches Gymnasium zu gehen. Evi war plötzlich allein in einer fremden Familie. Joachim und seine Eltern waren sich einig. Eine liebvolle Front. Hart wie Eis. „Aber Schatz,“ sagte Joachim, „du hörst doch, wir halten es alle für das Beste.“ Evi sah ihre Schwiegermutter nicken und schwieg. Sie fühlte sich einsam, so einsam, dass sie sich zu ihrer eigenen Überraschung fragte, ob sie nicht immer schon so einsam mit Joachim gewesen sei.

Als die Schwiegereltern gegangen waren, schaute Evi aus dem Fenster. Draußen vor der Tür stand der BMW, den sie nie haben wollte. Dahinter startete ihr Schwiegervater seinen BMW. Sie schaute sich im Wohnzimmer um, in dem in hohen Regalen lederne Gesamtausgaben ihr verstaubtes Leben führten. Sie hatte sich immer gewünscht, in klaren hellen Räumen zu leben. Aber die Bücher stammten aus Joachims Familie und er hatte sich nicht von ihnen trennen können. Evi schossen die Tränen in die Augen. Sie sah plötzlich die wertvolle chinesische Vase, die Schwiegermama ihr geschenkt hatte. Die ihr nicht gefiel und die dennoch mitten im Wohnzimmer stand.

Am Abend sagte Joachim, jetzt sei doch wohl alles klar und er könne Lennart am Montag in seiner neuen Schule anmelden. Es war ihre erste Diskussion, in der Evi von Scheidung sprach. Es wurde die längst Nacht ihrer Ehe. Am nächsten Morgen räumte Evi die chinesische Vase auf den Dachboden. Lennart würde Französisch lernen. Evi hatte das Gefühl, ihre Flitterwochen könnten jetzt beginnen. Aber Joachim würde wohl noch einige lange Nächte brauchen, er war schweigsam. Er musste tief Luft holen, als sie sich an ihn kuschelte und sagte: „Je t'aime!"

Analyse: Die Loyalität zum Partner hat absoluten Vorrang.

Erwachsen sein und seine eigene Familie gründen heißt: sich abgrenzen von den eigenen Eltern.

Irgendwann ist es so weit: Man organisiert ein paar Freunde, verstaut seine Habseligkeiten in einem Auto und zieht in die erste eigene Wohnung. Endlich! Der Abschied vom Elternhaus. Den einen fällt es leichter, den anderen schwerer, doch fest steht: Nur für die wenigsten bedeutet der neue Lebensabschnitt, dass sie Vater und Mutter tatsächlich hinter sich lassen.

Man hält sich jetzt für einen freien, unabhängigen Menschen, doch irgendwann kommt jener verräterische Moment der Wahrheit: wenn die Eltern ihren Besuch angekündigt haben. Wird der Tisch – mit Rücksicht auf Mamas Vorliebe – mit weißem Damast gedeckt, obwohl der Partner diese „Fetzen bürgerlicher Gediegenheit" zutiefst verabscheut? Wird dem Vater begeistert zugestimmt, wenn er behauptet, dass der Mann an unserer Seite sich zu nachlässig kleidet und zu leger ausdrückt? Wenn ja, findet man sich dort wieder, wo man nie mehr sein wollte – in loyaler Einigkeit mit den Eltern.

Und dann merkt man: Ist eigentlich gar nicht so schlecht, das Verhältnis zu ihnen, seit man nicht mehr gemeinsam unter einem Dach wohnt. Plötzlich ist es wieder da, dieses Gefühl, von ihnen verstanden zu werden, einander nah zu sein.

Doch gerade das ist der Pferdefuß: Man übersieht, dass man für die Anerkennung der Eltern die Loyalität zum eigenen Partner geopfert hat. Ein Riss hat sich aufgetan, der oft eine weitere Eskalation nach sich zieht, das junge Paar entfremdet sich immer mehr.

Natürlich wissen wir längst, dass uns nichts so geprägt hat wie unsere Ursprungsfamilie. Doch dieses Wissen nützt wenig. Gerade dann, wenn wir – etwa bei einem Konflikt – zwischen unserem Partner und unseren eigenen Eltern stehen, schlagen wir uns, wenn auch vollkommen unbewusst, auf die Seite unserer Eltern. Der Partner möchte heimfahren, damit die Kinder rechtzeitig ins Bett kommen, aber Mutter hat so lecker gebacken und meint, wir sollen noch bleiben. Eine banale Situation.

Doch wenn wir uns entscheiden, Mamas Wünschen nachzukommen, wird der Partner dies als Verletzung und illoyales Verhalten erleben. Auch und gerade, weil er von der tiefen alten Bindung ausgeschlossen ist.

Das bedeutet: Die Loyalität zu Ihrem Partner muss absoluten Vorrang haben. Er hat ein Recht darauf, gegen Ihre Eltern verteidigt zu werden.

Nichts darf so wichtig sein, dass Sie ihn und Ihre Beziehung „verraten". Das gilt umgekehrt auch für den Mann und die Familie.

Besonders Menschen, die eine gute Beziehung zu ihren Eltern haben, neigen dazu, unkritisch und unreflektiert an den Ansichten und Traditionen ihrer Familie festzuhalten.

Sie müssen sich entscheiden: Wollen Sie weiter in erster Linie Sohn oder Tochter bleiben, oder sind Sie jetzt Mann oder Frau Ihres Partners?

Sie und Ihr Partner haben sich eine gemeinsame Form des Umgangs miteinander, von Tischsitten, Streitkultur oder Kindererziehung geschaffen, die Sie den Eltern gegenüber vertreten und aufrechterhalten sollten. Das sind notwendige Ablösungskonflikte, die durchgestanden sein wollen. Die offene Auseinandersetzung mit dem Partner hilft, sich von der kindlichen Identifizierung mit den Familienwerten zu lösen und „wirklich erwachsen" zu werden. Jede Familie hat ihre Stärken, die zu bewahren sich lohnt, und ihre kleinen und großen Schwächen, die man lieber loswerden sollte.

Wird bei ihm wenig Wert auf Geburtstage und liebevolle Geschenke gelegt, hatte das in ihrer Familie vielleicht einen hohen Stellenwert. Umgekehrt sind in ihrer Familie Konflikte tabu, während es bei ihm eine gute Streitkultur mit fairen Regeln gibt. Im Idealfall übernimmt ihre neue Familie die besten und erprobtesten Anteile aus beiden Ursprungsfamilien, baut sie weiter aus und verfeinert sie. So findet das Paar seine eigenen, gemeinsamen Rituale und Werte, die die Einmaligkeit seiner Beziehung ausmachen und die Abgrenzung gegenüber den „alten" Familien erleichtern.

Übungen

1 Betreiben Sie gemeinsam Familienforschung. Interessieren Sie sich für die Familie Ihres Partners. Blättern Sie gemeinsam in alten Familienalben oder Tagebüchern. Lassen Sie sich erzählen, wie in seiner Familie Weihnachten oder Festtage gefeiert wurden, welche Regeln wichtig waren, welche Spiele gespielt wurden, wie es bei den Mahlzeiten zuging und worüber in der Familie gelacht und geweint wurde.
Hören Sie zu und fragen Sie nach, ohne zu urteilen. Sie können nach Gefühlen fragen, aber werten Sie Ihre Kindheitserinnerungen nicht gegenseitig ab. Es geht eben nicht darum, wer die „bessere" Familie hat. Respekt und unvoreingenommenes Interesse für den Partner und seine Wurzeln sind eine wesentliche Voraussetzung für das Gelingen einer Beziehung.

2. Erstellen Sie und Ihr Partner jeder eine Liste aller Rituale, die Sie von zu Hause kennen. Denken Sie nicht nur an die großen Feste. Viele Familien haben kleine Gewohnheiten kultiviert, die die Bindung und Zugehörigkeit stärken. Schreiben Sie auch auf, welche Erinnerungen und Gefühle Sie jeweils damit verbinden.
Vergleichen Sie Ihre Listen. Überlegen Sie, was Ihnen an der eigenen und der Liste des Partners besonders gefällt. Entscheiden Sie gemeinsam, was sie gerne für Ihre Beziehung oder Familie beibehalten oder übernehmen möchten.

3. Beantworten Sie und Ihr Partner jeweils die Fragen auf dieser Liste. Tauschen Sie die Bögen aus und sprechen Sie über Ihre Antworten.

- Wenn Sie pleite wären, von wem würden Sie sich Geld leihen?
- Auf wessen Meinung legen Sie besonders viel Wert, wenn es um berufliche Entscheidungen geht?
- Wen würden Sie in Fragen der Kindererziehung um Rat fragen?
- Wie oft telefonieren Sie mit Ihren Eltern?
- Angenommen, Sie wären schwer krank, wie würden Sie sich dabei fühlen, es Ihren Eltern mitzuteilen?
- Wenn es Schwierigkeiten in der Partnerschaft gibt, erzählen Sie Ihren Eltern davon?
- Was schätzen Sie an der Familie Ihres Partners? Wenn Sie dort aufgewachsen wären, was hätten Sie dann Positives?

- Wie glauben Sie, hätten Sie sich entwickelt, wenn Sie in der Familie Ihres Partners aufgewachsen wären?
- Wie haben Ihre Eltern Konflikte ausgetragen? (Lautstark? Gewalttätig? Vernünftig? Möglichst gar nicht?)
- Wurde die Ehe Ihrer Eltern geschieden oder war Trennung oft ein Thema?

3. Gesetz

Es gibt lösbare und unlösbare Probleme.

Sie glauben, dass sich alle Differenzen zwischen Ihnen und Ihrem Partner aus der Welt schaffen lassen? Dass, wenn man sich nur stark genug liebt, man immer einer Meinung ist? Sie werden merken, dass das nicht stimmt. Versuchen Sie mal, die folgenden Fragen zu beantworten. Und entscheiden Sie aufgrund der Schilderung des jeweiligen Falles, ob das dargestellte Problem wirklich lösbar ist.

Lösbar oder unlösbar?

1. Thomas hat eine Tätigkeit, bei der er viel auf Reisen ist. Er weiß, dass sich seine Frau Dora schwer damit tut, weil sie sich verlassen fühlt, wenn er weg ist. Er hat ein schlechtes Gewissen, denn er will ihr nicht wehtun, andererseits er liebt seinen Beruf und hat viel dafür getan, die Firma aufzubauen. Jedes Mal, wenn er einen Auftrag erledigt hat, beeilt er sich, schnell nach Hause zu kommen, und ist gekränkt, weil Dora abweisend reagiert und ihn spüren lässt, wie unglücklich sie ohne ihn ist und wie viel mehr ihr an einem häuslichen Familienleben liegt.
   Lösbar ☐ Unlösbar ☐

2. Karen und Sascha haben bereits ein Kind. Karen möchte noch ein zweites, aber ihr Mann ist nicht bereit dazu. Er meint, ihre finanzielle Situation sei zu unsicher. Außerdem ist er froh, nach den Baby-Jahren wieder etwas mehr Raum für sich zu haben. Er fürchtet, dass ein weiteres Kind die Partnerschaft zu sehr belasten würde. Karen aber ist verletzt und wütend, sie glaubt, ihre Wünsche seien Sascha nicht

wichtig. Und Sascha ist wütend, weil er das Gefühl hat, dass Karen ihre Bedürfnisse durchsetzen will und ihr sein Wohlbefinden herzlich gleichgültig ist.
Lösbar ☐ Unlösbar ☐

3. Seitdem sie einen Sohn haben, streiten Gerd und Angelika abends häufig darüber, wer den Jungen ins Bett bringt. Der Kleine braucht lange, bis er einschläft, und einer von ihnen muss sich intensiv um ihn kümmern. Angelika ist für feste Absprachen, um ihre Abende planen zu können, aber Gerd muss manchmal unvorhersehbar noch Arbeit aus dem Büro erledigen, die er nicht aufschieben kann. Er lehnt eine feste Absprache als unrealistisch ab und findet, dass Angelika flexibel sein müsse, zumal sie ja nachmittags freihat.
Lösbar ☐ Unlösbar ☐

4. Peter und Anne haben das Gefühl, sie lebten seit einer Weile aneinander vorbei, und auch im Bett würden sie nicht mehr richtig zueinander finden. Er wirft ihr vor, sie entziehe sich ihm, indem sie so früh ins Bett gehe und für keine Unternehmungen mehr zu haben sei. Sie fühlt sich zu Unrecht kritisiert und unverstanden, denn sie sei eben abends müde und brauche ihre Ruhe. Wenn er die ganze Nacht aufbleiben müsse und erst weit nach Mitternacht ins Bett komme, dann sei das schließlich seine Entscheidung. Und außerdem sei Sex am Morgen ohnehin interessanter.
Lösbar ☐ Unlösbar ☐

5. Claire und Oliver sind beide berufstätig und teilen sich deshalb die Hausarbeit. Sie wechseln sich beim Kochen und Einkaufen ab, je nachdem, wer früher von der Arbeit nach Hause kommt. Er räumt auf, sie kümmert sich um die Wäsche. Am Wochenende aber streiten sie sich regelmäßig, wer staubsaugen, Bad und Küche putzen soll. Sie will, dass sie es gemeinsam machen, weil es dann schneller geht. Er will, dass sie sich abwechseln, damit jeder auch mal ein Wochenende ganz frei hat, Zeit bekommt für Dinge, die man sonst nicht macht.
Lösbar ☐ Unlösbar ☐

6. Karl und Svantje sind unzufrieden mit ihrer gemeinsamen Freizeitgestaltung. Karl geht gern in Ausstellungen, ins Theater oder in Konzerte, ist also kulturell interessiert, während Svantje Lust auf Sport hat. Sie würde lieber ins Fitness-Center, in die Sauna oder zum Joggen gehen. Er wirft ihr kulturelles Desinteresse vor. Sie wehrt sich dagegen, vor ihm als ungebildet dazustehen, und attackiert ihn ihrerseits damit, dass er auf dem besten Weg sei, ein „übergewichtiger Sesselpuper“ zu werden. Er wiederum kontert, sie orientiere sich zu sehr an Äußerlichkeiten, wodurch sie sich wieder entwertet fühlt.
   Lösbar ☐ Unlösbar ☐

Auflösung

1. **Unlösbar.** Thomas' berufliche Interessen spiegeln einen Teil seines Charakters wider. Und Doras Gefühl, abgelehnt und ungeliebt zu sein, gegen das sie sich stemmt, liegt wahrscheinlich in ihrer Kindheit begründet. Die Bedürfnisse der Partner sind nicht vereinbar. Sie müssen das anerkennen, und wenn sie das tun, können sie Wege finden, damit klarzukommen. Erst wenn sie nicht mehr versuchen, den Konflikt aus der Welt zu schaffen, ersparen sie sich Frustrationen und haben die Möglichkeit, sich in die Gefühle des anderen hineinzuversetzen.

2. **Unlösbar.** Auf den ersten Blick braucht ja nur einer der Partner seine Position zu verändern, und es gibt eine Lösung. Doch bei einer so tief greifenden Entscheidung spielen Wünsche und Ängste eine Rolle, die sich nicht über eine Entscheidung verändern lassen. Beide Partner fühlen sich im Konflikt in ihren Lebensentwürfen und als Person angegriffen. Sie möchte Geschwister für ihr Kind, vielleicht weil ihre eigenen Geschwister der große Halt ihrer Kindheit waren. Er hatte überforderte Eltern, die keine Zeit für ihre Kinder fanden. Die einzige Chance, doch noch zu einer gemeinsamen Regelung zu gelangen, läge darin, die Wünsche, Ängste und verborgenen Träume (siehe Seite 58 „Vergessen Sie Ihre früheren Lebensträume nicht“) des Partners anzuerkennen.

Und dann beispielsweise gemeinsam zu schauen, ob sich die finanziellen und organisatorischen Möglichkeiten fänden, um beiden gerecht zu werden.

3. **Lösbar.** Das Paar hat durch die Geburt des Kindes veränderte Lebensumstände und noch keine gute Lösung dafür. Stattdessen nutzen sie beide diesen Konflikt, um ihre Unzufriedenheiten über die gewachsene Belastung auszutragen und um die gegenseitige Anerkennung dieser Belastung zu kämpfen. Da Gerd ja nicht jeden Abend arbeitet, könnte Angelika tatsächlich einspringen und Gerd könnte das Zubettbringen entsprechend oft an den übrigen Tagen übernehmen. So könnten sie einander zeigen, dass sie den Einsatz des anderen schätzen und nicht auf seine Kosten freie Zeit herausschlagen wollen.

4. **Unlösbar.** Ob man eher ein Morgenmuffel oder ein Frühaufsteher ist, ist ein grundsätzlicher Persönlichkeitszug, von der inneren biologischen Uhr gesteuert, der nicht leicht abzulegen ist. Durch ein „Du müsstest ja nur ..." ist außer einem genervten Partner nichts zu erreichen. Um sich einander wieder anzunähern und die gemeinsame Sexualität zu beleben, muss das Paar das Schlachtfeld der unterschiedlichen Schlafrhythmen erst mal verlassen. Und dann sehen, welche unerledigten Konflikte möglicherweise ihren Kontakt und ihre Sexualität blockieren.

5. **Lösbar.** Das Wochenende wird häufig mit freier Zeit und Ungebundenheit gleichgesetzt. Gerade wenn der Alltag sehr verplant und bis ins Detail geregelt verläuft, gibt es ein großes Bedürfnis, sich an diesen Tagen wirklich frei von Plänen, Abmachungen und Haushalt zu machen. Im Grunde fühlen sich Claire und Oliver überfordert und begeben sich mit ihren Vorwürfen auf eine Ebene, auf der das Problem gar nicht liegt. Beide würden gerne frei von Belastungen sein – eine Möglichkeit dafür wäre, sich eine Putzfrau zu nehmen. Oder es jedem selbst zu überlassen, wann er staubsaugt und putzt – Hauptsache, sie wechseln sich damit ab.

6. **Unlösbar.** Vermutlich würde Karl etwas Bewegung nicht schaden, und Svantje könnte auch Spaß an einem Konzert finden. Aber ihre unterschiedlichen Interessen stellen einen unlösbaren Konflikt dar. Ihre Vorlieben haben eine große persönliche Bedeutung für jeden von ihnen. Wenn ihre Bedürfnisse vom Partner in Frage gestellt werden, müssen sie sich wehren. Und verlieren die Bereitschaft, sich überhaupt für die Interessen des anderen zu öffnen. Jeder braucht Raum für seine Aktivitäten. Erst wenn er sich darin unterstützt fühlt, ist er möglicherweise bereit, sich darauf einzulassen, zu erfahren, was dem Partner offensichtlich so viel Befriedigung bringt.

Analyse

„Solange wir uns lieben, können wir alle Probleme lösen." So lautet ein Mythos, dem viele Partner unbewusst verfallen sind. Unterschiedliche Bedürfnisse erscheinen anfangs unproblematisch, wie „Peanuts", die durch die Macht der Liebe leicht zu knacken sind.

Und erst allmählich merken wir, dass der andere sich nicht – im Gegensatz zu uns selbst – nach vier Kindern sehnt, Sex vor Sonnenaufgang hasst und Ordnung nicht als menschliches Grundbedürfnis ansieht. Also machen wir uns daran, ihm beizubringen, wie es richtig geht, das Leben. Nämlich genau so, wie wir es uns vorstellen. Den Partner in unserem Sinne zu verändern ist das Lieblingsprojekt vieler Menschen. Und eines, das nie gelingt.

Wir beginnen zu kämpfen, zu streiten, um eine Lösung zu ringen. Bis wir uns irgendwann so wund aneinander gescheuert haben, dass nur noch Hass regiert und wir an unserer Liebe und uns selbst zweifeln. Und glauben, wir lieben uns nicht genug, sonst würden wir doch eine Lösung finden.

Aber nicht unsere Liebe ist das Problem, sondern die irreführende Annahme, Liebe könne alle Konflikte lösen. Wir übersehen, dass nicht jeder Konflikt lösbar ist. Häufig vertreten wir zwei unvereinbare Standpunkte, die allenfalls einen Kompromiss, eine vorsichtige Annäherung erlauben.

Der amerikanische Partnerschaftsexperte John Gottman hat in Untersuchungen festgestellt, dass rund 70 Prozent aller Probleme in einer Partnerschaft unlösbar sind – sie sind weder durch Streit noch durch Diskussionen aus der Welt zu schaffen, denn sie liegen in den unterschiedlichen Persönlichkeiten der Partner begründet. Und unsere Persönlichkeit, unsere Charaktereigenschaften, den einzigartigen Aufbau unserer Psyche können wir nicht verändern. Wir können uns selbst besser verstehen lernen und angemessener mit unseren Macken umgehen, aber wir können keinen anderen Menschen aus uns machen. Und schon gar nicht aus unserem Partner.

Sobald wir anerkennen, dass es lösbare und unlösbare Probleme in einer Partnerschaft gibt, sind wir einen großen Schritt weiter, denn jetzt akzeptieren wir, dass unser Partner und wir wirklich unterschiedlich sind. Und paradoxerweise werden die unlösbaren Konflikte dann sogar lösbar. Lösbar in dem Sinne, dass wir als Paar lernen können, mit ihnen zu leben, und zu lebenswerten Kompromissen gelangen können. Wenn er immer auf die letzte Minute plant und sie gerne pünktlich ist, dann ist das eben so. Doch statt sich zu streiten und sich gegenseitig zu stressen, könnten sie auch getrennt zur Verabredung fahren. Und dadurch dem anderen gegenüber offen und tolerant bleiben.

Wie lassen sich lösbare von unlösbaren Problemen unterscheiden?

- Lösbare Probleme fühlen sich leichter an, man hat nicht gleich das Gefühl, einen Kloß im Hals oder einen Stein im Bauch zu haben.
- Lösbare Probleme enthalten keine grundsätzlicheren oder tiefer gehenden, verdeckten Probleme.
- Lösbare Probleme sind eher konkret und an bestimmte, überschaubare Situationen gebunden.
- Im Streit geht es um reale Dinge und nicht um Persönlichkeitszüge. Also mehr um „Ich komme immer unter Druck, weil du morgens zu lange duschst und das Bad blockierst“ und nicht um „Du bist einfach zu egoistisch!“.

Übung

- Legen Sie getrennt voneinander eine Liste mit jeweils zehn Problemen an, die in Ihrer Partnerschaft bestehen. Kleine und große Probleme, die Sie gerne in Ihrer Beziehung gelöst hätten.
- Bestimmen Sie dann gemeinsam, ob diese Probleme lösbar oder unlösbar sind.
- Finden Sie in einem dritten Schritt Möglichkeiten, wie Sie befriedigender mit den unlösbaren Konflikten umgehen können.
- Noch ein Tipp: Versuchen Sie nicht, alle Konflikte auf einmal zu lösen!

4. Gesetz

Jedes Paar profitiert von einem unbewussten Zusammenspiel.

Wütend stopft Melanie ihren erotischen Traum aus roter Seide in die unterste Kommodenschublade. Soll der Plunder doch verrotten! Was nutzt es, wenn ihr Busen in dem roten BH phantastisch aussieht, wo doch Reizwäsche mittlerweile zu einem Sicherheitsrisiko für sie geworden ist? Kaum hatte sie gestern Abend den Rock abgestreift, war er auch schon über sie hergefallen, stöhnte: „Ich will dich, ich will dich!"

Melanie schaut auf den blauen Fleck auf ihrem Oberarm. Sie will so etwas nie wieder erleben. Sie musste sich richtig zur Wehr setzen, ihr war nicht nach Sex zu Mute, aber Jörg schien das nicht ernst zu nehmen. Nicht, dass Jörg wirklich gefährlich gewesen wäre, aber er drehte völlig durch. Er sei total angeturnt, schrie er, und verstehe gar nicht, was mit ihr los sei. Wenn sie keinen Bock mehr auf ihn habe, solle sie es doch sagen! Und wenn es einen anderen gebe, dann auch!

So war es oft in letzter Zeit. Er angeturnt, und sie wollte einfach nur ihre Ruhe haben.

Sie versteht auch nicht, warum, aber sie hat keine Lust mehr auf ihn. Es begann langsam. Erst fand sie ihn nur dominant, immer war er gleich so fordernd. Sie fühlte sich bedrängt, eingeengt, verfolgt. Aber Jörg konnte nicht verstehen, was sie meinte. Schließlich habe sie bisher seine Art, Sex zu machen, geliebt. Und er mache ja jetzt nichts anderes. Also müsse doch wohl mit ihr etwas nicht stimmen.

Melanie war verwirrt. Ja, sie hatte sich gern von ihm verführen lassen. Aber im Augenblick friert sie innerlich, wenn sie nur daran denkt, er könne was von ihr wollen. Wie lange kann das so noch weitergehen? Wenn sie nicht mit ihm schläft, wird es dann nicht eine andere tun?

Melanie kramt den roten Spitzentraum wieder aus der Schublade. Heute wird sie ihn verführen. Sich herausreißen aus dem sexuellen Notstand. Wenn sie nicht mehr die Passive, die Verweigerin ist, könnte sich vielleicht ihr Liebesleben wieder „normalisieren“.

Jörg ist zunächst verblüfft, als sie sich halbnackt auf seinen Schoß setzt. Melanie ist erregt, fordernd. Da ist es doch, das vertraute Gefühl, der tiefe Schauer im Körper, die Lust und ... was ist das? Wo sie eben noch eine harte Erektion fühlte, ist jetzt gar nichts mehr. Jörg entschuldigt sich kleinlaut. Heute sei ihm wohl irgendwie nicht so danach. Der Stress im Büro ... Melanie starrt auf ihren roten BH, der auf dem Schlafzimmerboden liegt. Gibt es Unterwäsche, auf der ein Fluch liegt?

Analyse

Es wäre zu einfach, sich selbst immer nur als Opfer zu sehen und jede Schuld für Streitereien dem Partner in die Schuhe zu schieben.

Zum Tangotanzen gehören immer zwei. Jeder Schritt, jede Bewegung, jedes Verhalten des einen Partners wirkt sich auf den anderen aus. Zwei, die sich lieben, sind wie mit unsichtbaren Schnüren aneinander gebunden. Sie leben miteinander in einem unbewussten Zusammenspiel, und das bedeutet im Grunde, dass auch bei einem Konflikt beide ihren Anteil haben. Es ist niemals nur einer der Täter, der Schuft, das Scheusal, die Schuldige und der andere allein das Opfer, der Versager, die Verantwortliche. Ein Paar ist mehr als ein Partner und noch ein Partner.

Denn beide gehen unbewusst einen Vertrag ein, in dem jeder stellvertretend für den anderen Rollen und Verhaltensweisen übernimmt, mit denen der Partner Schwierigkeiten hat. Eine perfekte, wenn auch unbewusste Arbeitsteilung.

Jörg zum Beispiel übernahm in diesem Zusammenspiel die dominante, aktive Seite, und Melanie hat sie ihm eine ganze Weile lang gern überlassen. Sie übernahm die schwache, abhängige Seite.

So konnte Jörg seiner Angst vor einer dominanten Frau und dem damit verbundenen Gefühl von Hilflosigkeit ganz einfach aus dem Weg gehen. Melanie ihrerseits musste bei ihrer passiven Rolle keine Verantwortung übernehmen, das heißt auch: keine Auseinandersetzungen, keinen Streit – der in ihrer Herkunftsfamilie schon immer vermieden wurde.

Ein perfekter Vertrag: Eine Hand wäscht die andere. Doch er erweist sich leider häufig als nicht einhaltbar, kann dann zu ernsten Störungen in der Partnerschaft führen. Um bei unserem Beispiel zu bleiben: Melanie wurde es in ihrer Rolle zu eng, sie selbst hatte keinen Handlungsspielraum mehr. Da sie sich aber wegen ihrer Angst vor Konflikten nicht traute, Jörg fordernd gegenüber zu treten, blieb ihr unbewusst nur ein Weg, um ihren Unmut zu äußern. Sie meinte „Nein", ohne dieses „Nein" zu sagen. Sie wurde lustlos.

Jörgs Angst, vereinnahmt zu werden, konnte sich erst zeigen, als Melanie mutig beschloss, aktiv zu werden. Damit ist das unbewusste Zusammenspiel beendet, der Vertrag wurde gebrochen. Hinter dem Über-Mann Jörg kommt der Übermannte hervor. Er reagiert mit Impotenz.

Da Partner ihr unbewusstes Zusammenspiel oft nicht verstehen, machen sie aneinander irgendwann Vorwürfe. Oberflächlich sieht es ja häufig so aus, als ob einer der Partner die Bedürfnisse des anderen ignoriere, als ob einer das Problem sei, unter dem der andere leide. Aber tatsächlich leiden und profitieren beide.

Seine Untreue kann zum Beispiel verhindern helfen, dass sie fremdgeht. Sie ist unselbstständig, unternimmt nichts ohne ihn – das schützt wiederum ihn möglicherweise vor seinen Trennungsängsten. Und seine vielen Überstunden im Büro können sie davor bewahren, ihre Angst vor Nähe erleben zu müssen.

Die Einsicht, dass in jedem Paarkonflikt beide ihre Anteile und unbewussten Vorteile haben, ist vielleicht der wichtigste Schritt, um sich von gegenseitigen fruchtlosen Vorwürfen zu (er-)lösen.

Übungen

1. Denken Sie an einen typischen Konflikt zwischen Ihnen und Ihrem Partner, bei dem Sie überzeugt sind, dass Ihr Partner Sie schlecht behandelt, und Sie sich als Opfer fühlen. Betrachten Sie den Konflikt wie eine unbeteiligte außenstehende Person, fragen Sie sich:
- Was ist der Vorteil, den ich durch diesen Konflikt habe?
- Wie müsste ich mich verhalten, wenn es anders wäre? (Was vermeide ich durch den Konflikt?)
- Was wäre vielleicht schwieriger für mich?
- Wenn ich die Veränderung, die ich mir wünsche, erreicht hätte, was wäre dann? Welches Problem würde sich dann auftun?
2. Werden Sie sich über die Rollenverteilung in Ihrer Beziehung klar:
- Wer ist eher passiv, wer eher aktiv? Wer dominant, wer nachgiebig? Wer hilfsbedürftig, wer fürsorglich? Wer ist stark, wer anlehnungsbedürftig? Wer ist diszipliniert, wer verspielt? Wer ist optimistisch, wer pessimistisch?
- Falls Ihnen das schwer fällt, fragen Sie Freunde und Bekannte, wie sie die Rollenverteilung in Ihrer Beziehung wahrnehmen.
- Wenn Sie sich über die Rollenverteilung einig sind, fragen Sie sich, wie Sie sich jeweils in der Rolle des anderen fühlen würden. Phantasieren Sie darüber, wie ein Rollentausch Ihre Beziehung verändern würde. Und was für Sie an der anderen Rolle problematisch wäre.

5. Gesetz

Vergessen Sie Ihre früheren Lebensträume nicht.

Wie anders eine Stadt wirkt, wenn sie im Sonnenschein badet. Feierabend, das Rennrad von Herb schnurrt über den Asphalt, die Akten des Tages sind vergessen. Gleich wird der kleine Max ihn umarmen, vielleicht gehen die beiden noch ein Eis essen oder er wird das Planschbecken aufblasen. Er schließt die Wohnungstür auf, doch sie lässt sich kaum öffnen. Drei Kartons blockieren die Tür, aus ihnen quellen Pullover, Hosen, Bücher und altes Spielzeug. „Hallo Schatz!“, ruft er. „Ziehen wir schon wieder um?“ Aber sein Scherz kommt ihm selbst müde vor. Katja ist den Tränen nahe. Sie nimmt Max an die Hand und geht in die Küche. Sie will keinen Streit, nicht schon wieder. Immer geht es dabei um die vielen Sachen, die sie kauft, und um ihre Unfähigkeit, Ordnung zu halten. Seufzend räumt sie die Spülmaschine aus. Im Wohnzimmer sitzt Herb und starrt in den Garten, öffnet schließlich die Post, setzt sich an den Computer und füllt Überweisungen aus. Draußen scheint die Sonne. Aber ihre Strahlen gelangen nicht mehr ins Haus.

Katja denkt: „Neben Herb fühle ich mich wie ein dummes Kind, das sein Leben nicht in den Griff bekommt, unfähig. Ich sammle nun mal schöne Dinge, ich liebe Klamotten und bin ein Genussmensch, der gerne Geld ausgibt. Ich will nicht darauf hocken wie er. Ich will leben, mich schön anziehen und mich mit schönen Dingen umgeben. Aber das ist ihm ja egal. Er guckt schon gar nicht mehr hin. Wahrscheinlich interessierte ich ihn schon gar nicht mehr. Gut, ich kann seine Ordnung nicht halten, ich bin nun mal chaotischer. Aber ich räume auch viel auf. Nur eben nicht so, wie er es tut. Ich fürchte, unsere Liebe ist am Ende. Wir kommen nicht weiter. Ich will nicht als verachtetes Hausmütterchen enden, das es dem Herrn Gemahl nie recht machen kann. Soll er mit seiner spießigen Mama leben, deren Töpfe alle im gleichen Abstand stehen.“

Herb denkt: „Ich hasse es. Immer derselbe Mist. Diese verwöhnte Göre, die großartige Lady, die von der bürgerlichen Welt träumt, aus der ihr Opa stammt. Alles vom Feinsten, ein Riesentrödel aus Büchern und Objekten, Antiquitäten und Mitbringseln aus fernen Ländern. Sie kompensiert doch all ihre Macken nur mit diesem materiellen Kram. ‚Oh mir geht’s schlecht, schnell in die Boutique. Bitte drei Blusen Selbstbewusstsein!’ Die Zeit und das Geld, die sie damit verschwendet! Wir könnten so viele andere Dinge tun. Ich will nicht in der materiellen Welt verschwinden. Und schon gar nicht in dem Chaos, dass sie veranstaltet. Ich will so nicht leben.“

Analyse

Sind ein paar Kartons voller Krempel so wichtig? Oder ein geordneter Haushalt? Wieso droht eine Beziehung daran zu scheitern, wenn ansonsten so viele schöne Augenblicke und tiefe Gefühle miteinander geteilt werden können? Warum verbeißen sich Paare gerade in bestimmte Themen? Klaus und Gabi wegen der Kindererziehung, Marga und Steve wegen der Partys, auf die er nicht gehen mag, Harry und Frederike wegen ihres Reitpferds und seiner Hütte in Südschweden? Paare haben besondere Paar-Macken, wie es scheint. Sie kreisen endlos um das gleiche Thema, und die Frage ist: Wieso können sie nicht zur Ruhe finden?

Selbst wenn wir schon lange erkannt haben, dass wir unterschiedliche Schmutzgrenzen oder ein unterschiedlich starkes Verlangen nach sozialen Kontakten haben, reiben wir uns daran weiter auf.

Die Antwort – eine wichtige Antwort – lautet: weil dabei jeder um seine Träume kämpft. Wir können von diesen scheinbar banalen Streitigkeiten nicht lassen, weil jeder in der Beziehung seine Sehnsüchte und Wünsche verteidigen will, die ihm ungeheuer viel bedeuten. Mit den alltäglichen Konflikten sind für uns unbewusst Lebensthemen und Hoffnungen von existenzieller Bedeutung verbunden. Visionen, für die wir leben, aus denen wir unsere Kraft und unseren Lebenswillen ziehen.

Häufig stammen sie schon aus unserer Kindheit. Wie bei Katja und Herb. Katja ist im Haus ihrer Familie aufgewachsen, ein alter Kasten voller Erinnerungen. Ein Museum der Familiengeschichte. Sie hatte es früher geliebt, auf dem Speicher zu stöbern, in der Bibliothek zu schmökern, die Freude der Eltern an Kunst und Erinnerungen zu teilen. Und sie hatte sich ihr Leben immer in der gleichen Fülle und Buntheit vorgestellt.

Auch Herb kommt aus einem wohlhabenden Elternhaus. Doch er erinnert sich nur, dass es ständig um Geld ging. Dass die Eltern selten da waren, dass er mit Geschenken überhäuft wurde, die er nicht wollte. Die Wohnung wurde jedes Jahr renoviert und ständig neu eingerichtet, aber behaglicher fühlte sich darin niemand. Schließlich ließen sich die Eltern scheiden. Die

Erfahrung aus dieser Kindheit: Dinge, und seien sie auch noch so schön, sind wertlos. Von ihnen hängt das Glück nicht ab. Und er hatte gehofft, in Katja jemanden zu finden, der seine Begeisterung für Kultur und Literatur teilt.

Paare bekämpfen einander häufig, ohne selbst zu verstehen, wofür sie kämpfen, ohne zu begreifen, wieso sie sich vom „Anderssein" des Partners so tief getroffen fühlen. Sie ahnen nicht, dass es um ihre Träume geht, mit denen sie unbewusst leben. Aber solange diese „vergessenen" Träume nicht aufgedeckt und zu einem bewussten Teil der Beziehung gemacht werden, kommen wir in unseren immer wiederkehrenden Auseinandersetzungen nicht weiter.

Nicht jeder Traum muss wahr werden. Aber wir müssen ihn achten, damit er uns nicht beherrscht. Jeder dieser Träume hat seine Berechtigung und ist bedeutsam und schön. Und den Partner darin zu unterstützen, seine Träume zu verstehen, zu achten und vielleicht sogar zu verwirklichen, sollte das Ziel einer lebendigen Partnerschaft sein.

Übungen

Lebensträume sind davon geprägt, was wir erlebt oder vermisst haben und wer wir deshalb sein, was wir deshalb (er-)leben wollen. Sie sind bestimmt davon,

- was uns in unserer Kindheit gut getan hat, was wir bewundert haben,
- was wir in unserer Kindheit als schmerzhaft erlebt haben und was wir in jedem Fall anders machen wollen,
- wie bestimmtes Erleben und Gefühle in unserer Herkunftsfamilie bewertet wurden,
- wer wir für den Partner sein wollen, wie wir wahrgenommen werden wollen,
- welche Vorbilder und abschreckenden Beispiele wir haben.

Übung 1
Führen Sie ein Gespräch darüber, was Ihnen im Leben am wichtigsten ist, was Ihre wichtigsten Ziele sind. Führen Sie es in der kontrollierten Dialogform: Ein Partner spricht, der andere hört nur zu und stellt höchstens Verständnisfragen, gibt aber keine Kommentare ab. Beginnen Sie mit der Phantasie, Sie könnten Ihren Kindern die drei wichtigsten Dinge im Leben vermitteln. Was würden Sie ihnen mit auf den Lebensweg geben? Worauf kommt es an im Leben? Was macht wirklich glücklich?

Überlegen Sie dann in einem zweiten Schritt, was Ihre Antworten, Ihre Ziele und Schwerpunkte mit den „vergessenen Träumen" aus Ihren Streitigkeiten zu tun haben.

Übung 2
Nehmen Sie sich mindestens 20 Minuten pro Person Zeit für diese Übung:

- Ein Partner erzählt in allen Details, wie er sich seine ideale Partnerschaft vorstellt. Vergessen Sie die Realität. Wo möchten Sie leben, wie möchten Sie leben? Welchen Beruf würden Sie in ihrer idealen Partnerschaft ausüben? Hätten Sie Kinder? Wie wäre der Kontakt der Familienmitglieder untereinander? Wie die Sexualität, die Gespräche, die Freizeitinteressen, der Freundeskreis?
- Vergleichen Sie Realität und Phantasie: Was vermissen Sie von der geschilderten Phantasie am meisten? Oder lassen Sie Ihren Partner die drei Punkte benennen, von denen er denkt, dass Sie sie am stärksten vermissen.

Übung 3
Wie weit geht Ihre gegenseitige Unterstützung der Träume?

- Sie haben keine klare Vorstellung von den Träumen und Werten und tiefen Sehnsüchten Ihres Partners.
- Sie kennen die Träume/den Traum Ihres Partners.
- Sie können diesen Traum in seiner Bedeutung für Ihren Partner anerkennen und annehmen.
- Sie unterstützen diesen Traum und ermöglichen ihn durch finanzielle, zeitliche oder andere Unterstützung.
- Sie teilen den Traum ihres Partners aktiv und nehmen daran teil, lassen sich auf die Welt Ihres Partners ein.

6. Gesetz

Jeder sieht die Welt mit anderen Augen.

Sorgfältig deckt Carola den Tisch. Zwei Stunden hat sie geschält, geschnitten, gerührt, abgeschmeckt und gekocht. Thailändisch kochen, das ist neu für sie. Das Zitronengras ist leider beim Kochen zerfasert und sie werden es aus der Sauce herausfummeln müssen. Aber es schmeckt, wie sie findet. Sie ruft Reiner. Reiner liebt thailändisches Essen. Der Tag war so furchtbar, aber jetzt wird alles gut werden.

Beim Einkaufen war es schon losgegangen. Im Supermarkt hatten sie Amy getroffen. Amy war mal ein Flirt von Reiner. Sie hatten die Einkaufswagen an die Seite geschoben und etwas geredet. Amy hat rote Haare und darunter die wunderbarsten grünen Augen. Und die ließ sie nicht einen Augenblick von Reiner ab. „Hey, lass uns doch mal treffen", so verabschiedeten sie sich voneinander. „Scheiße was!" hatte Carola gesagt, „wenn du die triffst, dann bin ich stinksauer!" Reiner war irritiert. Wieso sie sich so aufrege? Amy habe doch auch sie gemeint. Sie könnten sich doch mal zu viert treffen, Amy habe ja auch einen Freund. Das sei doch nur nett. Sie immer mit ihrer blöden Eifersucht. Amy habe doch wirklich mit ihnen beiden gesprochen, er sei sicher, sie möge Carola.

Aber das war nur der Anfang. Denn kaum waren sie zu Hause, klingelte der Paketbote und brachte ein Paket. Und noch eins. Und noch eins. Und noch eins. Kurz darauf war das Wohnzimmer eine Altpapierhalde in der ein überaus glücklicher Reiner versuchte, mit einer widerspenstigen Carola zu alten Abba-Hits zu tanzen. Die neue Anlage, voll aufgedreht.

Eine verdammte Musikanlage hätten sie nun echt nicht gebraucht, fand Carola. Und sein Einwand, er habe sie aus eigener Tasche bezahlt, machte sie nur noch ärgerlicher. Ihr Geld sei schließlich alles gemeinsames Geld. Und freuen, wie er es gehofft habe, freuen könne sie sich ja nun so was von überhaupt nicht. Wie er denn darauf käme? Weil sie gerne Musik höre? Ja, aber dazu braucht sie keine Anlage in der Größe eines Kleinwagens, und außerdem würde sie gerne gefragt, wenn ihr Wohnzimmer in ein Tonstudio verwandelt würde. Und zum zweiten Mal sagte sie heute „Scheiße!" Es wurde eine lange

Diskussion. Und nachdem sie sich am Telefon bei ihrer Freundin Gabi über die Technik-Macke von Reiner ausgeheult hatte, konnte sie auch wieder sehen, dass er wohl wirklich gedacht hatte, er mache ihr eine Freude. Überraschung! Die war ihm gelungen. Aber sie ist wieder bereit, einzulenken. Und deshalb hat sie jetzt gekocht. Liebe geht durch den Magen. Jedenfalls für Carola. Typen, die für sie gekocht hatten, hatte sie sogar verziehen, dass sie allen Ernstes die Siegerurkunden ihrer erfolgreich bestrittenen Tennisturniere an der Wand hängen hatten.

Reiner guckt böse auf den gedeckten Tisch. „Ich hab keinen Hunger!“, mault er. „Und ich finde es echt bescheuert, dass wir Streit haben und du dich erst mal eine Stunde ans Telefon hängst, um deiner Freundin zu erzählen, mit was für einem Idioten du zusammen bist. Und danach dich für zwei Stunden in der Küche verbarrikadierst. Mann, das macht doch alles keinen Spaß.“ Sagt's und geht. „Scheiße!“, sagt Carola.

Analyse

„Ich sehe was, was du nicht siehst ...“, sagen wir und glauben fest, das – und nur das – sei die Wirklichkeit. Wir machen uns zum Maß aller Gefühle und sind enttäuscht, wenn der Partner manches anders wahrnimmt.

Unbewusst gehen wir ganz selbstverständlich davon aus, dass alle Menschen die Welt so erleben wie wir selbst. Besonders die Menschen, die uns nahe sind. Und ganz besonders unser Partner. Schließlich haben wir ihn ja so lieben gelernt. Verliebt sein heißt, dass wir das Gefühl für die Trennung zwischen uns und dem anderen verlieren. Wir blenden alles aus, was stört, als würden wir in einem Anfall von Heißhunger alles mit Stumpf und Stiel, mit Schale und Stacheln verputzen. Wir sind berauscht davon, dieselben Filme zu lieben, London für die aufregendste Stadt zu halten und die gleichen Gedanken zu denken. „Ich liebe dich!“ – „Hast du das auch gerade gedacht?“ – „Ja.“ – „Ist das nicht irre?“ – Es ist irre!

In der romantischen Phase unserer Beziehungen sind wir verblendet wie fanatische Goldsucher. Wir durchsieben das Innenleben des Geliebten nach Gemeinsamkeiten. Und übersehen den Sand, den wir dabei aufsammeln. Sand, der später das Beziehungsgetriebe blockiert.

Partner sind keineswegs immer ein Herz und eine Seele. Im Gegenteil. Nicht einmal das, was wir sagen, ist identisch mit dem, was unser Liebster dabei hört. Was für uns ein wichtiger Liebesbeweis ist, kann für unseren Liebsten völlig nebensächlich sein. Unsere Erwartungen sind unterschiedlich und unsere Wahrnehmungen grundverschieden. Vieles, was unser Partner erlebt, können wir nicht nachempfinden. Und unsere persönliche Entwicklung und Reifung verläuft nicht parallel, sondern im jeweils eigenen Rhythmus ab. Kurz: Meine Liebe ist nicht deine Liebe.

Schon in Mann und Frau prallen zwei verschiedene Welten, zwei Wirklichkeiten aufeinander. In jeder Liebesbeziehung treffen sich zwei Familiensysteme, zwei unterschiedliche Sozialisationen. Zwei Kindheiten. Das sollte man nie aus den Augen verlieren.

Doch was tun wir? Machen uns, jeder für sich, zum Maß aller Gefühle und werten die Wirklichkeit des anderen ab, sobald wir im Beziehungsalltag gelandet sind. Mehr noch. Wir werfen ihm sein „Anderssein" vor, bekämpfen es, sehen es als Zeichen mangelnder Zuneigung, als Versagen, als seine Bösartigkeit. „Wenn du mich lieben würdest, dann würdest du mich fragen, wie es mir mit meiner Prüfung geht!" Aber er fragt nicht, gerade weil er sie liebt. Weil er glaubt, sie wolle damit lieber allein gelassen werden. So wie er es sich in einer solchen Situation wünschen würde.

Wir leben in zwei verschiedenen Wirklichkeiten, in zwei verschiedenen Beziehungen. In deiner und in meiner. Nur wenn wir die unterschiedliche Wahrnehmung unserer gemeinsamen Wirklichkeit anerkennen, werden wir einander als Bereicherung und nicht als Bedrohung erleben.

Übungen

1. Nach einem Theater- oder Kinobesuch oder einem gemeinsam verbrachten Abend: Erzählen Sie einander, was Sie dabei erlebt haben, woran Sie gedacht haben. Gehen Sie nicht gleich in den Dialog, sondern geben Sie einander jeweils 20 Minuten Zeit, um sich mitzuteilen. Vergleichen Sie anschließend Ihre unterschiedliche Wahrnehmung.
2. Seien Sie spielerisch. Phantasieren Sie im Restaurant oder einem Straßencafé über vorübergehende Menschen. Tauschen Sie aus, was für Assoziationen jeder von Ihnen zu derselben Person hat. Wie alt sie sein mag, welchen Beruf sie ausübt, ob sie liiert ist oder Single.
3. Führen Sie „Bestimmer-Abende" ein. Einer von Ihnen übernimmt es jeweils, den Abend so zu planen und gestalten, wie er es gerne hat. Und der andere lässt sich führen.
4. Angenommen, Ihr Partner hätte eine Fernbedienung und könnte damit Eigenschaften bei Ihnen wegzappen oder verstärken. Welche fünf Eigenschaften von Ihnen würde er wegzappen? Welche fünf häufiger anschalten?

Die Balance in der Liebe

Liebe ist Bewegung. Sie ist kein festes Ding wie ein Tisch oder Stuhl, sondern ein Prozess sich ständig ändernder Gefühle. Eben noch haben wir sie heiß begehrt, einen Orgasmus später ziehen wir der Geliebten die „Sportschau" vor. Eben noch war er unser stolzer Ritter, eine Bemerkung später wollen wir ihn für immer verlassen. Wie die Liebe selbst sind auch unsere Liebesbeziehungen in einem stetigen Fluss. „Und wie läuft es zwischen euch zur Zeit?", fragen wir unsere Freunde. Und nehmen teil am ständigen Drama zwischen Seitensprung und Händchenhalten. Wir können nur ein paar Markierungspunkte am Ufer festlegen, die unsere Gefühle und unser Erleben beschreiben. Nähe und Distanz. Sicherheit und Erregung. Lust und Pflicht. Sie können uns helfen, uns zu orientieren. Sie können uns helfen zu beschreiben, wohin unsere Liebe geht, woran sie leidet, was die Stärken und Schwächen unserer Beziehung sind. Und wohin wir steuern müssen, um unsere Liebe zu fördern und zu erhalten.

Wir sind längst bereit zu akzeptieren, dass Liebe kein großartiger Zustand ist, der plötzlich zwischen uns und einem anderen Menschen auftritt und dann ewig hält. Mag auch die Liebe selbst bedingungslos sein. In der Beziehung zu dem, den wir lieben, lebt sie nicht bedingungslos. Denn eine Beziehung ist wie ein Balanceakt. In dem das Eigene und das Fremde, das Sichere und das Aufregende, das Individuelle und das Gemeinsame, das Vertraute und das Beunruhigende ihren Platz brauchen. Sicherheit ohne Erregung ist öde. Erregung ohne Sicherheit macht Angst. Nähe ohne Distanz führt zur Verschmelzung. Distanz ohne Nähe zur Trennung. Wir können Liebe nicht herstellen. Wir können sie nicht kontrollieren. Liebe ist kein Willensakt. Wir können sie zerstören. Oder die Bedingungen schaffen, unter denen sie immer wieder die Chance hat zu leben.

Lust und Pflicht

Nehmen Sie sich, was Sie brauchen!

Paul und Simone, April 1996. Morgens, sieben Uhr. Paul hat den Wecker ausgestellt. Simone wird ihre Vorlesung schwänzen,

Paul sich krank melden. Nach dem Sex, dem Frühstück im Bett, mehr Sex und ein paar Jogging-Runden im Park fahren sie ans Meer und essen heißen Bratfisch am kalten Hafen. Ihre Liebe ist vier Monate jung.

Paul und Simone, April 2002. Morgens, sieben Uhr. Paul stürzt vom Joggen ins Bad und schreit nach einem Handtuch. Simone versucht den vierjährigen Mario in eine Latzhose zu stopfen, der Toast verräuchert die Küche. Paul muss um 8.15 Uhr am Flughafen sein. Wenn Simone Mario nach dem Büro abgeholt hat, müssen sie zum Kinderarzt. Paul wird erst um 23 Uhr wieder da sein. Ihre Liebe stirbt gerade an Alltagsschwäche.

Zuerst ist ein Paar wie ein Kind. Voller Lust, Leidenschaft und Zuversicht legt es sich mit der Realität an. Wir schreiben Gedichte, die wir uns nicht zutrauen. Essen in Restaurants, die wir uns nicht leisten können. Die Lust ist stärker als die Pflicht, die Leidenschaft stärker als der Leistungswille. Und die Gefühle bestimmen die Realität. Deshalb sind wir so gerne verliebt.

Das ist nur die halbe Wahrheit. Denn Partner werden wir nur, wenn wir von Beginn an Verantwortung übernehmen. Wir achten die Bedürfnisse des anderen und halten uns an Vereinbarungen. Wir sind loyal, stehen gegenüber Familie und Freunden auf der Seite des Partners, tragen verlässlich zu Haushalt und Kasse bei.

Doch schon bald terrorisieren Wollmäuse, muffige Handtücher und klappernde Autoventile das Paarleben. Und wenn sich auch noch streunende Eisenbahnschienen und marodierende Zahnklammern dazugesellen, ergibt sich für ein Paar die Notwendigkeit des 62-Stunden-Tages. Jeder Kosmetiktermin, jeder Bowling-Abend wird dem Pflichtprogramm mühsam abgerungen. Und dem Partner. „Was du nicht tust, bleibt an mir hängen“, lautet die Formel, über die Liebende zu partnerschaftlichen Eltern oder zu Hyänen werden. Da Arbeits- und Familienwelt so wenig miteinander zu tun haben wie Norwegen und Tunesien, besteht immer die Gefahr, dass die Partner einander vorwerfen, sich die meiste Zeit der familiären Verantwortung zu entziehen, während sie selbst von Pflichten aufgerieben würden. Wobei Männer gerne ihre Selbstverwirklichung als Arbeit tarnen und ihren fetteren Gehaltsstreifen dazu missbrauchen, unbeliebte Alltagspflichten elegant abzuwälzen.

Doch wer diese Pflichten bewältigt, dem fehlt immer noch die Kür. Denn mit zunehmender Zeit und Belastung gehen uns die Zutaten zum lustvollen Leben verloren. Freie Zeit oder unverplante Tage sind im Leben der meisten Paare mehr als rar. Und je mehr Kinder, desto rarer! Doch nur, wenn wir uns die romantische Kraft bewahren können, hat unsere Beziehung eine Chance. Sprich: Wirklich lustvoll bleiben wir nur, wenn wir uns gemeinsam zur Aufrechterhaltung unserer Lust verpflichten – genauso wie zur Übernahme sonstiger Pflichten. Und das heißt nichts anderes als: die Liebe zur Chefsache machen.

- Wenn die Pflichtfalle zugeschlagen hat, dann helfen Sofortmaßnahmen: Ein Wochenende raus. Einen Abend in der Woche gemeinsam freihalten. Abwechselnd sind Sie Gastgeber und managen den freien Abend.
- Pflegen Sie Ihre Freundschaften. Gute Freunde sind die Zeugen einer Partnerschaft. Ihnen gegenüber gestehen wir am ehesten ein, dass unser Sexleben ein Desaster ist und unser Romantikfaktor längst jenseits der Wahrnehmungsgrenze liegt. Gute Freunde fördern, dass wir mal die Finger von der Tastatur und unsere Hüften zur Musik kreisen lassen oder bei romantischen Filmen im Kino Händchen halten. Sie nehmen auch mal die Brut in Obhut, falls Oma und Schwager es nicht schaffen.
- Versuchen Sie nicht, den Partner anzutreiben: „Du könntest doch auch mal wieder segeln gehen!“ Oder zu appellieren: „Wir waren so lange nicht im Kino!“ Ziehen Sie selbst los oder besorgen Sie die Karten.

Geben und Nehmen

Meine Liebe ist nicht deine Liebe

„And in the end, the love you take is equal to the love you make.“ In ihrem kürzesten Song haben die Beatles das Gesetz von Geben und Nehmen beschrieben. Wer glaubt, Liebe rechne nicht, der irrt. Wir besitzen ein spezielles Organ, das über unsere Liebeskonten wacht und für einen ausbalancierten Kontostand sorgt. Unser Gewissen. Wenn wir mehr geben als nehmen, werden wir unzufrieden und ärgerlich auf unseren Liebsten.

Wenn wir mehr nehmen, als wir geben, fühlen wir uns schuldig und wertlos. Klingt einfach. Ist es aber nicht. Denn deine Liebeswährung ist nicht meine Währung. Und nicht alles, was ich einzahle, schreibt mir mein Partner auch gut.

Gerd keult Überstunden, damit sie endlich die Wohnung renovieren können. Elvira hat alles für ein schönes Wochenende vorbereitet, eingekauft, Freunde eingeladen, Kinokarten bestellt. Ulla brutzelt nach einem dummen Streit drei Stunden lang für ihren Schnucki am Herd. Und all das kann vergebliche Liebesmühe sein. Wenn der Partner es nicht verrechnet, weil beide ihre Zuneigung unterschiedlich ausdrücken und der Ausdruck von Liebe nicht so verstanden wird, wie er gemeint ist. Dann bucht Gerds Freundin seine Anstrengung auf dem Minuskonto, weil sie ohnehin darunter leidet, dass sie einander zuwenig sehen. Elviras Partner fühlt sich verplant und ist sauer. Und Ullas Schnucki, der sich sexuell vernachlässigt fühlt, bucht gar ein Minus für ihr Sich-in-die-Küche-Verdrücken.

Wie Gaben verbucht werden, verändert sich im Laufe einer Beziehung. Humor kann erst als erleichternd und später als Ausweichen erlebt werden. Die Kritik des Partners an den eigenen Eltern erst als unterstützend und später als verletzend. Doch auch wenn genommen wird, was gegeben wird, kann das partnerschaftliche Geben und Nehmen aus der Balance geraten. Denn: Meine Liebe ist nicht deine Liebe.

Manuel hält sich für belastbarer als seine Frau Lea. Als guter Partner trägt er in angespannten Situationen die Kinder aus der Kampfzone und kocht seiner Süßen alle ihre Lieblingsspeisen. Er steht ihr in Krisen mit Rat und Tat zur Seite. Und Lea gibt sich alle Mühe, die besprochenen Lösungen umzusetzen. Trotzdem kracht es immer häufiger zwischen ihnen, reagiert er immer wütender und sie immer dünnhäutiger. Trotzdem? Manuel gibt. Und gibt. Und gibt. Und Lea nimmt. Wie ein Kind, das auch mehr nimmt, als es gibt. Als Erwachsene fühlt sich Lea klein und abhängig und fordert den Partner so heraus, sie noch mehr zu versorgen. Manuel verleugnet wie viele Männer dabei seine eigene Bedürftigkeit – und macht Lea dadurch wertlos. Denn tatsächlich gibt Lea Manuel eine Menge Anerkennung und Bestätigung – während er ihr Selbstsicherheit und Unabhängigkeit nimmt.

- Je mehr Geben und Nehmen stattfindet, desto erfüllender fühlt sich eine Beziehung an. Es ist wichtig zu wissen, was den Partner wirklich freut, was er sich wünscht. Welche Werte er hat, wonach er sich sehnt, wofür er sich begeistert. Partner verändern sich, und wir müssen unser Wissen über den anderen auf dem Laufenden halten.
- Wenn wir uns füreinander interessieren, dann ist das eine doppelte Gabe. Wir geben Aufmerksamkeit und Interesse und erfahren, womit wir unseren Partner berühren können.
- Beachten Sie das ständige kleine Geben und Nehmen von Zärtlichkeit und Aufmerksamkeiten? Die kleinen Geschenke, die verbindenden Rituale wie Geburts- und Hochzeitstage, die alltäglichen Vorlieben für die Sportseite oder frische Erdbeeren? Ach ja, und heute schon gelobt?
- Häufig sind es die Qualität, die Absicht und die Initiative, die wirklich zählen. Spontane Geschenke bedeuten: „Ich denke an dich." Zeit füreinander zu haben bedeutet: „Ich will mit dir sein." Dem anderen den Rücken freihalten: „Du bist mir wichtig."
- Ein hilfreiches Bild für positiven und negativen Austausch ist die Idee, dass wir etwas mehr Gutes zurückgeben, wenn das, was wir empfangen haben, positiv war. Und etwas weniger, wenn wir verletzt oder entwertet wurden. So kann das Gute wachsen und das Verletzende nicht ausufern.

Nähe und Distanz

Sich öffnen, damit der andere uns versteht

Gabi will einen Pilates-Kurs besuchen. Sie hat schon zwei feste Abendtermine in der Woche und hat Sorge, dass sie zu viel weg ist. „Ach, da musst du dir keine Sorgen machen", sagt Achim.

Gabi fürchtet, dass ihre Beziehung leidet. Sie sagt, sie würde ohnehin gerne häufiger mit ihm sprechen. Sie wisse manchmal nicht, ob zwischen ihnen noch alles okay sei. Sie fände sich dann lächerlich. Das wäre ihr unangenehm.

„Echt, du musst dir da gar keine Gedanken machen", sagt Achim.

Und Gabi sagt, sie habe ja ohnehin immer Angst, eigenen Interessen nachzugehen. Sie kenne das ja. Sie habe die Angst auch ihm gegenüber immer noch. „Musst du aber nicht. Es gibt wirklich keinen Grund, da ängstlich zu sein, ich habe dir ja immer wieder gesagt, ich finde es gut, wenn du was für dich tust und Fitness machst“, sagt Achim. Dann ist Gabi zum Heulen, aber sie versteht nicht, warum. Sie findet sich scheiße und geht ins Bett. Sie hofft, dass Achim noch bei „Harald Schmidt“ bleibt. Und nicht ins Bett kommt. Und keinen Sex will. Bitte keinen Sex! Sie hätte Angst, Nein zu sagen. Obwohl sie doch keine Angst haben müsste.

Das erste Geheimnis für Nähe ist Selbstöffnung. Gabi schüttet ihr Herz aus und erzählt, was in ihr vorgeht. Achim nicht. Und deswegen fühlt sich Gabi allein und so ungeborgen, dass sie Angst vor ihrem Nein bekommt, weil sie nicht weiß, wie Achim es wirklich aufnimmt. Denn wie nah und vertraut wir auch miteinander sind – der Partner bleibt auch immer ein Fremder. Vertrauen und Sicherheit müssen wir immer wieder schaffen, indem wir einander mitteilen, was wir fühlen und fantasieren. Dabei geht es nicht nur um die großen Beziehungsthemen. Auch die kleinen und großen Themen des Alltags sind wichtig: die Steuerreform, die perfekte Schokoladen-Mousse, Evas bescheuerter Topfschnitt.

Das zweite Geheimnis für Nähe ist Verstehen. Wir möchten verstanden werden. Das Gefühl haben, jemand sieht uns, erlebt uns, fühlt mit uns. Wir möchten unser Leben teilen und mitteilen. Dann sind wir nicht mehr allein, fühlen uns geborgen. Aber häufig verweigern Partner einander das Verständnis. Weil sie anderer Meinung sind oder weil sie, wie Achim, Verstehen mit Problemlosigkeit und Harmonie verwechseln. Verstehen bedeutet, sich in den anderen hineinzuversetzen. Verstehen bedeutet nicht, einverstanden zu sein.

Das dritte Geheimnis der Nähe ist das alltägliche, ständige Einander-Zuwenden. Die vielen kleinen, banalen Bemerkungen, die die Gemeinsamkeit stärken. „Blöd, ich hab noch kein Brot gekauft.“ – „Ich mach das nachher.“ „Ich mag diese klare Winterluft.“ – „Ja, die finde ich auch herrlich.“ Die Unterstützung, die Betonung der gemeinsamen Bewältigung der Welt. „Der Obstverkäufer hat mir schon wieder eine matschige Birne eingepackt.“ – „Den knüpfen wir uns mal vor!“ Die kleinen Zärtlichkeiten. Das alltägliche Interesse.

Denn Nähe, und das ist das vierte Geheimnis, lebt davon, die Distanz zu überbrücken, die wir nur haben, wenn wir sie erlauben. Wer miteinander verschmilzt, ist nicht nah, sondern verschwunden. Nähe haben bedeutet auch zu verstehen, dass der andere Raum für sich braucht. Vielleicht können wir nicht verstehen, was so toll daran sein soll, zwischen 50 000 anderen Fans im Nieselregen zu stehen und „Tor!“ zu brüllen. Oder den halben Monatslohn für klebrige Bodylotion auszugeben. Aber wir können verstehen, wie wichtig es dem anderen ist.

Wenn die Nähe lebt, dann kann ihr fünftes Geheimnis wirken: Nähe verschwindet manchmal komplett. Es gibt Phasen, da herrscht Sendepause. Stummes Nebeneinander. Endlose Hilflosigkeit. Scheußliche Leere. Vielleicht fehlt uns dann die gute Distanz in der Beziehung (siehe Kapitel „Autonomie und Bindung“ Seite 79), vielleicht hat sich die Nähe nur erschöpft, so wie wir den Ehering nicht mehr fühlen, wenn wir ihn lange tragen. Wenn wir aber Nähe zu einander herstellen können, können wir auch erlauben, dass wir ihr Verschwinden nicht verhindern können.

Anerkennung und Entwertung

Anders, nicht falsch sein

Im Märchen wird wertloses Stroh zu Gold. Im wirklichen Leben treffen sich zwei Fremde und werden zu Schatz und Schatzilein. So entstehen Paare. Endlich gefunden. Endlich reich. Doch während sich die Verliebten noch anglimmern, laufen bereits unbewusste Programme an. Würden die beiden sie kennen, dann ließen sie so blitzartig voneinander, als hätten sie ein Stinktier umarmt. Über ihr wertvolles Fundstück vom Partnerschaftsmarkt haben beide eine unbewusste Vorstellung. Er besitzt einen Masterplan über die Frau an seiner Seite. Und in ihr leuchtet das Bild von dem Mann auf, zu dem sie ihn noch machen will.

Verliebte projizieren dieses innere Idealbild mit solcher Begeisterung auf den Partner, dass es sie selbst blendet. Bald treten die ersten Bildstörungen auf. Und wir bitten den Partner erst freundlich und dann immer eindringlicher, sich doch bitte wieder in dieses Bild zu fügen. Letztlich müssen wir uns entscheiden: Entweder akzeptieren wir den Partner oder wir trennen uns und bleiben unserer Vorstellung treu. Jener unbewussten Mischung aus unseren Eltern, Traumprinz, Hollywood, dem gesammelten Frust aller Ex-Beziehungen und dem, was die Psychologen negative Anspruchsberechtigungen nennen: der Sehnsucht und dem Anspruch, endlich zu bekommen, was uns als Kind gefehlt hat.

Jedes Paar durchlebt diese Phase und durchläuft sie in einer Partnerschaft immer wieder. Die unerfüllten Sehnsüchte unserer Kindheit werden immer wieder aufflackern. Und wir werden jedes Mal damit ringen, dass das Leben kein Shopping-Center ist, in dem uns jeder Wunsch erfüllt wird. Unser Partner ist nicht dazu da, uns glücklich zu machen und die Enttäuschungen unserer Kindheit auszugleichen. Wenn wir das nicht anerkennen, werden wir den Partner entwerten. Der Mann, der seine Mutter schmerzlich als Kampfdrachen erinnert, wird seine Frau entwerten, sobald sie wütend wird. Für ihn „spinnt" sie dann eben. Ist hysterisch, krank, eine Xanthippe, unweiblich, hormongeschädigt – mit einem Wort, sie ist falsch. In der Entwertung versuchen wir dem eigenen Schmerz zu entkommen und fügen ihn stattdessen dem Partner zu. Entwertung ist Verurteilung ohne Prozess.

Statt Anerkennung zu geben, wird das Selbstwertgefühl des anderen untergraben. Und er hat keine Chance. Leidet er, wird er für seine Empfindlichkeit verurteilt. Bleibt er sich treu, bleibt er entwertet. Und auch der Entwertende leidet. Endlose Sticheleien, abfällige Bemerkungen zu den immer gleichen Themen kennzeichnen diesen Prozess. Indirekte Entwertungen betreffen häufig die Familie des Partners, seine Vergangenheit, seine Freunde.

Eine andere Form der Entwertung ist besser getarnt: der Partner als Veränderungsprojekt. Weil er „eigentlich ganz anders" ist, wird alles daran gesetzt, ihn zu „befreien". Aber wir können unseren Partner nicht ändern. Verändern können wir nur unsere Beziehung zueinander. Und das geht nur gemeinsam. Wenn wir Anerkennung spüren. Wenn wir positiv gesehen werden. Wenn wir einander loben, bestärken, uns bedanken, zärtlich zueinander sind, hilfsbereit. Wenn wir ein Schatz bleiben, auf den der Partner stolz ist. In intimen Augenblicken und vor den Augen anderer.

- Rückmeldung und konstruktive Kritik sind der Motor einer Liebesbeziehung. Sobald wir aber dem Partner mit der Botschaft gegenübertreten, er verhalte sich falsch, muss er sich wehren und wir vermeiden es, unsere Enttäuschung zu erforschen.
- In der Entwertung ist die eigene Sehnsucht vergraben. So gesehen haben wir genau den richtigen Partner gewählt. Gerade weil er uns frustriert, haben wir die Chance, uns den Enttäuschungen unserer Kindheit zu stellen.
- Wenn wir lernen, unsere Enttäuschung über den Partner als Herausforderung zu betrachten, können wir von seinem Verhalten sogar profitieren. Die chaotischen Anteile unseres Partners ermöglichen uns dann auch Spontaneität, Spaß und Ungezwungenheit. Seine Ängstlichkeit kann uns helfen, entspannter zu werden.

Erregung und Sicherheit

Lieb sein macht die Beziehung unsicher

Es gibt Menschen, die glauben bis über den Scheidungsanwalt hinaus, das „Liebe“ und „Liebsein“ dasselbe sind. Wer lieb ist, glaubt sich sicher. Er bereitet dem anderen keinen Kummer. Deswegen kann er hoffen, dass der Partner auch nett zu ihm ist. Aber er hofft vergeblich. Er wird einen Partner haben, der sauer, verzweifelt oder depressiv reagiert. Und mit guter Chance genau in dieser Reihenfolge. Denn anders als Mama, die sich ein folgsames Kind wünschte, dem sie ihre Vorstellungen von der Welt vermitteln konnte, sucht ein Partner ein Gegenüber.

Die wenigsten Menschen binden sich an einen Menschen, weil sie ihn so wunderbar langweilig und pflegeleicht finden. Wir möchten einander aufregend finden. Doch Partnerschaften verändern sich mit der Zeit. Die Bedürfnisse der Partner verändern sich, entwickeln sich unterschiedlich.

Wir wünschen uns Geborgenheit und Sicherheit in einer Partnerschaft. Wir wünschen uns eine stabile Beziehung. Um das zu erreichen, neigen wir dazu, alles was erfolgreich war, auf die gleiche Art zu wiederholen. In der Krise kochen wir dann sein Lieblingsessen. Und er mag es nicht. Machen Urlaub auf Kreta, wie damals, als noch alles gut war. Und öden uns an. Wir versuchen eben, besonders lieb zueinander zu sein. Aber Liebsein ist eine falsche Sicherheit. Liebsein ist gegenseitige Anpassung und macht die Beziehung auf Dauer unsicher, weil die tatsächlichen Bedürfnisse verborgen bleiben. Sicherheit ist ein wichtiges Bedürfnis. Aber wir müssen etwas riskieren, um Sicherheit zu finden. Wer keine Grenzen überschreitet, bleibt beschränkt.

Andererseits brauchen wir Sicherheit und Vertrauen, damit wir überhaupt eine aufregende Zeit miteinander haben können.

Zärtlichkeit kommt vor wildem Sex. Sobald eine Beziehung zu unsicher ist, haben wir keinen sicheren Rahmen für unsere Ängste. Wir ziehen uns voneinander zurück. Emotionale und erotische Langeweile können auch ein Zeichen dafür sein, dass die Partner das Vertrauen in ihre Bindung und gegenseitige Liebe verloren haben und sie erst wieder herstellen müssen.

- Selbst die harmoniesüchtigsten Partner nehmen wahr, was den anderen nervt, verärgert, enttäuscht. Um in eine fruchtbare Auseinandersetzung zu kommen, können wir unserem Partner mitteilen, wo wir seine Unzufriedenheit, seinen Frust und Ärger vermuten.
- Sich nicht zu streiten ist nicht der Sieg der Harmonie, sondern nur der Triumph der Konfliktscheu. Das Nein in der Liebe schafft Kontakt. Und das sexuelle Spiel lebt vom Führen, Ge- und Verführtwerden. Vom Wechselspiel des Forderns und Erfüllens. Wenn Partner nur brav erfüllen, dann ist das Spiel schnell vorbei.
- Untersuchungen haben gezeigt: Paare sind zufriedener, wenn sie etwas gemeinsam unternehmen und nicht nur nebeneinander auf der Couch hocken. Am wohlsten fühlen sich jene Paare, die etwas unternehmen, was sie zuvor noch nie getan haben.
- Sie müssen nicht gleich Ihr gesamtes Paarleben auf den Kopf stellen. Kleine Veränderung können große Auswirkungen haben.

Dominanz und Unterordnung

Wer nur siegen will, verliert (den anderen)

Thomas und Anke leiden, aber sie verstehen nicht, woran. Anke hat vor einem Jahr ihren Job als Kontakterin gekündigt. Seitdem ist sie arbeitslos. Sie ist deprimiert. Sie ist 38 Jahre alt. Und sie möchte ein Kind. Thomas weiß nicht, ob er ein Kind will. Aber er weiß: auf keinen Fall jetzt. Nicht mit einer depressiven Frau. Ein Kind ist schon belastend genug, da darf die Beziehung nicht schon im Keller sein. Anke versteht das. Sie versteht Thomas immer. Aber sie weiß nicht, ob sie es schnell genug schafft, sich wieder besser zu fühlen. Schnell genug, um noch Mutter zu werden. Und das deprimiert sie noch mehr.

Ankes und Thomas' Problem heißt Macht. Dominanz in der Partnerschaft. Macht ist keine Frage der Gleichberechtigung. Wirklich entscheidend ist, ob sie sich tatsächlich voneinander beeinflussen lassen. Und wer die Probleme in der Beziehung definiert.

Thomas dominiert die Sicht der Dinge. Er definiert das Problem, und das Problem trägt den Namen Anke. Genau das deprimiert Anke. Sie argumentiert gegen seine Unentschiedenheit. Dagegen, von ihm in der Warteschleife gehalten zu werden. Aber sie kann sich nicht davon befreien, als Ursache für alle Schwierigkeiten betrachtet zu werden. Sie könnte gehen. Aber innerhalb der Partnerschaft kann sie es nicht ohne Thomas schaffen. Er müsste sich für ihre Anliegen öffnen, er müsste sich von ihr beeinflussen lassen. Aber genau das tut er nicht.

Professor John Gottman, der amerikanische Papst der Eheforschung, fand bei Männern, die die Sichtweise ihrer Partnerin abwehren und keine gemeinsame Problemlösung ermöglichen, eine zu 80 Prozent größere Wahrscheinlichkeit, eine unglückliche Beziehung zu führen. Nach Gottmans Untersuchungen trifft die Unfähigkeit, sich beeinflussen zu lassen, vor allem auf Männer zu. Sie üben sich weder als Kind noch als Jugendliche so in Einfühlungsvermögen und emotionaler Wahrnehmung, wie Mädchen und Frauen es tun.

Letztlich können sie nur dominieren, weil sich ihre Partnerin anpasst. Sie nimmt die Opferrolle ein, leidet, klagt, gibt mehr, als ihr gut tut. Sie macht ihn so abhängig von ihrer

Zuwendung und bestimmt ihn durch ihre Schwäche. Denn wenn sie nicht mehr kann, hat er keine Chance, sich zu entscheiden. Er muss für sie da sein. Fazit: Er fühlt sich schuldig. Und sie dominiert durch Schwäche.

Beziehungsmacht wird durch Kommunikation aufrechterhalten. Klagen werden durch Gegenklagen ignoriert: „Das musst du gerade sagen, wo du doch auch ...", Gefühle durch Vernunft gekillt: „Nein, das empfindest du falsch, ich meine das gar nicht verletzend!" Die Sichtweise des Partners wird ignoriert. Und durch Mauern und Sichabschotten wird die Macht erhalten.

- Wir müssen bereit sein, unsere Einstellung zum anderen immer wieder zu hinterfragen. An unseren Problemen sind wir beide beteiligt. Wie hält man es in unserer Herkunftsfamilie mit dem „Folgen und Führen"? Was haben wir übernommen – was machen wir anders?
- Denken Sie an die unterschiedlichen Bereiche ihres gemeinsamen Lebens: Wer von Ihnen dominiert was? Und wie? Ist das mächtig wirkende Thema Finanzen wirklich zufriedenstellend geregelt?
- Denken Sie an Ihre wichtigen Gespräche, an Ihre Streite, Ihre letzte Auseinandersetzung: Fühlten Sie sich danach kritisiert oder gekränkt? Hatten Sie den Eindruck, für Ihren Partner nicht wichtig zu sein? Fühlten Sie sich zurückgewiesen? Konnten Sie ihren Partner gar nicht überzeugen? Schränken Sie ihre Bedürfnisse fast automatisch ein und passen Sie sich Ihrem Partner an?
- Wir können Machtkämpfe nur beenden, wenn wir anerkennen, dass wir kein Anrecht auf die Liebe unseres Partners haben. Alles, was wir bekommen, sind Geschenke. Er muss nicht, und wir müssen nicht.
- Siegen hat nur dort Sinn, wo wir gewinnen können. Was aber haben wir gewonnen, wenn sich unser Partner von uns besiegt fühlt?

Autonomie und Bindung

Was trennt, verbindet wirklich

Jeden Morgen pünktlich um 8.35 Uhr bekam Ilona Bauchschmerzen. Jeden Tag, von Montag bis Freitag. Denn an jedem Arbeitstag saß Ilona um 8.35 Uhr in ihrem schwarzen Golf und wartete darauf, dass Wolfgang endlich aus der Haustür trat. Ilona ist gewissenhaft und es ist ihr ein Gräuel, zu spät zur Arbeit zu kommen. Wolfgang kann nicht pünktlich sein. Wolfgang und Ilonas Firmen liegen in derselben Straße des Gewerbegebietes. Und weil sie kein zweites Auto brauchten, fuhren sie jeden Morgen zusammen. Und Ilona wartete und hatte Bauchschmerzen.

Wolfgang glaubt, Ilona müsse lernen, sich zu entspannen. Schließlich kämen sie ja fast immer pünktlich. Ilona meint, Wolfgang solle endlich erwachsen werden und nicht immer alles nur unter Druck machen. Und wenn Ilona keine Ängste entwickelt hätte und sie nicht auf den Stühlen einer Paarberatung gelandet wären, dann säßen sie noch heute im schwarzen Golf: Ilona verzweifelt mit Bauchschmerzen, Wolfgang mürrisch und verstockt. Und beide hin- und hergerissen zwischen dem Gefühl, selbst falsch zu sein oder mit dem absolut falschen Partner zusammen zu sein.

Tatsächlich ist weder Ilona falsch noch Wolfgang. Tatsächlich sind sie nur unterschiedlich. Tatsächlich geht es nicht darum, ob er oder sie die richtige Art hat, ihr Leben zu gestalten.

Tatsächlich geht es nicht um ein „Oder“, sondern es geht es um ein „Und“. In der Spannung zwischen Vereinnahmung durch den Partner und dem Ego-Trip, der den Partner außen vor lässt, heißt die Lösung Abgrenzung. Ich bin nicht wie du. Und du bist nicht wie ich. Also lass uns bitte einen billigen Zweitwagen kaufen, eine Mitfahrgelegenheit organisieren. Lass uns irgendwie so leben, dass wir unterschiedlich sein können.

Als Kinder lernen wir, uns an den Bedürfnissen unserer Eltern zu orientieren. Je weniger Selbstbestimmung sie uns erlaubten, desto stärker reagieren wir abhängig. Wir leben in dem Gefühl: Es ist wichtiger, dass der andere zufrieden ist, als dass wir uns selbst wohl fühlen. Die Erwartung des Partners, gemeinsam zur Arbeit zu fahren, wird dann wichtiger als das eigene Bauchgrummeln. Umgekehrt können wir dem Partner sein Anderssein auch nicht gestatten, weil wir Angst haben, dass er uns dann bestimmt und wir ausgeschlossen werden. Uns fehlt das innere Bild, wie zwei Menschen unabhängig voneinander und doch miteinander verbunden sein können. Stattdessen haben wir eine riesige Angst, verlassen, bestraft oder abgelehnt zu werden, sobald wir uns abgrenzen.

In der Liebe macht eins und eins weder eins noch zwei, sondern eins und eins. Individualität und Gemeinsamkeit muss jedes Paar ausbalancieren. Wo es nicht gelingt, gibt es die symbiotischen Beziehungen, in denen keine Unterschiede erlaubt werden. Oder die Kampfbeziehungen, in denen jede Gemeinsamkeit schon als bedrohliche Vereinnahmung erlebt wird. Beide haben eine Tendenz, Dritte in den Wahnsinn zu treiben. Symbiotische Paare erzählen ihre Urlaubserlebnisse als einstimmigen „Wir haben uns sehr wohl gefühlt"-Gesang. Kampfpaare scheinen nicht einmal in derselben Anlage gewesen zu sein, so sehr streiten sie darum, ob das Meer nun nah war oder nicht. In solch einer Kampfhundbeziehung sind beide ständig so ineinander verbissen, dass sie keinen Zentimeter voneinander loskommen. Die häufigste Variante kennen wir aber alle: den umkämpften Klammerblues. Einer klammert, der andere entzieht sich. Was fehlt, ist die Abgrenzung, für die wir im Deutschen das schöne Wort Auseinander-Setzung haben. Ich habe meine eigenen Interessen. Ich erfülle deine Bedürfnisse nicht, wenn ich mich dabei unwohl fühle. Aber deshalb bleibe ich doch bei dir.

- Die Sehnsucht, geliebt zu werden, übertönt leicht die eigenen Gefühle. Die Lösung ist, sich daran zu orientieren, welche Liebesgefühle ich selbst gegenüber dem Partner habe.
- Es ist schön, füreinander zu sorgen. Aber der Partner muss sich auch darauf verlassen können, dass wir unsere eigenen Wünsche und Bedürfnisse ernst nehmen und uns für sie einsetzen.

Kommunikation: Rede mit mir

Sobald der erste Funken ein Paar verbindet, beginnt die Paarkommunikation. Plötzlich haben jedes Wort und jeder Augenaufschlag eine neue Dimension. Hat er uns wirklich angelächelt? Schaut er jetzt zufällig in unsere Richtung? Mit „Darf ich Ihnen einen Kaffee mitbringen?“ beginnt, was später allzu oft im „Nie ist genug Kaffee da!“ mündet. Eine Beziehung lebt nicht durch Kommunikation. Eine Beziehung ist Kommunikation: Worte, Schweigen, Mimik, Gestik.

Um als Paar zufrieden zu sein, muss die Liebe fließen. Fünfmal mehr möchten wir gelobt, anerkannt, wahrgenommen und bestätigt werden als ignoriert, abgelehnt oder kritisiert. Nichts macht Paare zufriedener als gute Kommunikation, besagen Untersuchungen. Und nichts macht sie unzufriedener als schlechte Kommunikation.

Kommunikation ist der endlose Versuch, zueinander zu finden, und sie steckt voller Widersprüche. Wir sprechen über Dinge und formen dabei unsere Beziehungen. Wir sprechen über Gefühle und finden darüber eine Wirklichkeit. Wir müssen mit gestörter Kommunikation Störungen beseitigen. Ja, wir können sogar nur frei kommunizieren, wenn wir uns bewusst an Regeln halten. Das Gute ist: Kommunikation kann man lernen. Ein paar Voraussetzungen müssen dafür allerdings erfüllt sein:

Verantwortung übernehmen statt aneinander vorbeizureden

„Du kannst mich ja nicht mal unter den Schirm lassen!“ Auf meiner roten Therapie-Couch demonstrieren Katrin und Ben, was sie „Wir haben eine Auseinandersetzung“ nennen. Katrin prangert Bens „unmögliches Verhalten“ an. Im Kino wäre ja noch alles gut gewesen, aber dann habe er sie tatsächlich nicht unter den Regenschirm gelassen. Worauf Ben natürlich sagt, dass hier nur einer unmöglich sei: sie! Sie meckere doch ständig an ihm rum. Selbst den blöden Schirm halte er nie richtig. Das sei er leid. Er sei schließlich kein Schuljunge mehr. Und außerdem habe sie ja selbst einen Schirm dabeigehabt. Worauf sie schnappt, dass sie den ja nur dabeigehabt habe, weil sie schon geahnt habe, dass es wieder Stress wegen des Schirms geben würde. Und außerdem: Sie sei nicht seine Mutter! Von der lasse er sich allerdings immer noch wie ein Schuljunge behandeln … Ich unterbreche und stelle eine einfache Frage: „Wer von Ihnen trägt gerade die Verantwortung dafür, dass Ihre Kommunikation gelingt?“ Verblüffte Gesichter.

Paare sind sich häufig bewusst, dass sie aneinander vorbeireden. Statt dieses Verhalten in Frage zu stellen, fragen sie sich, ob sie überhaupt zueinander passen.

Wir gehen schlicht davon aus, dass wir uns mitteilen können. Wir sehen ein, dass es unfair ist, dem Partner „Versagen“ vorzuwerfen und geben uns Mühe, es nicht zu tun. Aber nur, solange er uns nicht „zickig“ nennt. In diesem Moment legen wir jegliche Verantwortung für die Kommunikation ab. Und finden traumhaft sicher seine wundeste Stelle: „Du wirst doch jetzt nicht anfangen zu stottern, oder?“

Verantwortung übernehmen wir für unsere Paarkommunikation, wenn wir während der Auseinandersetzung darauf achten, wie unser Zoff verläuft. Denn zum Glück haben wir die Fähigkeit, gleichzeitig Handelnder und Beobachter zu sein: Ich tue etwas und ich kann dabei sehen, was ich tue.

Sollen wir also immer so schön kontrolliert miteinander plaudern wie englische Ladies beim Five o’Clock Tea? Sollen wir nicht. Das Problem ist, dass wir gegenüber jeder Kollegin mehr darauf achten, was wir sagen, als gegenüber unserem Liebsten. Intimität macht achtlos.

Leider unterschätzen wir, was wir im anderen auslösen. Wir erleben, wie sehr uns ein Satz wie „Mit dir kann ich einfach nicht reden!“ kränkt. Aber wir tun uns schwer zu begreifen, wie sich umgekehrt unser Liebster fühlt, wenn wir so etwas sagen.

Verantwortung bedeutet zu bemerken, ob mein Partner noch antwortet. Ob ich noch antworte. Ob ich und wir noch nach Antworten suchen.

Es ist wichtig, was wir sagen. Es ist noch wichtiger, was der andere hört. Das Wichtigste ist aber, dass wir alles dafür tun, dass unser Partner hört, was wir sagen.

Aufmerksamkeit ist das schönste Geschenk

Reni deckt den Frühstückstisch ab. Nicht so sanft, wie es sonst ihre Art ist, sondern schlagartig. Mit viel Schwung. Milchkaffeetassen schwappen über, der Sportteil segelt zu Boden, das Glas Wildblütenhonig kippt um. „Bist du völlig durchgeknallt?“, brüllt Paul. Reni schreit zurück, dass sie alles satt habe. Während der Honig auf das Parkett tropft, beginnt Paul zu verstehen, was Reni so aufregt. Endlich bekommt sie, was sie so sehr vermisst hat: Aufmerksamkeit, Zuwendung.

Reni hätte vermutlich akzeptiert, dass Paul sich in die Aufstellungssorgen des HSV vertiefen muss, wenn er sie an diesem Morgen schon einmal in den Arm genommen hätte. Sich über den gedeckten Tisch gefreut, ihr in die Augen geschaut und „Na?!“ gesagt, sie gefragt hätte, ob sie auch einen Joghurt wolle. Aber nichts kam. Und nichts ist manchmal einfach zu viel.

Von Geburt an suchen wir Zuwendung. Doch je komplexer unser Leben wird, desto knapper wird der Rohstoff, aus dem Zuwendung gemacht ist. Aufmerksamkeit ist mittlerweile derart kostbar, das die milliardenschwere Werbe- und PR-Industrie an nichts anderem arbeitet, als sie irgendwohin zu locken. Und je mehr gelockt wird, desto weniger Aufmerksamkeit bleibt übrig. Auch für den Partner.

Deshalb leidet die Kommunikation der meisten Paare unter dem simpelsten aller Gründe: keine Zeit. Und das wirkt sich verheerend aus. Denn obwohl sie versteht, dass er sein Motorrad bis zum Frühjahr fit haben will, und obwohl es ihm gefällt, dass sie jetzt drei Abende die Woche mit Pilates ihre Rückenmuskulatur aufbaut – beide fühlen sich schlecht. Denn nichts ist schrecklicher, als nicht beachtet zu werden.

Hält der Zustand eine Weile an, sind wir überzeugt, dass die Sprachlosigkeit zwischen uns gute Gründe hat. Zumindest den einen: nicht wirklich begehrt zu werden.

Wenn wir erst einmal unglücklich miteinander sind, dann deuten wir die Hälfte aller liebevollen Interaktionen unseres Partners auch noch negativ. Deshalb ist die alltägliche verbale und nonverbale Kommunikation der Verbundenheit so wichtig für eine Liebesbeziehung. Sie füllt das Gefühlskonto ständig auf. Wir fühlen uns geschätzt und geborgen und können auf notwendige Auseinandersetzungen mit einem guten Gefühl zugehen.

Unsere wichtigste Zuwendung haben wir nonverbal erfahren: auf Mamas Armen. Körperlichkeit erreicht uns am direktesten. Zärtlichkeiten, Berührungen, Augenkontakt, aber auch Geschenke und Hilfsbereitschaft sind die Basis der Kommunikation von Zuwendung und Aufmerksamkeit. Wenn wir mangelnde Zärtlichkeit beklagen, geht es selten um ein zu kurzes Vorspiel beim Sex, aber fast immer um fehlende Zuwendung.

Es gibt Situationen, in denen ein Partner die Kommunikation verweigert. „Reden bringt doch eh nichts!", „Was gibt's da noch zu besprechen." Das ist ein Nein zur Beziehung.

Die meisten unzufriedenen Partner verbringen ihre Zeit in einem absurden Wartezimmer. Sie warten und wissen eigentlich nicht, worauf. Darauf, dass sich etwas ändert. Aber Gelegenheit macht Liebe, nicht nur bei der Partnerwahl, sondern auch in einer festen Zweierbeziehung.

Wenn wir die Zuwendung verloren haben, müssen wir die Gelegenheit schaffen, sie wieder zu finden.

Ein spannender Termin

Miteinander reden und den anderen verstehen – das kann man trainieren. In der Paartherapie gibt's dazu Hausaufgaben. Auch wenn man keine Lust darauf hat, es bringt etwas, diese klassischen Kommunikationstechniken zu lernen:

- *Zwiegespräche:*
  Verabreden Sie eine feste Zeit, in der sie ungestört miteinander sprechen können. Setzen Sie sich einander gegenüber. Bestimmen Sie, wer beginnt und wie lange Sie sich Zeit nehmen wollen, um auf die Frage zu antworten: „Was beschäftigt dich zur Zeit? Wie erlebst du dich, mich, unsere Beziehung im Moment?" Ihr Partner hört zu. Fragt nur, falls er etwas nicht versteht. Dann wechseln. Wer eben gesprochen hat, hört jetzt zu. Das Wichtigste: regelmäßig machen.
- *Gemeinsame Verabredungen:*
  Gute Vorsätze verlaufen meist im Sande. „Wir sollten mal wieder gemeinsam was machen." – „Ja, Schatz." Dabei

bleibt es häufig. Beschließen Sie, dass mit dieser Unverbindlichkeit Schluss sein soll. Einmal sind Sie für einen Abend zuständig, vierzehn Tage später Ihr Partner. Wer „einlädt", organisiert und bestimmt, was Sie an diesem Abend gemeinsam tun.

Die wichtigste Frage: „Wie geht's?"

Das war ein super Abend letzte Woche, als wir uns mit unserer guten Freundin Nina beim Griechen getroffen und stundenlang gequatscht haben. Spät ist es geworden. Zu viel Ouzo. Und auch noch ein paar Zigaretten geschnorrt. Dabei hatten wir schon einen 14-Stunden-Tag hinter uns. Aber wir sinken mit einem wohligen Gefühl ins Bett und wachen am nächsten Morgen zufrieden auf. Obwohl gar nichts Besonderes war. Wir haben uns nur gut unterhalten.

Ein klassischer Fall von Selbstöffnung, den wir da erlebt haben. Darüber reden, was in uns geschieht. Die Gefühle laufen lassen. „Ich" sagen. „Ich" fühlen. Sich durch ein Gespräch mit einem anderen Menschen zu verbinden, dem eigenen Gefühlsfluss zu folgen und sich mitzuteilen, ist vermutlich eines der ältesten menschlichen Bedürfnisse. Die meisten Kulturen fragen auf ihre Art danach. Wir auch: „Wie geht es dir?"

Dummerweise verfolgen wir mit unserem Schatz jeden Abend gemeinsam die Talkshows im Fernsehen. Und verwechseln diese Nähe mit Vertrautheit. Wir sehen sofort, wie die Talkmaster heute Abend drauf sind. Aber nicht, wie es unserem Partner geht. Und wenn er fragt: „Wie geht es dir eigentlich, Schatz?", nehmen wir diese Frage nicht besonders ernst. Oder beantworten sie so banal wie im Alltagsritual. „Och, ganz gut. Ich hab ein bisschen Kopfweh und muss bald ins Bett." Ausgerechnet unsere intimen Beziehungen verlieren darüber häufig ihre Intimität.

Selbstöffnung heißt, die Frage „Wie geht es dir?" ernst zu nehmen. Unsere Wahrnehmung nach innen zu lenken, unsere Gefühle zu erforschen – und sie mitzuteilen.

Unser Partner hat ein Bild von uns. Wie jedes Bild gewinnt auch dieses erst durch Schatten an Tiefe und erst durch Farben erhält es Ausdruck und Lebendigkeit. Die Schatten sind unsere

Schwächen, das, wofür wir uns schämen, was wir in uns verbergen wollen. Die Farben sind unsere Gefühle. Wie unendlich öde wäre das Leben, wenn wir nichts mehr fühlen würden. Und überdies sind wir, anders als ein Bild, lebendig. Unsere Farben und Schatten verändern sich ständig. Sie immer wieder sichtbar zu machen, das ist unsere Aufgabe.

Selbstöffnung heißt aber auch, dass wir selber dafür zuständig sind, uns zu öffnen. Wenn wir darauf warten, dass uns der Liebste die Alltagsmaske vom Gesicht reißt, um unsere tiefsten Gefühle zu ergründen, warten wir womöglich vergeblich.

Sobald wir in dem Spiel feststecken, dass der Partner nichts von mir erfährt, weil es ihn ja ohnehin nicht interessiert, folgt schnell der nächste Schritt: Wenn ich dich nicht interessiere, dann interessierst du mich auch nicht! Und so erfüllt sich, was der amerikanische Psychologe Marshall Rosenberg als die Tragik von Liebesbeziehungen beschreibt: „Wenn wir nicht lernen, unsere Gefühle und Bedürfnisse zu kommunizieren, ist der Mensch, zu dem ich diese ganz besondere und nahe Verbindung habe, irgendwann der Mensch, mit dem es mir besonders schwer fällt, einfühlsam zu sein."

Und dann verwechseln wir offen sein schnell mit brutal offen sein. Verletzend werden. Gnadenlos die Schwächen des anderen bloßlegen. Doch auch wenn wir meinen, den Tonfall ihrer Stimme keine Sekunde länger ertragen zu können, oder seine Partywitze saupeinlich finden, dann müssen wir nicht rücksichtslos darauf einprügeln. Es steckt immer ein unerfülltes Bedürfnis von uns hinter solchen Wahrnehmungen. Und wir müssen diesen Wunsch finden. Damit wir ihn äußern können, indem wir uns selbst öffnen.

Das Ich-Experiment

Marshall Rosenberg entwickelte die Methode zur „gewaltfreien Kommunikation“: Bedürfnisse formulieren.

Seine vier Schritte zur Selbstöffnung:
1. Beobachten: Was ist der Auslöser? Was hat der Partner getan, dass ich mich eingeschränkt, irritiert fühle?
2. Fühlen: Wie empfinde ich, wenn mein Partner sich so verhält?
3. Bedürfnisse: Welche bisher unausgesprochenen Bedürfnisse spüre ich dabei?
4. Bitten: Um welche konkrete Handlung möchte ich ihn bitten? Was will ich von ihm?

Bei jedem dieser Schritte gelten die folgenden beiden Grundregeln:
- *Grundregel 1:* Sprechen Sie von sich. Ein Satz, der mit „Ich“ beginnt, ist schon nicht schlecht. Aber Vorsicht: „Ich halte dich für eine Memme“ ist überhaupt keine Selbstöffnung! Versuchen Sie zu formulieren, was genau in Ihnen vorgeht. Das sind Gefühle, Gedanken, innere Bilder, Intuitionen, Körpergefühle, Phantasien.
- *Grundregel 2:* Wenn Sie doch über etwas sprechen, woran Ihr Partner beteiligt war, dann sprechen Sie nur darüber, was ganz konkret geschehen ist. Nur darüber, was ein Beobachter, der sonst nichts weiß, auf einem Video gesehen hätte. Wir sind nicht objektiv. Aber wir können präzise sein.

Verstehen heißt auch: verstanden werden

Julia und Tom hatten gute Laune. Sie fuhren zum Einkaufen und sprachen über „Spiderman 2“, den sie am Abend auf Video gesehen hatten. Er amüsierte sich glänzend über die Szene, in der Spiderman mit der Pizza im Wandschrank landet. Sie kicherte mit. Und sagte, dass sie das Ende aber leider typisch männlich finde. Er sagte, das fände er nicht wichtig, solange der Humor gut sei. Witzig sei doch auch die Szene ... Sie unterbrach ihn und sagte, sie fände es aber wichtig. Drei Minuten später stand ihre Ehe mal wieder auf der Kippe. Er war sauer, weil er fand, dass sie ihn immer unterbreche. Sie fand, es sei einfacher, mit den Kindern zu sprechen als mit ihm.

Ein typischer Konflikt. Die beiden sind sich sicher, dass sie nichts Unrechtes tun, dass sie sich bemühen. Sie verstehen nicht, wieso ihr Partner sie nicht versteht. Wieso er sie so behandelt. Sie sind enttäuscht voneinander. Sie fühlen sich unfähig. Sie zweifeln an sich als Paar. Und je öfter das geschieht, desto häufiger scheint ihnen ihre einzige Chance darin zu liegen, aufzugeben.

Verstanden zu werden ist eines unserer tiefsten Bedürfnisse. Hirnforscher erklären die außergewöhnliche Größe unseres Gehirns mit unserem steten Bemühen, unseren Platz in der Gemeinschaft zu finden. Wir sind ständig damit beschäftigt, andere zu verstehen und verstanden zu werden. Wie werden wir wahrgenommen? Und wie sehen wir andere?

Verstanden zu werden heißt Überleben. Braucht das Baby Milch? Ein Streicheln? Oder hat es Schmerzen? Wenn uns jemand versteht, sind wir nicht mehr allein. Wenn es einen Grund gibt, warum Menschen sich den Stress einer intimen Partnerschaft antun, dann ist es der Wunsch, von jemandem verstanden zu werden. Wenn wir das nicht erreichen, dann können uns großartige Orgasmen oder gut gefüllte Konten zwar trösten, doch was wir suchen, finden wir nicht.

Verstanden zu werden setzt Verstehen voraus. Die Fähigkeit, sich in den anderen hineinzuversetzen, nennt man Empathie. Wer sich von uns verstanden fühlt, der sucht unsere Nähe. Wer sich nicht verstanden fühlt, wendet sich ab. Kommunikation funktioniert so einfach wie ein Spielzeugmagnet. Und deshalb sind Julia und Tom so verzweifelt. Dabei kann man Empathie lernen – wenn auch nicht an einem Wochenende in einem Volkshochschulkurs. Sie braucht Erfahrung. Und Erfahrung braucht Zeit. Der Weg zum Verstehen ist gut ausgeschildert. Aber er ist dennoch schwer zu gehen. Unsere Wut und unsere Enttäuschung werden uns immer wieder den Weg verstellen. Es ist paradox: Nur wenn wir uns verstanden fühlen, sind wir bereit, auf die Wünsche unseres Liebsten einzugehen. Solange wir uns unverstanden fühlen, können wir uns nicht ändern und unser Verständnis für den anderen nicht verbessern.

Das Du-Experiment

Der Prozess des Verstehens lässt sich sinnvoll in vier Schritte unterteilen. Es ist hilfreich, sie auseinander zu halten. Wählen Sie zum Üben einen möglichst leichten Konflikt. Etwas, das Sie nur wenig stört, aber immerhin stört. Und entscheiden Sie, wer zuerst der „Verstandene" und wer zuerst der „Versteher" ist.

Gewechselt wird erst, wenn Sie die ganze Übung durchlaufen haben.

Der erste Schritt: *Von seinen eigenen Vorstellungen und Gedanken abrücken*

Entscheiden Sie sich dafür, jetzt in die Welt des anderen einzutauchen.

Der zweite Schritt: *Hören oder spiegeln*

Beim Hören kommt es nur darauf an, sicherzustellen, dass Partner A gehört hat, was Partner B gesagt hat.

- Hören Sie zu und geben Sie dann in eigenen Worten wieder, was Sie gehört haben. Beginnen Sie mit „Ich habe dich sagen hören, dass ..." Sie brauchen es nicht wörtlich zu wiederholen, aber häufig hilft es.
- Fragen Sie, nachdem Sie alles wiederholt haben, ob sie es richtig wiedergegeben haben. Und ob Ihr Partner von Ihnen zu diesem Punkt noch etwas hören möchte.

Der dritte Schritt: *Verstehen*

Nachdem die Partner sicher sind, einander gehört zu haben, teilt der „Verstehende" mit, welchen Sinn er in dem finden kann, was er von B gehört hat. Verstehen bedeutet dabei nicht „Einverständnis". Wir fühlen uns verstanden, wenn wir nachvollzogen werden. Unserer Meinung muss niemand sein. Beginnen Sie mit: „Ich kann verstehen, dass ..." Und enden Sie wieder mit der Frage:„Habe ich dich richtig verstanden? Oder gibt es zu diesem Punkt noch etwas, was ich verstehen soll?"

Der vierte Schritt: *Einfühlen*

Nachdem wir den Partner verstanden haben, fällt es meistens leicht, uns einzufühlen und mit vier, fünf oder auch mehr Begriffen zu beschreiben, welche Gefühle der Partner wohl dabei erlebt. Als „verstehender Partner" ist es nicht wichtig, dass Sie sofort alles richtig erfassen. Betrachten Sie es als einen gemeinsamen Prozess, in dem sich auch Ihr Partner durch Ihre Rückmeldungen klarer über sein Erleben und seine Gefühle wird.

Gute Stimmung, gute Gespräche

Wir haben alle einen Knall. Wenn wir uns ein glückliches Paar vorstellen, springt der Hollywood-Gefühls-Transformer in unseren Köpfen an. Und was sehen wir? Brad Pitt und Angelina Jolie. Seal und Heidi Klum. Tom Cruise und Nicole Kidman. Selbst wenn manche Paare schon längst nicht mehr zusammen sind. Träume sterben nicht. Aber wir kämen niemals darauf, uns ein kicherndes, nuschelndes Durchschnitts-Pärchen vorzustellen. Das aber zeigt der führende Paarforscher Professor John Gottman auf seinem Video, wenn er ein zufriedenes, glänzend kommunizierendes Paar demonstrieren will.

Das Paar scheint so vor sich hinzuquatschen. Er gähnt und sie kichert, beide machen kleine Scherze. Er hatte sich einen Abend lang abgeschottet und sie wusste nicht, dass er sich Sorgen wegen ihrer Finanzen gemacht hatte. Das dröseln sie jetzt langsam auf. Zuerst denkt man, sie kommen nicht richtig zur Sache. Aber bei genauerem Betrachten wird deutlich, dass sie ganz sorgfältig aufeinander reagieren, die Stimmung durch gemeinsames Lachen stabil halten und immer wieder signalisieren, dass sie auch die Position des anderen verstehen. Sie halten den Kontakt zueinander fast spielerisch, und wenn er zu ernst zu werden droht, finden sie einen Weg, die gute Stimmung zu erhalten. „Vermutlich wirst du das nicht gern hören." – „Ja, ja, das habe ich wohl verstanden." – „Gut, das kann ich einsehen, aber ich wusste es natürlich nicht." Sie sind einfach gut darin, keine Risse in ihrer Kommunikation entstehen zu lassen oder sie sofort zu kitten.

Kommunikationsforscher können ziemlich genau beschreiben, wie Kommunikation gelingen kann. Wir müssen mit einer Partnerschaft genau so bewusst umgehen wie mit unserem Körper. Ständig versuchen unzählige Viren und Bakterien, sich bei uns einzunisten. Also knabbern wir Möhren, joggen im Park und tropfen in der Sauna vor uns hin. Wir sorgen vor. Und wir beachten die kleinen Reaktionen unseres Körpers. Wir versorgen winzige Wunden, bevor sie sich entzünden. Wir kurieren unsere Erkältung aus, um keine Lungenentzündung zu bekommen. Und wenn wir uns erschöpft fühlen, meditieren wir. Na gut, wir tun es nicht immer, aber wir wissen, wie es geht.

In der Partnerschaft müssen wir wissen, dass wir zufrieden bleiben, wenn es uns gelingt, uns die überwiegende Zeit eine positive Stimmung zu erhalten. Wir sollten unangenehme Gefühle klein halten, indem wir sanft in Gespräche einsteigen. Wir sollten uns selbst und den Partner immer wieder entspannen und auf Spannungen mit „Rettungsversuchen" reagieren.

Glückliche Paare haben die gleichen Konflikte wie unglückliche Paare. Nur führt die unaufgeräumte Küche nicht zum Krach und nicht zu einer im Bett schluchzenden Frau neben einem wütend schweigenden Mann.

Das Geheimnis der Meisterpaare lautet: reparieren. Sie reagieren mit Angeboten, mit Einsicht und Entgegenkommen. Wie das Paar auf dem Gottman-Video halten sie einander bei Laune: „Du hast ja Recht. Ich finde es nur nicht leicht, damit umzugehen." – „Das ist ein gutes Argument ..." – „Lass es mich noch mal anders versuchen."

Besänftigend zu kommunizieren ist so wichtig, weil wir unsere Gefühle oft falsch wahrnehmen. Wir glauben, uns längst beruhigt zu haben, obwohl unsere Erregung, wenn man sie messen würde, kaum abgeklungen ist. Bei der nächsten kleinen Irritation sind wir sofort wieder in Rage – und machen den Auslöser dafür verantwortlich. Ein Seufzer an der falschen Stelle, und der Partner kriegt sofort wieder eins auf die Mütze. Der reagiert auf die plötzliche Attacke, und so schaukeln sich Konflikte unlösbar hoch.

Zu einer guten Kommunikation in der Beziehung gehört auch, dass wir um Verzeihung bitten können. Oft haben wir die Bereitschaft dazu. Aber die Art und Weise, wie wir die Entschuldigung vorbringen, verhindert, dass unser Partner sie annehmen kann.

Fünf Minuten ohne Vorwürfe

Manchmal bringt es ja richtig Spaß, auszurasten. Mehr bringt es aber auch nicht. Wenn Sie weiterkommen wollen, sind diese Grundsätze wichtig:

Beruhigen

Beruhigen heißt, dafür zu sorgen, dass das Gespräch nicht eskaliert, weil Sie aufeinander ärgerlich werden oder sich von einem anderen unangenehmen Gefühl überwältigen lassen und Ihre Offenheit für das Gespräch verlieren, weil Sie nur noch ihre eigenen Gefühle wahrnehmen und gar nicht mehr auf ihr Gegenüber achten können.

Was tun Sie aktiv,

- um sich selbst während eines konfrontativen Gesprächs zu beruhigen?
- um Ihren Partner zu beruhigen?

Klären Sie mit Ihrem Partner, was er als beruhigend empfindet. Teilen Sie mit, was Sie sich Beruhigendes von ihm wünschen.

Selbstberuhigen

Das Allerwichtigste ist zu erkennen, wann es nötig ist, sich selbst zu beruhigen.

Dann können Sie jede Entspannungs- oder Meditationstechnik benutzen, die Sie kennen. Als kleines Hilfsmittel: Atmen Sie einfach dreimal tiefer ein und doppelt so langsam aus, wie Sie einatmen.

Selbstzensur

Üben Sie Selbstzensur aus. Stoppen Sie sich. Wir wissen sehr oft, dass wir jetzt eine Bemerkung machen werden, bei der wir und der andere noch mehr unter Druck geraten. Lassen Sie es einfach.

Sanfter Beginn

Einige Beispiele: Wenn Ihnen die Bedeutung und der Mechanismus klar sind, werden Sie Ihre eigenen „sanften Eröffnungen“ finden.

- „Ich weiß jetzt schon, was passiert. Du quatscht den ganzen Abend mit irgendwelchen Leuten, die ich nicht kenne.“ Sanft wäre: „Ich habe etwas Angst, wenn ich an heute Abend denke. Es wäre schön, wenn du mir ein paar Leute vorstellst, damit ich nicht dumm herumstehe. Ich habe dann einfach mehr Spaß mit dir.“
- „In der letzen Zeit bist du überhaupt nicht mehr richtig zärtlich.“ Sanft wäre: „Ich finde es schade, dass wir uns nicht öfter berühren. Ich sehne mich danach.“

Sich entschuldigen

Um Verzeihung zu bitten ist ein ritueller Schritt. Wir können nichts ungeschehen machen, aber wir können die Verantwortung für unsere Taten übernehmen.

- Hängen Sie an Ihre Entschuldigung niemals ein „Aber“. „Es tut mir leid, dass ich mit dem Typen geknutscht habe, aber ich war so sauer auf dich.“ Ihr Partner hört garantiert nur, dass sie einen Grund angeben, um die Verantwortung nicht zu übernehmen.
- Bitten Sie in kurzen Sätzen um Entschuldigung. Und schweigen sie dann. Jeder weitere Satz verwässert nur Ihr Anliegen.

Dampf ablassen – aber fair

Fabian quäkt. Den Eltern ist augenblicklich klar, dass das Seelenheil der Familie jetzt an einem Schnuller hängt. Fabian braucht „Nulli“.

Britta am Steuer: „Gib ihm schnell den Schnuller. Er ist sicher todmüde und brüllt uns sonst die Ohren voll.“ Stefan, Beifahrer: „Wo hast du den Schnuller denn hingepackt?“ Britta: „Wieso ich schon wieder? Wieso bin ich immer dafür verantwortlich, dass der Schnuller mit ist? Du hast Fabian doch angezogen!“

Stefan: „Ja, aber du hast die Tasche mit den Windeln gepackt. Da gehört der Schnuller schließlich rein.“ Britta: „So? Gehört er! Da bist du ja wieder prima raus. Der Schnuller gehört in die Tasche. Wieso ist er denn nicht drin, wenn er doch reingehört?“ Stefan: „Ach komm, jetzt hör schon auf. Da ist er doch sonst immer drin.“ Britta: „Ja, weil ich ihn immer da reintue, wenn ich Fabian anziehe. Was du ja auch dreimal im Monat machst." Stefan: „Mann, ehrlich, das ist so typisch, du veranstaltest hier gleich wieder voll den Schnulleralarm." Fabian: „Nnuuullllliiiiiiiii!"

In der romantischen Vorstellung von Liebe ist der Freistilkampf um die Wickeltasche nicht vorgesehen. Ein Herz und eine Seele streiten sich nicht. Und sie müssen auch nicht miteinander verhandeln. Viele Paare verweigern sich erstaunlich hartnäckig der Notwendigkeit, Aufgaben verbindlich auszuhandeln. Sie bleiben dem Ideal „es nicht nötig zu haben" selbst dann noch treu, wenn sie längst von einem Ohnmachtskampf in den nächsten taumeln. Unrealistische, kindliche Wünsche und Vorstellungen über Harmonie sind äußerst zäh. Also wird täglich neu darum gekämpft, wer die Buntwäsche macht. Sie brüllen sich lieber jeden Morgen an, weil die Kinder noch nicht fertig angezogen sind, als das Risiko einzugehen, festzustellen, dass ihre Vorstellungen vom gemeinsamen Leben nicht übereinstimmen.

Also gibt es immer wieder Krach. Der lässt sich in einer Lebenspartnerschaft nicht verhindern. Streit und Aggression gehören zum Leben und zur Liebe. Nur lauert auf der einen Seite das Monster Gewalt. Und auf der anderen Seite der Sumpf, in dem die Leidenschaft versinkt. Wenn wir eine faire Art finden, Dampf abzulassen, haben wir eine Stressbremse. Wenn wir explodieren können, ohne unsere Liebe durch unbedachte Worte für immer zu killen, wirkt Zoff belebend. Und da Sex und Aggression eng miteinander verwoben sind, kann sogar unser Sexleben profitieren.

Das Konflikt-Training

Wer mit dem Partner in den Ring steigt, den erwartet vielleicht ein harter Kampf. Aber bitte ohne Schläge unter die Gürtellinie!

Wenn Streit eskaliert

- Stoppen Sie sich. Teilen Sie mit, dass Sie den Streit jetzt nicht fortführen wollen, weil Sie zu aufgebracht sind.
- Brechen Sie die Kampfhandlungen schlagartig ab. Setzen Sie sich einander gegenüber und fragen Sie: „Was ist in diesem Moment dein sehnlichster Wunsch an mich?"

Brüllen und toben

Bleiben Sie auch im Streit bei Aussagen über Ihre Gefühle und Ihr Befinden. Dann können Sie sich richtig austoben, Ihre Wut erreicht den Partner, aber Sie provozieren nicht und richten keinen Schaden an. Die Tendenz ist stets, „DU" zu brüllen: „Du versuchst doch immer, dein Ding durchzuziehen!" „ICH" zu brüllen ist mindestens genauso wirkungsvoll, aber nicht so destruktiv. „Ich fühl mich hier wie der letzte Idiot! Alles bleibt an mir hängen!"

Fouls

Sie kennen die Schwächen Ihres Partners und können sie nutzen. Das ist wie ein Schlag unter die Gürtellinie. Foul! Sie zerstören damit unter Umständen mehr, als es Ihnen an Erleichterung bringt.

Gemeinsames Entscheiden

Gehen Sie als Paar eine Entscheidung gemeinsam an. Nehmen Sie zunächst gemeinsam eine Position ein. Und argumentieren Sie beide nur und ausschließlich für diese Position. Wechseln Sie dann gemeinsam in eine andere Position und argumentieren Sie ausschließlich für diese. Wägen Sie dann beide Möglichkeiten ab. Sobald Sie gemeinsam eine Position durchgehen, steht die Entscheidung nicht zwischen Ihnen, und Sie können fühlen, bei welcher Entscheidung Sie als Paar mehr Lebendigkeit fühlen und Akzeptanz haben.

Fluchtwege der Liebe

Der große Irrtum

Unsere Rituale sind glücklicherweise nicht so dumm wie wir. Wir glauben fälschlicherweise, wir feierten mit der Hochzeit die Macht der Liebe. Aber wenn es so wäre, dann sollten unsere Freunde und Verwandten einen großen festlichen Kreis um uns bilden und „All you need ist love“ singen. Sie sollten uns mit Rosenblättern überhäufen und uns schließlich als Paar mit langen Perlenketten zusammenschnüren. Aber so heiraten wir bekanntlich nicht. Weil wir ja auch nicht die verbindende Macht der Liebe feiern, sondern unser „Ja“ füreinander. Wir feiern eine Entscheidung.

Eine Entscheidung zu fällen ist das eine. Eine Entscheidung durchzuhalten das andere. Auch das wissen wir. Aber Liebe hätten wir dann doch gerne als Selbstgänger. Obwohl wir alle das Entschwinden von Liebes-Gefühlen erlebt haben. Der Blick in seine Augen. Und plötzlich groovt nichts mehr. Kein warmer oder wirbelnder Kick mehr. Wer glaubt, die Liebe bliebe einfach, der weiß noch sehr wenig.

Um eine Entscheidung durchzuhalten, müssen wir die Entscheidung immer wieder neu fällen. Jeder, der sein Zimmer aufgeräumt hält, Diät macht oder verständnisvoll mit seinen Kindern umgeht, versteht das. Und auch für unsere Liebe müssen wir uns immer wieder entscheiden. Wenn wir es nicht tun, dann flüchtet die Liebe. Denn Liebe ist keine laue Angelegenheit. Entweder wir gehen immer wieder auf unseren Liebespartner zu und sagen „Ja“. Oder wir weichen aus. Dann entfernen wir uns und sagen im Grunde „Nein“. Und befinden uns auf einem der Fluchtwege, die aus der Liebe herausführen.

Die kleinen Vermeider

Um zwei Uhr nachts stochert Martin immer noch mit der Fernbedienung in den TV-Kanälen herum. Dralle Blondinen strecken ihm ihre Nippel entgegen, raunen: „Komm, nimm mich!“. Martin hätte nichts dagegen, denn Sex mit Sabine ist nicht mehr der Knüller für Martin. Dabei mag Martin Sex. Und Sabine. Und Sex mit Sabine. Aber seine Liebste hat ihm verraten, dass ihr der Sex mit ihm nicht mehr den richtigen Kick bringt. Er sei irgendwie abwesend, hat sie gesagt. Na gut, er hatte viel zu arbeiten. Und auf dem Laufband war er auch schon monatelang nicht. Kommt schon wieder, dachte er. Aber dann lag er doch verunsichert neben ihr und konnte nicht schlafen. Und wollte nicht mit ihr und nicht weg von ihr sein. Irgendwann dann hat er angefangen, länger aufzubleiben. Mittlerweile geht er jeden Abend erst ins Bett, wenn Sabine längst schläft. Morgens, wenn sie munter wird, ist er noch mürrisch und müde. Sabine hat ihn schon oft aufgefordert, mit ihr ins Bett zu kommen. Aber Martin war dann immer noch nicht müde genug. Irgendwann wird sich das schon wieder ändern, denkt Martin. Und die nackte Frau im Fernsehen verspricht, auf ihn zu warten.

Wir flüchten vor der Nähe nicht wie vor einem Gewittersturm. Wir geraten auf die Fluchtwege, so wie wir in eine Nebenstraße gelangen, weil wir einen Stau umgehen wollen. Wir fühlen uns gekränkt, ziehen uns ein wenig zurück. Wir sprechen es nicht an, weil wir die Harmonie erhalten wollen. Wir beginnen aneinander vorbeizuschauen. Wir lesen beim gemeinsamen Essen die Zeitung. Verkriechen uns im Bett in Krimis, statt noch miteinander zu sein. Wir glauben uns auf einem Rettungsweg, aber tatsächlich sind wir auf der Flucht, weil wir aufeinander wütend, voneinander enttäuscht oder ängstlich sind. Unsere Gefühle aber bedrohen uns unbewusst, denn sie machen uns hilflos. Also weichen wir aus. Wir vermeiden Intimität und Nähe zum Partner oder schaffen uns Situationen, in denen wir unserem Unbehagen entgehen können.

Zuerst sind es die kleinen Vermeider. Sie hängt den ganzen Abend mit ihren Freundinnen am Telefon. Er kommt immer zu spät zum Essen. Sie ist oft müde und erschöpft und muss sich hinlegen. Er lässt das Handy für Kundenanrufe immer an. Sie reagiert nur noch flüchtig auf seine Berührungen. Er hat keine Lust mehr auf den gemeinsamen Tanzkurs. Je unerfüllender die alltäglichen Begegnungen und je leerer die verbindenden Rituale durch unser Ausweichen werden, desto attraktiver werden die Versteigerungen bei eBay und die Squash-Abende. Wir weichen nicht einfach ins Nichts aus, sondern in die emotional weniger fordernden, leichter zu kontrollierenden Bereiche unseres Lebens.

Die Flucht in den Alltag

Im Job liegt immer viel Arbeit an. Der Garten, die Wohnung, das Haus müssen in Schuss gehalten werden. Das ist schließlich wichtig. Genauso wie Kinder, Sport, Freunde, Shoppen, Musik, Masturbieren, Computerspiele oder Ehrenämter. Kinder brauchen viel Aufmerksamkeit. Sport ist gesund. Freunde sind wichtig. Shoppen ist notwendig. Musik ist erfüllend. Masturbieren macht Spaß. Computerspiele entspannen. Ehrenämter befriedigen. Nichts davon ist notwendigerweise ein Fluchtweg. Aber alles kann zum Fluchtweg werden.

Jeden Abend das gleiche Ritual. Jacke ablegen. Küsschen für die Liebste. Post geguckt und dann den Startknopf am PC gedrückt. Und während er nur noch müde „Na?" murmelt, wenn er sie begrüßt, überfällt ihn angesichts neuer E-Mails ein lebendiges Prickeln. Der Computer ist längst sein bester Freund. Die virtuelle Welt ist der Fluchtweg, auf dem er allabendlich verschwindet. Unerreichbar für seine Partnerin. Statt Date mit der Liebsten Updates für den Computer.

Sie wird es bemerken. Sie wird versuchen, den Fluchtweg zu blockieren. „Immer hängst du vor dem Computer!", wird sie sagen, wenn sie schlecht kommuniziert, oder: „Wir verbringen immer weniger Zeit miteinander, das vermisse ich", wenn sie gut kommuniziert. Die Antworten kennt jeder: „Du übertreibst mal wieder. Ich hänge gar nicht immer vor dem PC!", wird er sagen, wenn er schlecht kommuniziert, und: „Ja, das finde ich auch schade, aber es macht mir eben total Spaß", wenn er gut kommuniziert.

„Wovor fliehst du eigentlich?", könnte sie ihn fragen, wenn sie die Idee der Fluchtwege verstanden hat. „Wovor fliehen wir eigentlich?", wenn sie verstanden hat, dass in einer Partnerschaft die Rollen aufgeteilt werden: in einen Flüchtenden, der in der Partnerschaft für Freiheit und Ungebundenheit eintritt, und in einen eher Klammernden, der in der Beziehung für die Verbundenheit und Annäherung zuständig ist. Wenn sie am Wochenende die kostbare gemeinsame Zeit mit Staubsauger-Orgien füllt oder er jeden Abend endlos den Kindern vorliest, dann sind stets beide vor der Nähe sicher, in der sich der Zustand ihrer Liebesbeziehung zeigen würde.

Wir wissen ganz genau, wann wir uns verdrücken und wann wir wirklich wichtigen Aktivitäten nachgehen. Und auch, wann wir uns in für uns wichtige Aktivitäten verdrücken. Werden Paare in der Therapie gefragt, wie sie Intimität vermeiden und wohin sie vor der Nähe flüchten, dann wissen sie es meistens ganz genau. Nicht nur von sich selbst, auch vom Partner.

Wenn Sie sich jetzt fragen: „Wie vermeide ich eigentlich Nähe in meiner Partnerschaft?“, dann werden Sie es also mit ziemlicher Sicherheit wissen. Falls Sie aber doch völlig im Beziehungsnebel stehen, dann fragen Sie einfach Ihren Partner. „He, Schatz, wie vermeide ich, mehr Zeit mit dir zu verbringen?“

Die zerstörerischen Fluchtwege

Die Lüge

Jan und Lola waren schnell verliebt, schnell schwanger und schnell zusammengezogen. Alles fühlte sich großartig an. Nur dass Lola über alles – von der Farbe der Gardinen bis zu den Vorlesebüchern der Kinder und Jans Verhalten – überaus exakte Vorstellungen hatte. Jan dagegen hatte dummerweise keinerlei Vorstellung davon, wie man Wünschen einer Partnerin begegnet, wenn man selber andere hat. Er war genervt, fühlte sich eingeengt und überflüssig. Und genoss es umso mehr, mit seinen Kumpels um die Häuser zu ziehen. Wenn er dann spätnachts betrunken auftauchte, war Lola stinksauer und drohte mit Trennung. Jan fühlte sich schuldig, ängstlich und strengte sich noch mehr an, Lolas Wünsche zu erfüllen. Gleichzeitig fühlte er sich immer fremdbestimmter, unzufriedener. So zerrissen, fand er eine alte Lösung aus seiner Kindheit. Der übergroßen Kontrolle seines Vaters hatte er sich auch nicht anders erwehren können: Jan begann zu lügen. Erst verbog er die Wahrheit nur ein wenig. Er habe nicht eher zu Hause sein können, weil der Bericht noch rausmusste. Er musste mit diesen wichtigen Kunden essen, und da musste er auch mittrinken. Er habe den Termin nicht vergessen, aber sein Handy sei abgestürzt. Mit jeder Lüge fühlte Jan sich schlechter, schuldiger. Mit jeder Lüge wuchs der Druck und wurde es schwieriger, zur Wahrheit zurückzufinden. Irgendwann flog alles auf: mit der

Affäre, die dazugekommen war, als ohnehin schon nichts mehr stimmte. Lola nahm das Baby und einen Koffer und war innerhalb einer Stunde verschwunden.

Lügen zerstören die Basis einer intimen Beziehung: das Vertrauen. Und damit die Sicherheit, die Offenheit und Intimität erst ermöglicht. Da kann der Lügende noch so viele gute Seiten haben, noch so liebevoll sein. Die Lüge schwebt wie eine ungesicherte Lawinenwand über der Partnerschaft. Der Seitensprung, die Schulden, der verschwiegene Blick ins Tagebuch mögen für sich sogar verzeihbar sein. Die Lüge ist nicht das Problem. Sie ist, einmal aufgedeckt, schon Geschichte. Die Möglichkeit der Lüge ist es, die eine Beziehung zerstört. Wenn alles Lüge sein kann, dann kann alles, was ich denke, fühle, tue und worauf ich mich verlasse, eine Illusion sein.

Jede Beziehung braucht einen festen Rahmen, einen verlässlichen Spielraum. Ich brauche unbedingte Ehrlichkeit, um mich mit dir auseinander setzen zu können. Und ich brauche die Sicherheit, dass du dich unserer Auseinandersetzung stellst und ich dabei nicht damit rechnen muss, dass du dich trennst.

Die Trennungsdrohung

Trennungsdrohungen belasten eine Beziehung auf ähnliche Weise wie Lügen. Wenn jeder Schritt, jede Äußerung das Ende der Beziehung bedeuten kann, geht die Sicherheit verloren. Der Partner wird zum Beziehungsschleicher, der es nicht mehr wagt, fest aufzutreten und seine Wut zu äußern. Der über ihm schwebende Trennungshammer treibt ihn geradezu aus der Partnerschaft heraus.

Die Möglichkeit einer Trennung begleitet jede Partnerschaft. Deshalb versichern wir uns einander. Wir sprechen von Ewigkeit und Untrennbarkeit. Wir bestätigen den Partner in seiner Einzigartigkeit, seinen nicht austauschbaren Qualitäten, um ihm Sicherheit zu geben und um selbst nicht ständig um unsere Liebe zu bangen. Wer ständig mit Trennung droht, vernichtet diese Sicherheit. Er konfrontiert seinen Partner mit einer radikalen Form von Liebesentzug. Wie eine Mutter, die ihrem Kind damit droht, dass es wieder an den Klapperstorch zurückgegeben wird, wenn es wieder unartig ist.

Mit Trennung zu drohen ist nur dann ein akzeptables Mittel der Auseinandersetzung, wenn damit eine Trennung verhindert werden kann. Um den letzten Versuch in einer Paartherapie zu starten. Oder um einen anderen, ebenso zerstörerischen Fluchtweg zu schließen. Wie zum Beispiel eine Affäre oder Drogenkonsum.

Die Sucht

Im Grunde haben die beiden es gut. Fast jeden Abend sitzen sie noch gemeinsam zusammen und lassen den Tag im Gespräch Revue passieren. Jeder Paarberater wäre begeistert. Doch sie sind nie allein. Immer steht Freund Rotwein auf dem Tisch. „Er hilft mir, mich zu entspannen. Ich trinke doch nie viel", sagt er. Und sie ist sich unsicher, ob ihr Ärger berechtigt ist. Zwei Glas Wein machen schließlich noch niemanden zum Alkoholiker. Oder? Eigentlich ist ja nichts dabei. Und doch irritiert es sie. Es fällt ihr schwer, ihren Standpunkt zu begründen, ihr Empfinden ernst zu nehmen und sich nicht kleinlich vorzukommen. Muss nicht jeder selbst entscheiden dürfen? Steht es ihr zu, sich einzumischen? Ist er nicht immer noch nüchtern? Aber wieso trinkt er dann immer? Erst merkt sie es nicht, aber sie redet immer weniger über sich.

Bei jedem Paar, bei dem Drogenkonsum eine Rolle spielt, wird mit großer Vehemenz und Unerbittlichkeit um den Drogenkonsum gerungen werden. Denn wer trinkt, kifft oder kokst, hat eine Dauer-Affäre mit einem Stoff, gegen den kein Partner der Welt eine Chance hat. Immer lebt der Partner sowohl mit dem nüchternen Geliebten als auch mit dem unter dem Einfluss eines Suchtmittels. Und mit der Unberechenbarkeit, die daraus resultiert. Geht Jörg wieder auf den Balkon und zieht erstmal eine Tüte Gras durch, bevor er ins Bett kommt? Und heißt das, dass er nur noch stoned mit mir schlafen mag? Schenkt sich Rita immer erst einen Doppelten ein, bevor wir sprechen, weil sie sonst Auseinandersetzungen gar nicht erträgt? Und wie viel wert sind ihre Zusagen und ihr Verständnis dann noch? Stürzt Peter doch wieder ab, wenn er mit seinen Kumpels loszieht? Und hat mit seinem vollgekoksten Hirn grandios anmutenden Sex auf der Herrentoilette? Werden die

Jörgs, Ritas und Peters dieser Welt nicht gerade dann zu ihren chemischen Geliebten greifen, wenn es mit den menschlichen schwierig wird? Doch, werden sie. Und wer das als Partner leugnet, der sitzt tief mit in der Falle der Co-, der Mitabhängigkeit.

Drogen gehören zum Leben. Und nur Spaßbremsen werden die Stoffe gegen den beschwerlichen Grauschleier des gewöhnlichen Lebens vollständig verbannen wollen. Deshalb wird in Partnerschaften meistens verzweifelt darum gerungen, ob der trinkende Partner schon als süchtig zu gelten hat oder nicht. Eine müßige Diskussion. Süchtige leugnen immer, und selbst Experten ziehen unterschiedliche Grenzen. Aber wenn mein Partner mit 200 km/h über die Autobahn heizt und ich Angst habe und mich unwohl fühle, dann will ich auch nicht diskutieren, ob eventuell eine Geschwindigkeitssucht bei ihm vorliegt. Dann habe ich ein Recht darauf, dass er vom Gas geht. Wir sitzen im selben Auto. Und in der Partnerschaft sind wir genauso voneinander abhängig.

Es gibt nur eine Lösung: der Süchtige muss den Fluchtweg schließen. Den Konsum so einschränken, dass das Vertrauen wieder hergestellt ist, dass der Partner mit dem Drogenkonsum des anderen entspannt und angstfrei leben kann. Entscheidend ist, dass der Fluchtweg Droge die Partnerschaft nicht bedroht.

Die Affäre

Bleibt der vierte zerstörerische Fluchtweg. Bleibt die Affäre. Es gibt keine biologische Bremse, die verhindert, dass wir überall und jederzeit Sex haben können. Es gibt keine Sicherheit dagegen, dass wir uns verlieben. Gelegenheit macht Liebe. Der nette Kollege, die neue Assistentin, die Freundin unseres besten Freundes. In Nähe und Vertrautheit wächst die Verbundenheit, findet die sehnsuchtsvolle Erotik ihr Ziel. Wie mühevoll kann eine Beziehung sein. Wie verlockend einfach die Nähe einer unverbrauchten Beziehung, die Entdeckungsreise hin zu einer noch unbekannten Person. Verspricht sie nicht alles, woran es uns mangelt? Der Fluchtweg der Affäre steht weit offen. Und wenn wir ihn erst einmal beschritten haben, gehen wir leicht verloren. Einmal verliebt, gibt es Hormone satt, werden wir zu

Junkies, Abhängigen der Verliebtheit. Und haben schlechte Chancen, wieder zu unserem Partner zurückzufinden.

Mit Begeisterung stürzen wir uns auf jede neue Einsicht über die erotische Software unter unserer Schädeldecke. Aber ob wir nun genetisch eher mit den treuen Gorillas oder den jeden bespringenden Kleinschimpansen verwandt sind, ob Eifersucht angeboren ist oder Beziehungen auch ohne Sex befriedigend sein können, es bringt uns nicht weiter. Denn es ändert alles nichts an der entscheidenden Tatsache: Wir können fremdgehen. Oder wir können es lassen. Nur unsere Entscheidung sichert die Partnerschaft.

Eine Partnerschaft hat erst wieder eine Chance, wenn die Lügen abgeschafft, die Trennungsdrohungen ausgesetzt, die Affäre beendet und die Drogen überwunden sind. Diese zerstörerischen Fluchtwege müssen erst geschlossen werden, bevor eine Beziehung wieder heilen kann.

Aber halt! Sind wir demnach nicht dauernd auf der Flucht? Behaupten wir mit dieser Sichtweise nicht, dass Liebe letztlich nur eine entsetzlich mühsame Arbeit ist? Und eiserne Singles demnach die einzig intelligenten Lebewesen des Planeten wären? Weil sie es offenbar verstehen, immer einen Fluchtweg zu finden, um sich vor der Schweiß treibenden Beziehungsarbeit in den Steinbrüchen der Liebe zu drücken?

Natürlich können wir Liebe nicht schaffen, so wie wir Pflanzen nicht wachsen lassen können. Wir können nur die Bedingungen schaffen, in der sie möglichst gut gedeihen kann. Wir können mit unserer Liebe achtsam oder unachtsam umgehen. Wir können unsere Partnerschaft mit Fluchtwegen durchlöchern wie Termiten das Fundament eines Hauses. So dass der nächste Sturm des Lebens unsere Liebe für immer einstürzen lässt. Oder wir können die Grundlage unserer Liebe stabil und am Leben halten. Dann kann die Liebe länger bleiben – und immer wieder zurückkehren.

Wendepunkte der Liebe

Wir sind nicht naiv. Wir wissen, was kommt. Wir werden uns bis zum Zerreißen lieben. Dann ziehen wir zusammen. Und dann wird der Alltag unseren Sex killen. Danach kommt ein Baby und wir tauschen die Freiheit der Moto Guzzi gegen den Elternfahrdienst im Skoda Kombi. Wenn wir geschmeidig bleiben, überstehen wir auch das zweite Kind. Vielleicht stürzt sich eine nach Leben lechzende Mama wieder in den Beruf. Und landet in den Armen des Junior-Chefs. Wir werden auch das überleben. Oder doch nicht?

Wir sind nicht naiv. Wir wissen, was kommt. Es wird hart werden, aber wir alle ersehnen uns eine glückliche Partnerschaft so sehr, dass wir uns von einer Scheidungsrate von 40 Prozent nicht schocken lassen. Wenn wir bedenken, dass wir erst heiraten, nachdem wir drei große, ewige Lieben versenkt haben, dann scheitern sogar neunzig Prozent aller Liebesbeziehungen. Aber die Liebe ist nun mal unser Königsweg zum Glück.

Wir sind nicht naiv. Wir wissen, was kommt. Aber wenn die Krisen da sind, wollen wir vom Wissen nichts wissen. Dann wollen wir nur noch sofort wieder glücklich sein. Wir leben mit einem unglaublich selbstverständlichen Anspruch auf Glück. Doch genau dieses Streben bedroht unsere Beziehungen am meisten.

Denn unser Glücksverlangen ist absolut und unbeweglich. So, als gäbe es Sonne ohne Schatten, Siege ohne Niederlagen. Beziehungen aber verändern sich ständig.

Doch zu unserem romantischen, von der Konsumgesellschaft gepäppelten, unrealistischen Glücksanspruch passen nur die positiven Wachstumsphasen der Liebe. Sobald Enttäuschung eintritt, zweifeln wir am Partner und an uns selbst. Und statt uns den Beziehungsfragen zu stellen, stellen wir die Beziehung in Frage. Die notwendigen Phasen, in denen sich die Liebe abschwächt, weil sie sich neu finden muss, werden zur Katastrophe unseres Ichs.

Dabei sind diese Phasen der Rückbesinnung auf uns selbst, der In-Frage-Stellung der Liebe notwendig. Schließlich muss das Paar ständig neue Fähigkeiten entwickeln. Allein das Älterwerden macht immer neue Anpassungen nötig. Ständig fordern uns äußere Einflüsse heraus. Die Hypothek ist nicht mehr zu bezahlen. Der Sohn schließt sich einer Gang an. Beide Partner verändern sich – und nicht immer gleichzeitig.

Die amerikanischen Familientherapeuten Barry Dym und Michael Glenn beschreiben Liebesbeziehungen als einen ständigen Drei-Stadien-Zyklus. Verheißungsvolle Expansion, Enttäuschung oder Kontraktion und dann Entspannung, Stabilisierung.

Phase I:
Die Partner fühlen sich wohl miteinander und sind offen füreinander. Alles scheint gut. Doch dann kommen neue Aufgaben und Situationen auf das Paar zu.

Phase II:
Das Paar steht vor einer Entwicklungsaufgabe, für die es als Paar noch keine Lösung kennt. Konflikte entstehen. Die Partner sind enttäuscht voneinander. Sie verschließen sich, ziehen sich zurück. Sie sind in Auseinandersetzung.

Phase III:
Eine Lösung zeichnet sich ab. Die Beziehung entspannt und stabilisiert sich. Eine neue Qualität entsteht. Die Partner sind wieder offen füreinander. Bis die nächste Herausforderung auftaucht.

Wir müssen akzeptieren, dass es Phasen im Leben jedes Paares geben muss, in denen die Beziehung sich nicht gut anfühlen kann. Ja, nicht gut anfühlen darf. Phasen, in denen Glück keine Rolle spielt, weil das Paar gerade lernt. Wendepunkte, die in schwere Zeiten führen. Nur wer sich auseinander entwickelt, kann zusammenbleiben. Nur Beziehungen, die sich bewegen, bleiben stabil.

Verliebtheit. Viel mehr als nur ein Anfang

Erst war es der Blick auf seine Hände, von denen sie während der ganzen Konferenz nicht loskam. Und dass sie gleichzeitig zum selben Wasserglas griffen. Später stellte er Blumen vor ihre Dachwohnung, zu denen aus Glitzersteinen gestreute Wege führten. Er küsste ihre Füße. Sie entdeckte zehn neue Sexualorgane und das Ende jeder Scham. Sie fand zwei Flugtickets unter ihrem Kopfkissen und einen Reiseplan für jeden Tag der Woche in New York. Sie genoss seine Fürsorge, genoss, nicht wählen, nicht entscheiden zu müssen. Er liebte sie dafür, dass sie ihn morgens um drei zum Liebemachen weckte und dann ein Taxi zum Sonnenaufgang bestellte. Sie waren das perfekte Paar, wie alle verliebten Paare. Sie waren einander blind ergeben. Sie hatten keine andere Chance. Die undurchschaubare Mischung aus Hormonen, Ähnlichkeit und Neurose, die wir Verliebtheit nennen, hatte sie im Griff.

Die Verliebtheitsphase ist die himmlische Ouvertüre der dramatischen Beziehungsoper. Unsere Nase hat über nicht wahrnehmbare Moleküle den biologisch Richtigen erschnüffelt. Wir haben jemanden mit ähnlichen Werthaltungen, mit vergleichbaren Interessen und Gewohnheiten gefunden. Jemanden, dessen Aussehen ähnlich attraktiv ist wie unser eigenes. Wir sind dem Kribbeln gefolgt, und es hat uns unbewusst zu jemandem geführt, der uns später wahnsinnig machen wird. Weil wir unbewusst auch auf Schwächen und ungelöste Konflikte reagieren. Wie wir später erkennen werden. „So habe ich ihn ja schon kennen gelernt!", wird sie nach Jahren sagen. „Er wollte immer schon alles kontrollieren. Schon bei unserer ersten Reise nach New York."

Wo immer sie stehen oder liegen, gehen sich Verliebte an die Wäsche. In nächtelangen Gesprächen erzählen sie ihre Geschichte. Sie entdecken Gemeinsamkeiten. Beide beginnen die Vision eines gemeinsamen Lebens zu entwickeln, in denen ihre Wünsche und Sehnsüchte wahr werden können. Sie idealisieren einander und sehnen sich danach, dem anderen zu helfen, das zu werden, was er im Grunde ist. Dahinter steckt Psycho-Logik. Gemeinsamer Sinn bindet. Verliebtheit bindet.

Die Verliebtheit ist die Grundlage unserer Liebe. Das muss nicht so sein. Auch in Zwangsehen wächst Liebe, aber letztendlich suchen wir alle große Gefühle. Romantisch geprägt, erkennen wir den Richtigen daran, dass uns die Schicksalsmächte umhauen. Unsere Liebespartnerschaft wird zu etwas ganz Besonderem, das wir nicht gewählt haben, sondern das uns ereilt hat. In der Verliebtheit schaffen wir uns einen Mythos, der begründet, warum wir und nur wir zwei zusammengehören.

Wir machen unsere Liebe einzigartig. Die Phase der Verliebtheit ist unser Schatz. Wir können ihn ausgraben, wenn wir beginnen, die Art, wie er seine Kaffeetasse hebt, zum Kotzen zu finden. Sechzig Prozent der Verheirateten leben mit ihrer großen Liebe zusammen. Und je verliebter das Paar war, so zeigen Untersuchungen, desto zufriedener lebt es später miteinander.

Es ist nicht immer Liebe auf den ersten Blick. Manchmal braucht es monatelange Treffen am Kaffee-Automaten. Manchmal dauert es Jahre, bis es plötzlich „zong" macht. Gerade in späteren Jahren, nachdem schon eine Liebespartnerschaft der nächsten gefolgt ist, haben die Narben und Erinnerungen ihre Spuren hinterlassen, und das Verlieben wird immer schwieriger. Aber die Sehnsucht nach Liebe steckt in uns allen. Ein tiefer Wunsch nach Nähe, Geborgenheit und Bindung.

- Verliebtheit ist eine Bindungsphase.
- Verliebtheit stärkt das Paar.
- Blüht die erotische Leidenschaft nicht mal in der Verliebtheit, stehen die Chancen auf eine erfüllende Sexualität schlecht.
- Verliebtheit ist keine Liebe. Liebe kann auch ohne Verliebtheit wachsen.

Die Welt des anderen. Keiner kann all unsere Sehnsüchte erfüllen

Seit einer halben Stunde wartet Anne in Kevins Wohnung. Auf Kevin. Kevin am Handy, ja es tue ihm Leid, und im Kühlschrank sei noch Joghurt, und er schaffe es noch zum Kino. Anne liegt auf dem Bett und guckt an die Decke. Fand sie diesen Kerl, der jeden Termin vertrödelt, mal herrlich spontan? Die Bettwäsche hat sicher seine Mutter ausgesucht. Feinstes Leinen. Schließlich ist man ja was Besonderes. Seine Mutter war so distanziert, als sie letzen Sonntag zum Essen da waren. Und sein kleiner Bruder ist ein Schwätzer. Neben dem Bett liegt eine CD, Stefan Raab. Kevins Humor nervt sie auch. Sie dachte, er sei locker, aber eigentlich ist es wie bei Raab nur pubertär verklemmte Scheiße.

Sie geht zum Kühlschrank. Zwei Joghurt, eine halbe Dose Bier. Mr. Fürsorglich, wie? Als sie im Flur am Liz-Hurley-Poster vorbeischrammt, schreibt sie ihm einen Zettel. Liz Hurley! Wie konnte sie glauben, er habe Format und Geschmack? Sie geht. Auf dem Zettel steht: „Ich bin jetzt lieber gegangen, sonst muss ich dich auf der Stelle verlassen.“ Eine Chance gibt sie ihm noch.

Letztlich bringt Paare auseinander, was sie zusammengebracht hat. Denn hinter jedem Traum von Liebe lauert der Albtraum, enttäuscht zu werden. Und diese Enttäuschung ereilt jedes Paar erstmals, wenn die Hormonfluten der Verliebtheit verebben und der Serotoninspiegel im langsam ernüchterten Hirn wieder auf normale Werte sinkt. Das Paar tritt in eine Phase der Desillusionierung.

Bislang glaubten sie, alles füreinander zu sein. Doch die gegenseitige Idealisierung verpflichtet sie zu einem Verhalten, das anstrengend wird und das sie nicht länger aufrecht erhalten können. Er ist nicht nur cool und selbstbewusst, er fühlt sich manchmal auch überfordert. Und sie ist nicht nur die relaxte Werberin, sie ist auch klein und ängstlich. Die Illusion, einander alle Bedürfnisse erfüllen zu können, zerbröselt. Für das Überleben des Paares ist vermutlich keine Phase so entscheidend wie diese.

Der Partner kann uns nicht glücklich machen. Und wir nicht ihn. Er hat Schwächen und Eigenschaften, die uns fremd sind. Ja, er lebt sogar in Welten, die wir ablehnen. Seine Freunde sind eine Bande von Dumpfbacken. Sein Geiz ist gnadenlos. Seine Ernsthaftigkeit eine gigantische Spaßbremse. Langsam wird klar, dass er nicht sportlich, sondern Sport sein Leben ist. Und sie arbeitet nicht in der Werbeagentur. Sie lebt dort. Je unerfreulicher die gemeinsamen Abende werden, desto mehr werden die Partner in diese übersichtlicheren Welten fliehen, in denen sie noch Anerkennung finden.

Kein Partner auf der Welt kann uns unsere Sehnsüchte erfüllen. Denn was wir als innere Leere oder Unerfülltheit erleben, sind die Konflikte in unserem eigenen Selbst. Unsere unbefriedigende und einengende Sicht der Welt. Unsere Unfähigkeit, zu erkennen und zu erreichen, was uns gut tut. Wenn wir weiter glauben, dass der Partner alles hat, was wir brauchen, und es nur nicht hergibt, dann werden wir weiter verzweifelt und wütend darum kämpfen. Dann geht die Zeit der idiotischen Vorwürfe und Diskussionen nie vorüber, und unsere Beziehung ist bald Geschichte.

Es ist ein langer und schwieriger Prozess, uns gegenseitig einzugestehen, was uns miteinander schwer fällt. Was uns aneinander fehlt. Für unsere Sicht der Welt einzutreten. Und gleichzeitig die Sichtweise des Partners zu verstehen. Aber das ist auch die Bereicherung durch eine Partnerschaft. Dass wir uns über uns selbst klarer werden, indem wir uns dem anderen erklären. Voraussetzung ist, dass wir unsere Sicht der Welt in Frage stellen und unsere Enttäuschung zulassen.

Wir müssen eine Streit- und Konfliktkultur entwickeln, müssen lernen, Standpunkte auszutauschen, ohne die gegenseitige Zuwendung zu verlieren. Küsschen und Händchen halten reichen nicht mehr aus. Es wird heftigen Streit geben. Und wenn wir voneinander enttäuscht sind, suchen wir nach Zeichen der Liebe. Nach wärmenden, vertrauten Handlungen, durch die wir uns augenblicklich wieder gut fühlen. Diese Handlungen können für jeden sehr unterschiedlich sein. Wir müssen lernen, wie wir uns gegenseitig beruhigen und uns vertragen können.

Wenn wir es schaffen, einander trotz aller Enttäuschungen weiter zu schätzen, dann beginnt allmählich die Phase der Entspannung, der Stabilisierung.

- Nichts ist selbstverständlich, alles muss vermittelt werden.
- Es gibt in jedem Paar zu jeder Zeit zwei Wirklichkeiten, und sie müssen beide nebeneinander bestehen bleiben.
- Der Partner nimmt niemals etwas falsch wahr, lassen Sie ihm immer seine Wahrnehmung. Setzen Sie nur dagegen, wie Ihre Wahrnehmung ist, was Ihre Absicht war.
- Kommunikation ist jetzt entscheidend: Zuhören lernen, sich in die Welt und das Erleben des anderen versetzen, seine Gefühle nachempfinden und respektieren.
- Wir müssen uns nicht mit allen Freunden unseres Partners anfreunden, aber ein Paar braucht auch gemeinsame Freunde.

Zusammenziehen. Eine Teststrecke für die Gemeinsamkeiten

Tobias und Janina ziehen zusammen. Aber es ist schwer. Es ist schwer, die richtige Wohnung zu finden. Es gibt die richtige Wohnung gar nicht. Mal findet Tobias sie zu klein, mal Janina sie zu dunkel. Mal ist sie zu teuer, mal zu weit draußen. Irgendwann finden Tobias und Janina, dass sie Angst haben.

Die gemeinsame Wohnung ist der erste entscheidende Schritt in ein gemeinsames Leben. Es ist wie Heirat im Blaumann. Der erste Schritt des Paares, einen Platz, eine Nische in der Welt zu schaffen. Wenn der Mietvertrag unterschrieben ist, beginnt sich die Beziehung zu materialisieren. Sie wird sichtbar für die Umwelt. Das Paar verkündet der Welt, dass es an seine Liebe glaubt. Und mit jedem abgeschliffenen Quadratmeter Dielen kreiert es einen festeren Rahmen. Der die Liebe hält, wenn sie schwächelt. Der bestehen bleibt, wenn die Krisen kommen.

Zusammenzuziehen erfüllt eines unserer Grundbedürfnisse. Den Wunsch, einen Platz in dieser Welt zu finden, uns verwurzelt und ohne Einschränkung angenommen zu fühlen. In diesen frisch gestrichenen Wänden soll alles ganz anders, viel besser als zuvor werden. Dahinter steht der Wunsch nach Heimat. Der Wunsch, eine Familie sein zu können – eine andere als die, aus der man stammt. Ab jetzt ist hier „zu Hause".

Das ist großartig. Aber leider fühlt es sich längst nicht immer so an. Besonders, wenn ein Partner zum anderen zieht, wird es schwierig. Meist sind es finanzielle oder praktische Gründe, die dazu führen. Eine neue Wohnung ist teurer und schwer zu finden, ein Partner besitzt bereits ein Haus. Doch die Paare unterschätzen die Konflikte, die entstehen, weil die Partner sich ungleich fühlen. Der Zugezogene wird zum Eindringling. Er muss sich seinen Raum erobern, fühlt sich abhängig. Der Wohnungsbesitzer fühlt sich beschnitten. Er muss Vertrautes aufgeben, fühlt sich in seinen bisherigen Lebensgewohnheiten gestört. Wieso braucht sie einen neuen Badezimmerschrank, wo er jahrelang mit seinem Regal glücklich war? Wieso räumt sie das Geschirr jetzt an einen anderen Platz?

In der gemeinsamen Wohnung gerät die Liebe auf die Teststrecke für Alltagstauglichkeit. Mit dem Partner ziehen Entwertung und Kränkung ins Haus. Jeder möchte sich verwirklichen. Aber setzt sich sein zen-buddhistischer Minimalismus oder ihr opulentes Art-déco-Faible durch? Wer hat die Macht? Wie sehen gemeinsame Lösungen aus? Freiräume müssen geregelt werden. Solange er alleine wohnte, konnte er jedes Formel-1-Rennen mit seinen Jungs vor dem TV abfeiern und seine „Metallica"-CDs bis zum Anschlag aufdrehen. Jetzt blockiert sie das Internet mit ihrer Telefonitis.

Nur wenn Finanzen, Lebensstil und Alltagsabläufe gleichberechtigt ausgehandelt werden, hat die Partnerschaft auf lange Sicht eine Chance. Ordnung und Haushalt sind die Lieblingsarenen für Paarkämpfe. Fällt die Zeitung auf dem Couchtisch unter Chaos oder Gemütlichkeit? Der Streit um verstreute Klamotten und nicht weggeräumte Biergläser ist dabei stets der Kampf darum, gesehen und beachtet zu werden. Was Paare in der gemeinsamen Wohnung suchen, finden sie nicht im Ikea-Katalog. Emotionale Geborgenheit entsteht nicht durch die Wischtechnik für die Wohnzimmerwand, sondern durch das Gefühl, ernst genommen und verstanden zu werden.

- Zusammenzuziehen schafft Verbindlichkeit, ist ein symbolisches „Ja-Wort".
- Die Auseinandersetzungen gehen nur scheinbar um konkrete Dinge und Abläufe. Die wirkliche Auseinandersetzung dreht sich um den emotionalen Raum, den die Partner beieinander finden.
- Liebe allein reicht nicht. Die Partner müssen miteinander aushandeln und zusammen entscheiden.
- Feste Vereinbarungen über Finanzen, Haushalt oder Ordnung helfen, Streit zu verhindern.

Heiraten. Die Sehnsucht nach dem uneingeschränkten Ja

Das Problem mit der Heirat ist, dass es sie gibt. Die Heiratsfrage kann nur durch die Heirat selbst gelöst werden. Aber das übersehen wir häufig. Denn es scheint eigentlich nur noch eine reine Geschmackssache zu sein, ob wir mit oder ohne Trauschein zusammen sind. Wir brauchen weder den Segen des Pfarrers noch das Standesamt, um sexuell oder wirtschaftlich wie Mann und Frau zusammenzuleben. Doch weil es die Möglichkeit des Heiratens gibt, bleibt für alle unverheirateten Paare immer die Frage offen, warum sie es denn nicht tun. Alle noch so einsichtigen und vernünftigen Argumente können niemals aus der Welt schaffen, dass es noch einen weiteren, irgendwie endgültigeren Schritt gibt. Den man als Paar nicht gegangen ist.

Heiraten ist ein kulturelles Ritual. Und Rituale können wir nicht individuell außer Kraft setzen. Menschen, die sich kennen, grüßen sich. Jemand, der nicht grüßt, kann das rational begründen. Aber das Unbehagen über sein Verhalten wird sich nie vollständig auflösen. Wer nicht heiratet, bleibt stets mit der Frage konfrontiert: „Wieso habt ihr nie geheiratet?“ Und jede noch so gute Antwort wird die Spannung nie auflösen können. Wir können Rituale verweigern. Aber deshalb verlieren sie ihre Macht über uns nicht.

Wer sich zur Heirat entschließt, begegnet der doppelten Funktion, die die Eheschließung in unserer Kultur hat. Die Ehe ist einerseits die Gründung einer Wirtschaftsgemeinschaft, mit gemeinsamem Vermögen, Ehegatten-Splitting auf der Steuerkarte und der Aussicht auf Unterhaltsprozesse. Ein rechtsgültiger Vertrag ist einer Familie oder Lebensgemeinschaft angemessen. Bezahlte Berufsarbeit und unbezahlte Haus- und Erziehungsarbeit brauchen einen Ausgleich. Andererseits ist die Heirat das endgültige romantische Bekenntnis zueinander. Und das eine lässt sich vom anderen niemals wirklich sauber trennen.

Gütertrennung und Eheverträge regeln die finanzielle Seite des befürchteten Ehe-GAUs. Aber die romantische Seele kann das nie akzeptieren. Wieso soll man die Trennung regeln, wenn wir uns doch gerade geloben, immer zusammenzubleiben? Der Widerstreit zwischen dem Verstand, der die Scheidungsstatistik und die Düsseldorfer Tabelle kennt, und dem Herzen, das sich nach dem uneingeschränkten „Ja“ sehnt, ist nie vollständig zu lösen. Die endgültige Entscheidung, die tiefe Verpflichtung einer Hochzeit machen Angst. Heiraten ist zum emotionalen Hochsicherheitsrisiko geworden. Welche Kräfte eine Hochzeit entfaltet, erfährt das Paar, sobald es sich zum Ja-Wort entscheidet. Wie und wo wird gefeiert, kirchlich oder nur standesamtlich, welche Trauzeugen, Ringe, Reden?

Rituale sind Seelennahrung. Sie stützen unsere Psyche. Wir unterschätzen ihre Macht in unserer Kultur. Die unterschiedliche Bedeutung für die Geschlechter. Frauen bedeutet die Heirat meistens mehr als Männern. Frauen leiden unter der immer noch bestehenden gesellschaftlichen Ungleichheit und ihrer noch immer größeren wirtschaftlichen Abhängigkeit. Frauen geben dem Emotionalen mehr Wert. Sie fühlen sich abhängiger von sicheren Bindungen, weil sie die Kinder austragen. Und sie sind die Opfer der „Traditionalisierung“, die durch Kinder eintritt. Männern bleibt die Notwendigkeit, zu verstehen, dass

Heiraten kein beliebiger Akt der Einsicht ist. Wir können nicht nichts mit dem Heiraten zu tun haben.

- Eine Heirat ist ein Signal an die Umwelt. Die Partner werden eindeutiger als Paar wahrgenommen.
- Heirat ist nicht nur ein Wirtschaftsabkommen. Als Ritual sollte die Hochzeit in einem für das Paar und die wichtigen Mitmenschen angemessenen Rahmen begangen werden.
- Heiraten ist eine Entscheidung. Wer den Partner abweist, weil er auf das absolute Hochzeitsgefühl wartet, gefährdet seine Partnerschaft.

Babyschock. Und nichts ist mehr, wie es vorher war

Es gibt einen Wendepunkt im Leben eines Paares, an dem die Welt plötzlich in zwei Teile zerfällt. Niemals sonst liegen größtes Glück und tiefste Verzweiflung so nahe beieinander, sind so miteinander verwoben. Das Problem vieler junger Eltern heißt Überforderung. Und ihr Glück Fabian, Maria oder Nikola. So begeistert Paare von ihrem Kind erzählen können, so entnervt berichten sie von dem, was von ihrer Beziehung übrig geblieben ist. Sie sind über alle Maßen enttäuscht von ihrem Partner. Und von sich selbst. Es kann doch nicht so schwer sein, ein Kind zu haben?

Kann es doch! Der unvermeidbare Aufruhr der Gefühle und die völlige Aufmischung aller Rollen bringt junge Eltern fast zwangsläufig völlig von der Rolle. Dafür gibt es eine ganze Reihe von Gründen. Sie zu verstehen ist für junge (und erfahrenere) Eltern überlebenswichtig. Weil sonst die Vorwürfe und Enttäuschungen fälschlicherweise nur aneinander festgemacht werden.

Das Baby kommt in eine kinderfeindliche Welt. Die Arbeitswelt braucht Arbeitskräfte, die nicht durch Kinder gebunden sind. Ein straffer Terminplan ist mit der Zeitlosigkeit und Unvorhersehbarkeit kindlicher Bedürfnisse unvereinbar.

Das Paar muss also meistens entscheiden, wer arbeitet und wer seine Karriere unterbricht. Kinder führen in unserer Gesellschaft zur Traditionalisierung. Mama bleibt am Herd und Papa fährt die Kohle rein. Nach der Geburt des ersten Kindes arbeiten 90 Prozent der Väter voll, 70 Prozent der Mütter haben keinen Job. Wenn Papa erfolgreich ist, ist Mama neidisch. Wenn er nicht erfolgreich ist, fragt sie sich erst recht, wozu sie zurücksteckt.

Es gibt keine gute Lösung innerhalb des Paares. Sie hieße flexiblere Arbeitszeiten, finanzielle Entlastung von Eltern, Halbtagsjobs und eine bessere Kinderbetreuung.

Doppelbelastung heißt das Schicksal, wenn Paare es schaffen, dass beide Partner berufstätig bleiben. Doppelbelastung trägt ihren Namen zu Recht.

Denn ein Baby bedeutet schlicht viel Arbeit. Mehr, als das Paar erwartet hat. Schlaf bekommt es weniger als nötig. Nicht mehr die eigenen Bedürfnisse bestimmen das Leben, sondern die des Kindes. Irgendjemand muss immer aufs Baby aufpassen. Die gegenseitige Abhängigkeit ist jetzt total. Jede Handlung muss abgesprochen werden, denn ab jetzt kann sich keiner mehr seine Freiheit nehmen, ohne die des Partners einzuschränken. Das Leben in der relativ isolierten Kernfamilie macht Kinderbetreuung zu einem hoch komplexen, dauerstressigen Organisationsproblem.

Aus zwei mach drei. Die Zweisamkeit der Liebenden ist Geschichte. Eine Dreierbande ist aber immer eine heikle Sache, weil sich ständig einer ausgeschlossen fühlen kann. Das Baby wird es nicht sein. Beherzt brüllt es sich ins Zentrum der Aufmerksamkeit. Und drängelt sich später einfach zwischen Mama und Papa. Beide lieben ihr Kind. Aber wird es mehr geliebt als der Partner? Mama stillt und möchte Nähe, aber keinen Sex. Papa möchte Sex, denn er fühlt sich ausgeschlossen. Aber er möchte an den Busen seiner Frau, nicht an eine Mutterbrust. Alles geht nicht. Und nur dem Baby geht es dann noch gut.

Junge Eltern sind ängstlich, ob sie ihrem Nachwuchs gerecht werden. Sie sind unsicher, ob sie ihr Kind richtig verstehen. Wenn das Baby stundenlang schreit und sie sich vor Wut und Hilflosigkeit auf die Lippen beißen, dann müssen sie nicht nur vor den eigenen Ansprüchen als Eltern bestehen, sondern auch vor dem Partner. Denn ein Baby weckt die Kinder in den Eltern, vor allem nie erfüllte Bedürfnisse werden in ihnen wach. Und die Erwartungen an den Partner werden gerade dann größer, je weniger beide in der Lage sind, sie einander zu erfüllen.

Der Bekanntenkreis verändert sich. Kinderlose leben ihr Leben mit Kinderlosen, Eltern mit Eltern. Und der Blick auf die Welt ändert sich aus der Elternperspektive. Zukunftsängste einerseits und Verbundenheit mit den familiären Wurzeln andererseits nehmen zu.

„Babyschock“ ist ein fieses Wort. Aber um jungen Eltern ihre Lage klar zu machen, ist es gut. Der große gesellschaftliche Riss geht quer durch alle Schichten und Geschlechter. Er trennt Eltern und Kinderlose. Und im Babyschock wechselt das Elternpaar von einem Augenblick zum anderen die Seiten.

Mit Kindern zu leben ist eine der schönsten, befriedigendsten und erfüllendsten Erfahrungen. Das Paar wird zur Familie. Niemand, der noch ein wenig lebendig ist, wird dem widersprechen. Niemand, der Kinder hat, wird auf sie verzichten wollen. Und doch verraten die stetig steigenden Zahlen von Kinderlosen, dass dieser Schritt weder selbstverständlich noch leicht ist.

- Das junge Paar droht in der Elternschaft verloren zu gehen.
- Schaffen Sie Paarinseln, Abende oder, sobald es geht, Wochenenden, an denen Sie nur Paar sein können.
- Sprechen Sie mit anderen Eltern auch über die negativen Aspekte des Elternseins. Verstehen hilft. Wenn Sie nur Ihren Gefühlen trauen, bekommt der Partner den ganzen Frust und die ganze Wut ab.
- Sprechen Sie genau und verbindlich ab, wer das Baby wann und wie betreuen wird, bevor es da ist. Männer sollten leichtfertige Zusagen vermeiden. Sie führen zu großer Enttäuschung.
- Ein Kind braucht Ihre Unterstützung, und Sie brauchen die Unterstützung der Umwelt. Netzwerken Sie: andere Eltern, die Familie, Freunde, eine Haushaltshilfe, Babysitter.

Hallo, Alltag. Vom Liebesideal zur wirklichen Partnerschaft

Wir. „Wir wollen uns jetzt ein Haus kaufen“, „Wir finden es zur Zeit echt schwierig mit den Kindern“. Dieses „Wir“ ist wesentlich mehr als nur Ricarda plus Georg. Es ist eine ganz eigene Wirklichkeit, die nur zwischen Georg und Ricarda entstanden ist, die nur sie gemeinsam kreieren. Und diese Wirklichkeit wirkt auf Ricarda und Georg zurück. Ohne ihre Partnerschaft wären Ricarda und Georg andere Menschen. Erst erschaffen die Partner das Paar. Dann erschafft das Paar die Partner.

Jeder Mensch konstruiert seine Wirklichkeit und möchte sich darin verstehen. Eine Liebespartnerschaft ist der großartigste Ort dafür, denn niemand kennt unsere Wünsche, Ängste und Ideen so gut wie unser Partner. Er bestätigt uns und stellt uns immer wieder in Frage. Er ist unser Spiegel. Mit ihm werden wir uns klarer über uns selbst. Beziehungen machen reif.

Jede weitere gemeinsame Entscheidung festigt die Bindung eines Paares weiter. Wollen wir ein Haus kaufen oder uns doch lieber ein Segelboot anschaffen? Lieber zwei Mountainbikes oder doch diese abgefahrenen Gartenstühle? Machen wir Schulden oder leben wir bescheiden? Visionen, Pläne oder langfristige Anschaffungen stärken die Zusammengehörigkeit und die Zuversicht, weiterhin als Paar zu leben. Die Partner identifizieren sich noch mehr mit dem Paarsein. Sie werden noch stärker als Einheit wahrgenommen. Sie gehören zusammen.

Doch was fest wird, neigt zur Unbeweglichkeit. In Sicherheit droht Langeweile. Und in der Vertrautheit leidet die Aufmerksamkeit. Es ist die Phase der Liebespartnerschaft, die wir am meisten ersehnen und gleichzeitig am meisten fürchten. Schön, diese fette Geborgenheit. Aber wo bitte bleibt das Feuer? Und gab es da nicht mal ein Wort mit drei Buchstaben?

Bei jedem Abschied gibt es ein Küsschen, jeden Sonntag gibt es ein Ei. Immer sechs Minuten. Und alle frühstücken im Schlafanzug. Abends wird im Bett gelesen. Und es ist immer grüner Tee im Haus. Dienstags wird gemeinsam „Sex and the City" geguckt. Und samstags Sex im Bett gemacht. Im Frühjahr eine Woche Nordseeinsel. Freitagabend ist Ausgeh-Abend. Super. Manchmal fragt sich das Paar, ob es jetzt nicht genau in die Spießigkeit der Eltern geraten ist. Total versackt im Alltagstrott, den sie einst mit aller Kraft vermeiden wollten.

Doch tatsächlich sind sie dem Leben und der Liebe in einer Partnerschaft näher gekommen. Was da in ihrem Kopf immer wieder aufleuchtet, ist das romantische Liebesideal. Aber eine wirkliche Partnerschaft zu leben ist ein ständiger Abschied von diesem Ideal mit seinen unrealistischen Vorstellungen. Beschränkungen zu bejahen und schützende Grenzen in sich und um seine gemeinsame Welt zu ziehen, macht gerade das Wesen unserer Beziehung aus. Wir sind nicht unbegrenzt. Und wir müssen lernen zu verstehen, dass das romantische Ideal nur sehr begrenzt haltbar ist.

Denn das Gewohnte, fest Ritualisierte befreit. Wir müssen keine Energie mehr darauf verwenden, das Leben zu regeln. Es gibt uns Sicherheit und Bestätigung. Und hinter der scheinbar öden Fassade tobt zumeist genug Action. Dort bewältigen Paare das, was das Leben wirklich bestimmt. Den asthmakranken Sohn behüten, die Firmenpleite verwinden, den Unfall mitsamt drei Jahren Gerichtsverfahren durchstehen, den an Alzheimer erkrankten Opa betreuen, die Hochzeit der Schwester organisieren, den Brustkrebs der Frau verarbeiten, die Legasthenie der Tochter begleiten. Und so weiter, und so weiter.

Wie sich ein geborgenes Leben mit tragenden Bindungen und ein aufregendes Leben mit wechselnden Herausforderungen vereinbaren lassen, wie aus lustfixiertem Sex eine Sexualität von Nähe und Bindung wird, das muss jedes Paar auf seine Art lösen. Denn auch im Paar und in der Familie gibt es keinen Weg zum guten Leben, dem wir nur folgen müssten. Der Weg zum guten Leben kann nur das Leben selbst sein.

- Stimmen Ihre Werthaltungen und was Sie als Paar leben noch überein?
- Was für ein Paar sehen Sie, wenn Sie sich von außen betrachten?
- Wie sehen Sie sich als Paar in fünf, zehn oder 20 Jahren?
- Welche unerfüllten Träume hat Ihr Partner? Können Sie sich gegenseitig dabei unterstützen, sie wahr zu machen?

Die weiteren Jahre ...

Und dann, wenn die Kinder größer sind und das Haus eingerichtet, der Garten bestellt, der Wagen abbezahlt, was kommt dann nach der ganzen Verliebtheit, der Desillusionierung und dem langsamen Verfestigen einer Beziehung? Kommt dann die Affäre, mit der Mr. Grauschläfe noch mal von vorn anfängt? Weil er noch immer dem romantischen Ideal nachhängt, das sich nach 15 Jahren endgültig aus der Ehe verabschiedet hat?

Oder lebt man freundlich, feindlich oder, am grausamsten, belanglos nebeneinander?

In den Familien bestimmen die Kinder die Lebensphasen. Sie kommen zur Schule und in die Pubertät. Sie reiten, brechen sich den Arm, sie haben Freunde und erste Lieben, nehmen Drogen, sind Austauschschüler, engagieren sich bei Greenpeace. Sie verlassen die Schule, und sie verlassen das Elternhaus. Ihre Entwicklung ist ein großer, schneller Fluss, auf dem das Elternpaar mal führerlos, mal den Kurs haltend mittreibt.

Bis die Eltern dann im leeren Nest hocken. Beginnt sie jetzt einen neuen Job, steigt wieder ein, nachdem sie lange Zeit als Mutter zurückschalten musste? Legt los, während er schon von der Berufswelt zermürbt ist und nur noch für sein Segelboot lebt? Setzt Depression ein, weil der Lebensinhalt ausgeflogen ist? Herrscht weiter Sorge, weil die Kinder ihre Ausbildungen abbrechen oder sich verschulden? Oder Freude, weil nach zwei Jahrzehnten endlich wieder Raum füreinander und ein paar schöne Romane ist? Zeit, um eigene Interessen zu festigen?

Ältere Menschen haben laut Untersuchungen gelernt, besser mit den Höhen und Tiefen des Lebens umzugehen. Und so segelt das Paar mit größerem Gleichmut weiter. Die Kinder heiraten, spannende Fernreisen werden geplant, er schnarcht jetzt so laut, dass das gemeinsame Schlafzimmer nur noch nervt.

Aber in der Mehrzahl der Fälle erleben wir die Abfolge der Liebesphasen nicht mehr in einer Ehe oder einer Familie. Sondern in zwei, drei, vier Partnerschaften, in zwei oder gar drei Familien. In einer völlig individuellen und nicht vorhersehbaren Abfolge. Vielleicht ziehen wir schon mit 18 mit unserem Freund zusammen. Werden mit 28 Mutter. Heiraten das erste Mal mit 42 und kehren dann zu unserer Jugendliebe zurück, um doch mit ihr das „Wir“ zu leben.

Die neue Liebesunordnung ist längst das vorherrschende Modell. Wir leben irgendwie. Getrennt zusammen, in einer Dreierbeziehung, in Zweitehen, alleinerziehend mit oder ohne Freund. Männer mit vier Kindern von drei Frauen und Frauen mit zwei Kindern von zwei Männern. In Patchworkfamilien. Paare, die schon das zweite Mal geheiratet haben. Und andere, die nie zusammengezogen sind, weil das nicht die Nähe war, die sie verband.

Angeblich haben Ehen nur bei einer Quote von fünf zu eins Bestand: nur, wenn es fünfmal so viele positive Interaktionen wie negative gibt, bleibt eine Beziehung bestehen. Das scheint eine anspruchsvolle Quote zu sein, die immer weniger Paare erfüllen. Aber der Grund ist weniger unsere Unfähigkeit. Der Paarweg ist schwieriger geworden. Er ist zu lang, weil wir älter als frühere Generationen werden. Er ist schlecht gesichert, weil weder Kirche noch Moral oder Familie darüber wachen. Er ist anspruchsvoller geworden, weil auf ihm weder Fast-Food-Sex noch dödeliges Nebeneinander akzeptiert werden. Er ist chaotischer, seit zwischen den gleichberechtigten Geschlechtern Macht und Rollen neu ausgehandelt werden müssen und die wirtschaftliche Abhängigkeit der Frauen abnimmt.

Die Wahlmöglichkeiten, die Partner heute haben, sind gleichermaßen Fluch und Segen. Wir können immer gehen, wir können uns stets entscheiden. Oder anders: Wir müssen uns stets entscheiden.

Wir würden gerne alle Paarphasen mit einem Partner durchleben. Wir würden gerne unsere Familien erhalten, aber wir geben dafür nicht mehr unsere Lebendigkeit und unsere Ansprüche ans Leben her.

Wir glauben nicht mehr an die heile Familie, an das endlos lächelnde Paar. Aber das hat unsere Suche nach Liebe, nach dem gemeinsamen Erleben, der Nähe, Intimität und den gemeinsamen Erinnerungen nicht beendet. Von dem Schweizer Paartherapeuten Jürg Willi stammen zwei schöne Sätze. Der erste: „Zueinander passen ist kein Zustand, sondern ein laufender Prozess." Je mehr ein Paar das beherzigt und verwirklicht, desto weiter wird es gemeinsam auf dem Paarweg voranschreiten können. Und der zweite hoffnungsvolle Satz für alle, die glauben, die Liebe verloren zu haben, für alle, die noch danach suchen, und vor allem für alle, die glauben, sie hätten sie endlich gefunden: „Das einander Suchen ist das Eigentliche der Liebe und nicht das einander Finden."

Beziehungsfallen – die Dauerbrenner

Beziehungskiller Haushalt

Vera weiß: Wenn sie mit den Kindern aus dem Urlaub zurückkehrt, wird der Kaffee wieder links und der Tee wieder rechts im Regal stehen. Oder doch der Tee links? Ihr genügt es völlig, beides im gleichen Fach aufzubewahren. Klaus nicht. Sein Wohlgefühl ist gestört, wenn drei schmutzige Gläser auf dem Couchtisch stehen. Vera findet das gemütlich. Sie kann auch die dreckigen Jeans der Kinder einen Nachmittag lang auf dem Flur liegen lassen, bevor sie sie in die Waschmaschine steckt. Klaus findet das ekelhaft.

Wann ist etwas ordentlich? Was ist schmutzig? Sind Wollmäuse akzeptable Mitbewohner? Und wie entscheidet man, ob das, was aus der Bettwäsche dünstet, noch behaglicher Nestgeruch oder schon unerträglicher Mief ist?

Unsere Vorstellungen von Ordnung und Sauberkeit gehören mit zu unseren persönlichsten Werten. Denn der Haushalt, jenes alles verschlingende Monster aus Lebensstil, schmutziger Wäsche und tödlicher Routine, ist der Ort, an dem wir aufwachsen. Die Haushaltsführung unserer Eltern prägt uns tief. Entweder übernehmen wir Mamas Ordnungsfimmel und finden zerknautschte Sofakissen entsetzlich. Oder wir fanden ihren schlampigen Handtuchkommunismus so eklig, dass wir es für ein undiskutierbares menschliches Grundrecht halten, zwei Handtücher ganz für uns allein zu haben.

Ordnung ist tatsächlich das halbe Leben. Ständig konstruieren wir ordnend unsere Welt. Und schaffen uns so unsere Identität, Sinn und die Unterscheidung von falsch und richtig. Die Art und das Ausmaß von Ordnung, womit wir der Welt begegnen, sind so grundsätzliche Aspekte unserer Persönlichkeit, dass sie kaum veränderbar sind. Das weiß jeder von sich selber. Und durch den vergeblichen Versuch, einen chaotischen Partner zur Ordnungsliebe zu bekehren.

Vera und Klaus haben das hinter sich. Als erfahrene Partner akzeptieren sie ihre Unterschiedlichkeit. Gemeinsam haben sie eine Mischung aus Anpassung, Abgrenzung, Kompromiss, Resignation, Ausgleich und Kreativität entwickelt, die das Zusammenleben möglich macht. Vera akzeptiert Klaus' strenge Ordnung, ohne sich deshalb daran zu halten. Und das akzeptiert Klaus.

Verliebte, die gerade erst begonnen haben, Bett, Tisch und Mülleimer zu teilen, haben meist noch wenig an den Ordnungsvorlieben des anderen auszusetzen. Aber lange lassen sich die trennenden Welten nicht verbergen. Sein Rasierschaum ist nach zehn Tagen obdachlos, weil ihre zahlreichen Cremes den Badezimmerschrank erobert haben. Er findet eine Spülmaschine absolut notwendig. Sie findet das für einen Zweipersonenhaushalt eine ökologische Katastrophe.

Das Paar ist zerstritten. Wütend aufeinander. Jeder fühlt das Recht der Notwendigkeit auf seiner Seite. Und es braucht lange (und fruchtlose) Diskussionen, bis beide vor der Tatsache resignieren, dass es mehr als die eine, eigene Notwendigkeit gibt.

Wenn sich ein neues Paar bildet, treffen zwei Systeme aufeinander, die unterschiedlich bestimmen, was wo richtig und wo falsch ist. Und so kommt kein Paar ohne Absprachen und Aufgabenteilung aus.

Seit zwei Wochen liegt die kleine Pappschachtel mit der Glühbirne auf dem Tisch. Unter der Lampe, in der die Glühbirne kaputt ist. Doch nichts geschieht. Außer, dass Hans und Eva nicht mehr miteinander reden. Dabei ist das Auswechseln von Glühbirnen eindeutig festgelegt: seine Aufgabe. Alles kein Problem. Nur möchte Hans seine Haushaltsjobs dann machen, wenn er möchte. Eva hat das zu lange gedauert. Deshalb hat sie die Birne rausgesucht und für ihn auf den Tisch gelegt. Wenn sie aber nun schon die Birne in der Hand hatte, dann hätte sie sie auch gleich reinschrauben können. Findet er.

Auf den ersten Blick ein lächerlicher Machtkampf. Aber hinter dem Gerangel ums Deckenlicht steht die Frage, wer Recht hat. Es ist die Frage nach unserem Selbstwert.

Die Anerkennung unserer Grenzen durch den anderen, die Beachtung unserer Bedürfnisse und Wünsche wahrt unser Selbstwertgefühl. Sie fühlt sich nicht geachtet, wenn er die Wäsche einfach über die Leine schlingt. Sie besteht auf die Anwendung von Wäscheklammern, weil sie dann die trockene Wäsche einfacher falten kann. Und wenn ihre Haare durch sein Badewasser schwimmen, vermisst er Respekt. Letztlich bleibt das Gefühl, es dem anderen nicht wert zu sein. Nicht geliebt zu werden.

Werner hat für Verona gekocht. Kerzen funkeln auf dem Tisch. Der Wein ist vorzüglich. Die Stimmung gut, der Sex klasse. Und doch kehrt Verona zweifelnd in ihre Wohnung zurück. Sie glaubt nicht, dass sie bald mit ihm zusammenziehen wird. Vor sich sieht sie, wie sich die dreckigen Teller in Werners Spülbecken stapeln. Abfall, den zartgrüner Schimmel krönt. Und den Berg schmutziger Wäsche, über den er schnell eine Decke geworfen hat.

Er gibt ja zu, dass er schlampig ist, und verspricht ihr, sich in einer gemeinsamen Wohnung nicht so gehen zu lassen. Verona ist skeptisch. Sie traut sich schon zu, sich durchzusetzen, aber sie zweifelt, weil sie sich nicht respektiert fühlt. Hat sie ihm nicht gesagt, dass sie solches Chaos hasst? Wenn er das verstanden hätte, dann hätte er vor ihrem Besuch aufgeräumt. Sie fühlt sich nicht geachtet. Das killt die Liebe.

Wenn er morgens vom Joggen kommt, schwenkt er die Brötchentüte etwas zu überschwänglich. Ganz wohl ist ihm nicht, wenn er sich jetzt den dampfenden Tee eingießt. Während er etwas für sich getan hat, hat sie die Kinder schulfertig gemacht und den Frühstückstisch gedeckt. Längst ist der Mann nicht mehr der ungebrochene Pascha, der Macho, dessen Haushaltsleistung darin besteht, großkotzig die polnische Putzfrau zu bezahlen. Längst ist der Mann schuldig. Der Held ist der Hausmann. Der tritt als Sieger auf. Doch Schuld ist keine gute Motivation. Schuld fordert eher Rechtfertigung oder Strafe. Männer führen gerne ihre Verantwortungsbereiche an. Wer schiebt denn mal eine Reinigungskassette in den Videorecorder? Wer saugt das Auto? Oder sie schrubben, scheuern und räumen anfallsartig wie zum Ablass aller Sünden.

Doch tatsächlich tragen weiter die Frauen den Haushalt. Sie tragen die Verantwortung. Sie haben Haushalt besser gelernt.

Und oft bieten sie das in der ersten Verliebtheit wie eine Mitgift an. Eine Falle, die sich gegen sie wendet. Denn die einmal entstandenen Verhaltensmuster sind die Beziehung. Sie später zu verändern ist schwer. Es bedroht sofort die Stabilität der Bindung, bedroht das Paar.

Bis ins 19. Jahrhundert wurde eine Frau im Haushalt entweder bedient oder sie bediente. Als Dienstmädchen, Küchenhilfe, Gouvernante oder Waschfrau. Erst ab 1900 arbeiteten immer mehr Frauen im eigenen Haus. Hausarbeit wurde zur weiblichen Tugend romantisiert, zur weiblichen Erfüllung stilisiert, der sich die kluge Hausfrau mit Hingabe widmete. Denn die biologische Mutterschaft galt erstmals in der Menschheitsgeschichte als eine angeborene Fähigkeit. Etwas, was uns mittlerweile völlig selbstverständlich vorkommt, es aber außerhalb der letzten 150 Jahre nie war.

Porzellan, pflegeleichte Oberflächen, elektrische Geräte, Putzmittel – der Fortschritt schien es der Hausfrau leicht zu machen. Tatsächlich kehrten Tätigkeiten, die ausgelagert worden waren, wieder ins Haus zurück, wie das Waschen durch die Waschmaschine. Und sie vermehrten die Aufgaben der Hausfrau. Mit der Technik stiegen die Ansprüche. Wäsche wird heute häufiger gewechselt, Bäder werden öfter genutzt, Teppichbodenflächen müssen öfter gesaugt werden. Die Ernährung soll abwechslungsreicher und gesünder, die Wohnung schöner sein. Immer mehr Güter müssen angeschafft, verwaltet, gepflegt und erhalten werden. In den letzten Jahren ist das Haus zusätzlich zum Kommunikations- und Unterhaltungszentrum geworden. Die Ansprüche an die gemeinsam verbrachte Zeit sind gewachsen. Die Kommunikation mit Schule, Ämtern, Ärzten etc. nimmt mehr Zeit in Anspruch. „Heute hat die Frau ohne Bedienstete eine viel größere Last zu tragen als jemals zuvor", fasst es John Gillis, amerikanischer Professor für Geschichte, in seinem Buch „Mythos Familie" zusammen.

Sven ist ein guter Ehemann und Vater. Vor der Arbeit macht er die Kinder fertig und bringt sie in ihre Schulen. Nach der Arbeit geht er einkaufen oder macht mit ihnen Hausaufgaben. An drei Tagen kocht er und räumt die Küche anschließend auf. Vor dem Schlafengehen bringt er das Nötigste im Haushalt in Ordnung, geht mit dem Hund raus. Er legt die Wäsche zusammen, was sein Job ist, und räumt und bügelt für den nächsten Tag. Nichts Besonderes. Machen doch unendlich viele Frauen ständig. Genau. Und das ist der Wahn. Statt Sven als neuen Mann zu feiern, sollten wir ihn vielleicht eher als Idioten beschimpfen und lieber jenen Männern applaudieren, die nach dem Job die Füße hochlegen und höchstens noch den Kleinen ein Märchen vorlesen. Jenen Verweigerern der Mehrfachbelastung, die nicht bereit sind, sich aufzureiben. Sollten nicht die Frauen eher diesen Männern nacheifern, als die Männer den selbstausbeuterischen Frauen?

Längst müssen in den meisten Familien beide, Mann und Frau, arbeiten, um den Lebensstandard zu halten. Und kommen dadurch in einen Zustand unzumutbarer Belastung. Denn „den Haushalt in Ordnung zu halten, ist eine Ganztagsbeschäftigung, um die sich der Bürger in den wenigen Stunden zwischen Schlaf und Arbeit kümmern muss", schreibt John Gillis.

Was als Lösung noch bleibt, wenn beide arbeiten und genug Geld haben, ist die Putzfrau.

Bevor Fatima, die brasilianische Perle, zum Putzen kommt, kriegt sie erst mal einen Kaffee von Erika serviert. Erika war dann auch schon früh auf und hat die Fensterrahmen abgewaschen und das Klobecken geputzt und überall aufgeräumt. Natürlich fragen sich ihre Freunde, wozu sie denn eine Putzfrau hat, wenn sie alles selber macht. Und ob sie noch ganz dicht ist. Erika aber putzt, weil sie sich sonst schämen würde. Der Mythos, dass Hausarbeit eher eine Berufung als Arbeit ist, wirkt auch hier. Eine Arbeit könnte Erika leicht abgeben. Eine Berufung nicht.

Dass der Mythos wirkt, zeigt die Werbung für Wasch-, Putz- und Spülmittel oder Fertiggerichte. Sie kann nur so saublöde sein, weil der Mythos wirkt. Wie für märchengläubige Kinder kommen unter Scheuerlappen magisch funkelnde Flächen zum Vorschein und lösen sich böse dunkle Flecken gleichsam durch Feenhand in liebe strahlend weiße Unschuld auf. Und über allem strahlt die gut frisierte glückliche Hausfrau. Was in Fernsehspots und Haushaltsratgebern propagiert wird, beschreibt die amerikanische Journalistin Margaret Horsfield in ihrem Buch „Der letzte Dreck" als „... eine Art häuslicher Pornografie: Sie zeigen idealisierte, unmögliche Bilder, Situationen und Tätigkeiten einem Publikum, das ganz genau weiß: Das Leben ist nicht so."

Machen wir uns also nichts vor: Haushaltsstress ist letztlich keine Psychokiste. Der Beziehungskiller Haushalt meuchelt Paare, besonders Paare mit Kindern, durch Überforderung. Ein Gedanke, den wir nur ungern zulassen.

Wer alleine lebt, hat nur die eigenen Ansprüche. Da reicht es manchem schon, den Weg zum CD-Player freizuschieben, die Weingläser sauber zu halten und die Kaffeemaschine in betriebsfähigem Zustand zu wissen. Zu zweit addieren sich die Ansprüche. Erst zu zweit entstehen Haushaltskonflikte.

Ordnung ist der Dauerbrenner unter den Konflikten des Paaralltags. Man kann sich ein wenig annähern, aber Ordnungsliebe ist fest in der Persönlichkeit verwurzelt, es ist kein oberflächliches Verhalten, auch wenn es uns leicht so vorkommt.

Wie wir mit den Dingen in unserer unmittelbaren Umgebung umgehen, ist eine Charaktereigenschaft und drückt einen Teil unseres Verhältnisses zur Welt aus. Es ist Teil unserer „Komfortzone". Die Komfortzone ist der Bereich unseres Lebens, den wir so gestalten, dass wir uns dort wohl und sicher fühlen. In der Ordnung, dem Umgang mit Dingen, wird die Komfortzone nicht nur materiell sichtbar. In der gemeinsamen Wohnung überlappen sich die Komfortzonen der Partner auch.

Wo du deine Zeitungen liegen lässt, weil du es herrlich findest, sie nachher dort wieder zu finden, da nerven sie mich, weil ich den Platz gerne frei habe, um dort schreiben oder Tee trinken zu können, wann immer mir danach ist. Wo du gerne ein gemütliches Chaos aus Chipstüten, Büchern, Gläsern und verschiedenen Getränkeflaschen aufbaust, dort suche ich Ruhe in der Klarheit eines leeren Tischs. Ordnung oder Unordnung kann man nur gemeinsam verwalten. Es ist sinnlos, darauf zu warten, dass sich der andere ändert.

Das Wichtigste ist Austausch und Verstehen

Es ist wichtig, einander mitzuteilen und somit zu verstehen, was das Verhalten des anderen in mir auslöst. In den meisten Fällen ist das Chaos selbst nicht so sehr das Problem, sondern das Gefühl, das das Chaos auslöst, oder der stete Druck, doch endlich aufzuräumen. Fast immer entsteht dabei das Gefühl, in den eigenen Bedürfnissen missachtet zu werden, wenn der Partner sie übergeht. „Wenn ich dir doch schon hundert Mal gesagt habe, dass ich möchte, dass du dein Deo und deinen Rasierer nicht jeden Morgen auf dem Waschbeckenrand stehen lässt, wieso tust du es dann trotzdem? Wo du es doch weißt, dann kann dein Verhalten nur bedeuten, dass du mich nicht achtest, weil es dir gleichgültig ist, was ich fühle und möchte."

Bei herumliegenden Haarbürsten und herrenlos durch die Wohnung treibenden Socken geht es nie um Bürsten oder Socken. Erst wenn wir die Auswirkung unseres Handelns im Partner begreifen, können wir aus den sinnlosen Kämpfen aussteigen. Wir verstehen die Härte, die unsere Konflikte annehmen. Und es wird leichter, auf die Bedürfnisse des anderen einzugehen.

Treffen Sie Absprachen und feste Regeln für Ordnung und Haushalt

Wer macht was, wann und wie oft im Haushalt? Dafür gilt eine extrem wichtige goldene Regel: Die Verantwortung für eine Aufgabe ist nicht die Aufgabe selbst.

Eine Aufgabe kann man nicht immer erfüllen, weil andere wichtige Dinge und Termine es verhindern. Die Verantwortung dagegen kann man nicht ablegen, sie behält man immer. Konkret: Es kann sein, dass ich so viel Arbeit habe oder mich so erschöpft fühle, dass ich die Spülmaschine nicht ausräumen kann und will. Aber ich kann und muss meinem Partner mitteilen, dass ich es nicht tun werde und welche andere Lösung ich vorschlage.

Finden Sie Ordnungsregeln

Was Ordnung für jeden bedeutet, ist nicht immer klar. Deine Ordnung ist nicht meine Ordnung. Deshalb ist es wichtig, sich über solche „selbstverständlichen" Dinge zu einigen: Wann ist die Küche aufgeräumt? Wenn alle dreckigen Teller weggeräumt sind? Oder erst wenn der Herd gewischt ist?

- Wo ist der Platz für die alltäglichen Dinge?
- Welche Flächen sollen möglichst immer freigeräumt werden?
- Ist eine zerknautschte Decke auf dem Sofa schon Unordnung?

Finden Sie unabhängige Lösungen, die einer alleine aktiv herstellen kann

Wenn die „Ordentliche" von den herumfliegenden Klamotten genervt ist, darf sie sie dann in das Zimmer des „Chaoten" legen und sie einfach auf dem Tisch dort aufhäufen? Oder muss sie warten, bis der Chaot sich endlich dazu bequemt? Je abhängiger Sie sich dabei davon machen, dass der andere Ihren Wünschen nachkommen muss, desto eher geraten Sie in Stress, Streit und Machtkämpfe. Besser ist es beispielsweise, Schubladen oder Fächer zu haben, wo all der Kram hingeräumt werden kann, der einen der Partner stört. Dann fühlt sich auch der Unordentlichere nicht so unter Druck.

Entlasten Sie sich, so gut Sie können

Wenn Sie es sich finanziell erlauben können, dann delegieren Sie umstrittene und immer wieder stressende Konfliktbereiche. Geben Sie Aufgaben an eine Haushaltshilfe ab, lassen Sie mal etwas bügeln. Trennen Sie Bereiche, wann und wo immer es geht. Wenn Schlamper und Ordnungsfan denselben Schreibtisch benutzen, ist Krach vorprogrammiert. Geben Sie lieber ein gemeinsames Zimmer auf, wenn dafür beide einen eigenen Bereich haben, in dem sie sich entsprechend ihren Neigungen verwirklichen können und in den der andere sich nicht einmischt.

Du lässt dich gehen!

Manchmal entsteht ja sogar aus einem Furz die große Liebe. Der junge Mann jedenfalls war in Sekundenschnelle völlig hingerissen. Zunächst traute er zwar seinen Ohren nicht, als ein unzweideutiges Geräusch die erste gemeinsame Liebesnacht mit seiner neuen Flamme durchschnitt. Doch dann riss es ihn völlig hin.

Wie hatte er sich um Vollendung bemüht: Musik, Prosecco, die Kleidung fein aufeinander abgestimmt. Die perfekte romantische Verführung. Und dann dies. Doch gerade diese drastische Kurzversion des Sichgehenlassens nahm ihn im Sturm.

Verständlich. Zu erleben, wie sich jemand gehen lässt, ist gleichbedeutend mit Nähe und Intimität. Doch – wie so oft im Leben – kommt es auf das richtige Mischungsverhältnis an. Lässt man sich zu sehr gehen, kommt unweigerlich der Punkt, wo uns Charles Aznavour mit seinem wunderbaren Chanson „Du lässt dich gehn“ angstvoll in den Ohren klingt:

Ich kann dich einfach nicht mehr sehn.
Mit deiner schlampigen Figur
gehst du mir gegen die Natur.
Du bildest dir doch wohl nicht ein,
du könntest reizvoll für mich sein.
Mit deinen unbedeckten Knien,
wenn deine Strümpfe Wasser ziehn ...

Und so weiter.

In jeder länger währenden Bindung erleben wir unausweichlich Momente, in denen wir diese Zeilen gar nicht mehr so lustig finden. Da erleben auch wir unseren Traumpartner in Schlabberhose und Uralt-T-Shirt, unrasiert und übellaunig, und in unserer Phantasie tauchen die Schreckgespenster des Ehelebens auf: der Bier saufende Fettkloß, der sich vor der Glotze rekelt – die ehemalige Miss Rimini, die sich, kaum verheiratet, in einen gestopften Kartoffelsack verwandelt.

Doch wo – wenn nicht in den eigenen vier Wänden – könnten wir dem inneren Schweinehund etwas freien Lauf lassen? Unseren Mitmenschen in der Öffentlichkeit präsentieren wir nur die polierte Fassade. Allein Kinder leben ganz ungeniert. Ihnen ist es völlig egal, ob der Pulli raushängt, sie gähnen Langweilern voll ins Gesicht, sie plärren, wann immer ihnen danach ist, rekeln sich, kratzen sich am Po, wenn's juckt, und schlafen ein wie kleine Katzen, wo und wann immer sie Morpheus' Arme locken.

Auch wir Erwachsenen schaffen es nicht ständig, groß, stark und gut aussehend zu sein. Wir müssen uns einfach manchmal hängen lassen. Wer sich nicht gehen lassen kann, der wird krank. Der wird pedantisch, zwanghaft, menschenscheu, ein geplagtes Wesen, ständig angstvoll bemüht, sich unter Kontrolle zu halten. Wem in der Kindheit nicht auch erlaubt wurde, sich gehen zu lassen, der verkümmert. Die Anstrengung, zu beherrschen, was unbeherrschbar ist, sich selbst nämlich, kann niemand auf Dauer leisten.

Und so schuf Gott das Wochenende, damit wir die Schminke abwischen und die Füße hochlegen können. Er gab uns die Fußballstadien und Karaoke-Shows, damit wir mal ordentlich losgrölen können, die Musik, den Tanz und den Wein, um unsere Hirne auszuknipsen, er gab uns die Vorgärten und Wochenendhäuser, um mal wieder ordentlich im Dreck zu wühlen, die Tennishallen und Skattische, um zu fluchen und zu toben.

Wer weit genug südlich wohnt, dem gab er auch den Karneval. Vor allem aber gab er uns das Bett.

Die heimische Matratze ist der moderne Tempel des Sichgehenlassens. Hier rekelt sich der Homo stressus frei. Hier verdöst er die herrlichsten Morgenstunden seiner gezählten Tage, dämmert vor sich hin, schlampt sich mit Schokolade und Fernsehen voll.

Hierhin zieht er ungeschminkt, wälzt seine Pfunde im lächerlichsten Outfit, das er hat. Hier ist, nicht zuletzt, die Arena seines Sexlebens, in der er sich eine alltägliche Prise des Sichgehenlassens genehmigt.

Auch Müdigkeit und Krankheit führen geradewegs ins Bett. Sie sind die Ausnahmezustände, die auch unsere Leistungsgesellschaft noch gelten lässt. In vielen Familien lernt man sehr schnell, dass man sich nur gehen lassen darf, wenn man krank ist. Mama stöhnt, wie müde und kaputt sie ist, und Papa jammert über Kreuzschmerzen. So begründet, ist das Abschlaffen erlaubt.

Unter der Bettdecke finden wir uns wieder. Wir rollen uns zusammen wie die Embryos – und finden unbewusst Zugang zu unserer kindlichen Seite. Wir erfahren unsere Sexualität – und erahnen unsere animalische Seite. Das Sichgehenlassen entpuppt sich als der kleine Bruder der großen Schwester Ekstase, die in unserer Kultur so gar keine Tradition mehr hat. Ein Kurzurlaub vom Ich, der uns hilft, die Alltagsuniform wenigstens manchmal kurz abzustreifen.

Alyssa hat ein Problem. Sie schläft mitten in einem offiziellen Meeting ein, redet überall dazwischen, gackert, bis sie vom Stuhl kippt, ist immer etwas bekleckert, struppig und zischt jeden wütend wie eine Gänsemutter an, der ihr auf die Nerven geht. Sie kann sich wunderbar gehen lassen, weil ihr soziale Konventionen ziemlich egal sind. Doch gleichzeitig verbirgt sie hinter dieser Fassade von Ungehemmtheit ihre Ängste, nicht zu genügen. Was bei einer attraktiven Frau wie ihr zuerst als erfrischende Spontaneität erscheint, geht ihren Partnern früher oder später auf den Zeiger. Entnervt ziehen sie sich von ihrer „kindischen Art“ zurück.

Alyssas wütender Appell, sie doch so zu nehmen, wie sie sei, geht im Partnerzank unter. Dabei formuliert sie den Wunsch sehr deutlich, den wir alle mit dem Sichgehenlassen verbinden. Wir wollen so genommen werden, wie wir sind. Weder gelobt noch getadelt, sondern einfach nur angenommen werden.

Was aber bedeutet, dass wir im Grunde nicht allein sein wollen, wenn wir uns gehen lassen. Aus dem einsamen Sichgehenlassen entsteht nur zu leicht der explosive Kaufrausch der sparsamen Hausfrau oder der männertypische Absturz, der in irgendeiner Kaschemme mit Sekt, leerer Brieftasche und leerem Sex endet.

Tatsächlich wollen wir allein gelassen werden, ohne dabei verlassen zu werden. Der berühmte englische Psychoanalytiker und Kinderforscher D. W. Winnicott schreibt: „Die Grundlage der Fähigkeit, allein zu sein, ist ein Paradoxon. Es ist die Erfahrung, allein zu sein, während jemand anderes da ist.“ Und was er für den Säugling schreibt, ist auch noch immer für jeden von uns wahr: „Nur wenn er allein ist (d. h. in Gegenwart eines anderen Menschen), kann der Säugling sein personales Leben entdecken.“

Die meisten von uns sehnen sich nach diesem genialen Zustand und steuern ihn in der Partnerschaft wieder an. Einfach da sein und dabei in Ruhe gelassen werden. Keine Rücksicht nehmen müssen. Nichts wegen dem oder für den anderen tun oder lassen – und trotzdem wohlwollend gesehen werden. Göttlich. Wenn sie sich ungekämmt aufs Sofa haut, in ihrem liebsten Bademantel, dem einzigen Stück, das sie noch aus frühen WG-Zeiten in die Gegenwart gerettet hat, dann könnte er schon aufheulen. Doch dann stapelt sie noch 14 Krimis vor sich auf und reißt ein halbes Dutzend Tüten Chips auf, aus denen sie sich abwechselnd voll stopft. Sie schaltet den Fernseher an, trinkt gleichzeitig alkoholfreies Bier und dünnen schwarzen Tee und raucht dazu eine Schachtel Zigaretten. Und die angelesenen Bücher, eine Wagenladung Wolldecken, Schlappen, Socken, Kleenex- und Pralinenschachteln, alles lässt sie da liegen, wo immer es ihr vor die Füße fällt.

Doch kein Partner dieser Welt würde sie dafür anhimmeln, wie toll sie sich gehen lassen kann. Nein, er kneift die Augen ganz fest zusammen und fleht sein Hirn an, ihm ein Paar Bilder aus ihren Flitterwochen einzuspielen, um diese grausame Szene gleich aus seinem Inneren zu tilgen.

Den Geliebten auf der Klobrille anzutreffen, ihn nur in seiner liebsten, weil abgetragenen (und mittlerweile viel zu kleinen) Strickjacke durchs Wohnzimmer schleichen zu sehen (womöglich lugt noch sein bequemer weißer Feinripp unten raus) – auch das fördert nicht gerade die Leidenschaft. In seiner Wahrnehmung mag seine verbeulte Cordhose noch in Ordnung sein. In den Augen der Partnerin aber wird sie zur vorsätzlichen Körperverletzung und, je nach Zustand der Beziehung, als erster oder weiterer Liebesmord betrachtet. Wenn er dann auf das noch freundliche „Nun lass dich doch nicht so gehen!“ auch noch pampig reagiert, weil es ihm noch von Mama in den Ohren klingt, dann ist die delikate Balance zwischen hemmungsloser Intimität und stets formbedachter Erotik zusammengekracht. Je mehr wir uns gehen lassen, desto mehr Scham legen wir ab. Damit aber leider auch so erfreuliche Dinge wie Würde, Distanz, Geheimnis, Spiel und Verehrung. Für meinen Großvater war noch die Hausjacke das Höchste an lockerem Gebaren. Schon zum Frühstück erschien er in Weste und Anzug.

Und täglich zur gleichen Stunde wurde gemeinsam Tee getrunken, vom besten Geschirr, in bester Kleidung. Rituale gegen die Gleichgültigkeit zu zweit, aber auch harte Anforderungen, sich niemals gehen zu lassen.

Wir hingegen – wir müssen uns manchmal den weitesten und ollsten Pullover anziehen. Sichhängenlassen-Sachen sind immer weit, weil nur weite Klamotten uns das Gefühl nehmen, so schrecklich eingeengt zu sein. Und sie sind so schäbig wie möglich, damit wir mal keine Rücksicht nehmen müssen. Mein Gott, es ist wahr. Wir nehmen tagtäglich mehr Rücksicht auf unsere Klamotten als auf uns selbst. Zu Hause zum Gammeln muss es immer derselbe Pulli sein. Der Liebling, auf den wir konditioniert sind. Kaum streift unsere Stirn seine muffig riechenden Fasern, schon wird unsere Entspannungsreaktion automatisch ausgelöst. Ein Ritual, das die Seele reinigt.

Je größer der Stress ist, desto größer unsere innere Not, mal auf sozialtaugliche Socken und angemessenes Verhalten zu verzichten. In Krisen ist Sichgehenlassen gar überlebenswichtig. Jeder kennt das nach einer Trennung. Wer seinen Partner verloren hat, der zieht sich für eine Zeit zurück und lässt sich ordentlich gehen, um wieder zu sich selbst zu finden.

Genau genommen entlasten wir ja nur unsere arme Psyche ein wenig von der harten Arbeit an der Realität. Denn so richtig lassen wir uns ja gar nicht gehen: Wir kippen unseren Müll nicht aus dem Fenster, sagen dem Nachbarn nicht, wie widerlich er aussieht, und fassen dem niedlichen Postboten nicht zwischen die Schenkel.

Wir lassen uns immer nur ein wenig gehen, um wieder zu uns zu kommen. Und zu wirklicher Intimität mit dem Partner. Von Bademantel zu Bademantel vor der Hi-Fi-Anlage in alten Platten wühlen. Dazu Frühstückskaffee trinken, sonntags nachmittags um halb vier. Wann fühlen wir uns vertrauter?

Sichgehenlassen ist nur ein weiterer Balanceakt auf dem immer schwankenden Drahtseil der Beziehung. Links der Abgrund der Schlampen, rechts das Tal der Masken.

Beim Geld hört die Liebe auf

Die Wirklichkeit hat einen Nachteil: Sie ist selten so, wie man sie sich wünscht. „Toll. Unser Konto ist leer und dein Strähnchen-Figaro kauft sich seinen zweiten Ferrari!“, möchte jedenfalls keine Karen der Welt von ihrem Jörg hören. Natürlich antwortet sie: „Hör mal, beim Friseur war ich vor zwei Monaten zum letzten Mal! Wir sind in letzter Zeit einfach zu oft essen gegangen.“ Und er brabbelt dann mit gereiztem Unterton: „Jaja, ist schon gut.“ Karen verkneift sich den Rest, um die Wirklichkeit nicht weiter zu strapazieren.

Leider stirbt die Liebe oft am Geld. Oder wird zumindest ganz krank daran. Laut Statistik killt die Schlacht um den Schotter 21 Prozent aller Partnerschaften, macht 38 Prozent chronisch krank, und zwei Drittel aller Paare streiten zumindest manchmal um Geld.

Liebe und Geld. Die beiden Großmächte unserer Welt, die gegensätzlicher nicht sein könnten. Einerseits die Liebe, die unserem Leben Sinn und Hoffnung gibt, für die wir leben, für die wir manchmal sogar sterben wollen. Andererseits das Geld. Eine kalte, geschäftliche Vereinbarung. Geld ist Macht. Es macht die Herzen hart. Geld regiert die Welt mit Betrug und Unterdrückung. Es macht reich, aber nicht glücklich. Liebe ist das Einzige, das nicht für Geld zu haben ist.

Berühren sich Liebe und Geld, finden wir das pfui. Prostitution. Und übersehen, dass die klassische Ehe häufig nicht allzu weit davon entfernt ist. Mann kauft Frau. Wo er das Geld verdient und sie insgeheim etwas vom Haushaltsgeld für sich abzwackt, ist der Konflikt zwischen Geld und Liebe geregelt. Durch reale Abhängigkeit. Jede vierte Ehefrau weiß auch heute nicht, wie viel ihr Mann genau verdient. Und rechtfertigt das vor sich mit der Überzeugung: Geld hat mit Liebe nichts zu tun.

Checkliste

- Ich habe meine eigene sichere Altersvorsorge, unabhängig von meinem Partner.
- Ich habe nie Geld insgeheim beiseite geschafft und ich bin mir sicher, er auch nicht.
- Meine Eltern haben selten oder nie über Geld geredet.
- Es spielt in einer Partnerschaft keine Rolle, ob eine und wessen Familie wohlhabender ist als die andere.
- Das Beste für eine Partnerschaft ist es, wenn einer die Finanzen in der Hand hat.
- Geld war zwischen meinen Eltern ein häufiger Streitpunkt.
- Ich weiß genau, wie viel Weihnachtsgeld mein Partner bekommen hat.
- Ich kenne den Kontostand aller unserer Konten und Geldanlagen.
- Geld war in meiner Kindheit ein ständiges Problem, ein belastendes Thema.

Wenn Sie in diesem Frageblock weniger als sieben Punkte haben, dann unterschätzen Sie den Zusammenhang von Geld und Gefühlen und leben möglicherweise aufgrund Ihrer gefühlsmäßigen Anpassung in einer riskanten finanziellen Abhängigkeit. Häufig liegen die Wurzeln dafür schon in der Kindheit. Geld war tabu. Heute beschönen Sie Ihre finanzielle Abhängigkeit, um nicht in ernsthafte Konflikte mit Ihrem Partner zu geraten. Und mit Ihrem Selbstwertgefühl. Würden Sie Ihr Verhältnis zum Geld nämlich ernst nehmen, müssten Sie sich vielleicht Verhaltensweisen eingestehen, die zu Ihrem Selbstbild passen wie ein Paar Pumps zu einer Bergtour.

Wie wir mit Geld umgehen, wirft ein direktes Licht auf unser Liebesleben. Denn Geld und Liebe sind sich sehr ähnlich. Sie verbinden uns mit der Welt um uns herum. Sie sind ungeformte Kräfte, mit deren Hilfe wir unser Leben gestalten. Wir können mit ihnen knausern. Wir können mit ihnen großzügig sein. Und bei beiden versagt die Vernunft jämmerlich.

Männer sehen im Geld Macht, Prestige und Unabhängigkeit. Entsprechend investierten sie in Autos, Termingelder, Investmentfonds, Computer und Stereoanlagen. Und geben, entgegen dem landläufigen Vorurteil, häufig mehr Geld im Konsum-Universum aus als Frauen. Diese sehen im Geld eher Sicherheit, Zuwendung und Wunscherfüllung. Und investierten in Kleider, Möbel, Geschenke und Bundesschatzbriefe. Während Frauen tendenziell Geld eher für beziehungsfördernde Dinge ausgeben, für Dinge, die der Partnerschaft nutzen, stecken Männer ihre Knete eher in Dinge, die eine Partnerschaft ersetzen.

Die Beziehung zum Geld

- Als ich mich für meinen Beruf entschied, habe ich mir nur wenig Gedanken darüber gemacht, wie viel ich damit verdienen werde.
- Ich bin mir unsicher, ob mein Partner bei mir bliebe, wenn ich plötzlich eine Million Euro im Lotto gewonnen hätte.
- Es stört mich nicht, von einem Partner finanziell abhängig zu sein.
- Ich habe noch nie eine Gehaltserhöhung gefordert.
- Von lohnenden Geldanlagen habe ich keine Ahnung.
- Männer, die beim ersten Rendezvous die Rechnung teilen wollen, sind bei mir auf der Verliererstraße.
- Meine Freundinnen wissen, wie viel ich verdiene.
- Ich kriege öfter Mahnungen, weil ich irgendwelche Rechnungen nicht bezahlt haben.
- Ich finde es sehr belastend, Schulden zu haben.
- Unsere Streitigkeiten um Geld enden doch meistens damit, dass ich nachgebe oder mich schlecht fühle.

Bei weniger als sechs Punkten ist Ihr Verhältnis zum Geld eher ablehnend, ängstlich und unsicher. Sie schützen Ihre finanziellen Rechte und Interessen vermutlich unzureichend und tun sich schwer damit, sich durchzusetzen und Ihre eigenen Wünsche ernst zu nehmen.

„Wenn Sie einen schnellen Einblick bekommen wollen, wie eine Beziehung funktioniert, dann fragen Sie nach der Rolle, die das Geld in ihr spielt ...“, schreibt der amerikanische Ehetherapeut Theodore Rubin. Geldthemen sind Gefühlsthemen. Nur ist es oft leichter über Geld zu streiten, als sich mit seinen verletzten Seelenzuständen zu zeigen. „Interessiert dich eigentlich noch irgendetwas, außer Boutiquenbesitzer reich zu machen?“

heißt in Wirklichkeit vielleicht: „Ich bekomme nicht genug Zuwendung." Und: „Musstest du den Auftrag auch noch annehmen, wir verdienen doch wirklich genug für einen vernünftigen Lebensstandard" heißt wirklich: „Es macht mir Angst, wenn du so viel alleine machst."

Der Umgang mit der Haushaltskasse verrät deutlich, wie die Sterne für eine Beziehung stehen: Anne beklagte wohl, dass Jens seinen Anteil am Haushaltsgeld nie regelmäßig in die Kasse zahlte. Manchmal musste sie einen ganzen Monat auslegen. Weil sie auf Harmonie getrimmt war, stopfte sie die Löcher in der Hauhaltskasse, damit das Familienleben keinen Schaden nahm. Wie verantwortungslos Jens wirklich war und wie wenig sie gelernt hatte, sich durchsetzen, wurde ihr erst deutlich, als er auch ihr berufliches Fortkommen boykottierte und sich die Streitigkeiten über die Kinderbetreuung zur Trennung ausweiteten.

Anette, die mehr verdient als Stefan, zahlte die Miete, die anderen Ausgaben wurden geteilt. Dabei rechnete Stefan genau nach, jedes Glas Wein, das sie im Restaurant mehr trank, erfasste er genau. Anette zog ihn zwar auf, aber ließ ihn gewähren. Erst als seine Eifersucht überhand nahm und er gewaltsam versuchte, ihr seine sexuellen Bedürfnisse aufzuzwingen, zog Anette die Notbremse. Wie sehr sie bereit gewesen war, sich kontrollieren zu lassen, merkte sie dann erst.

Die Sexualität ist nicht zufällig die andere Messskala, auf dem sich der Zustand einer Beziehung ablesen lässt. Sex und Geld stellen Partner vor das gleiche Dilemma: Wie lassen sich die unterschiedlichen Bedürfnisse zweier Menschen gleichzeitig, gemeinsam und gegenseitig befriedigen? Geld und Sex sind aber auch über das Selbstwertgefühl miteinander verbunden. Wer viel ausgeben kann, fühlt sich potent. Für wen viel Geld ausgegeben wird, der fühlt sich begehrt. Deutlich wird dies an der steigenden Anzahl von Partnerschaften, in denen Frauen mehr verdienen als ihre Männer. Männer fühlen sich dann leicht als Versager, kastriert, der Sex leidet. Dementsprechend sind 91 Prozent der männlichen Topverdiener verheiratet, aber nur 69 Prozent der weiblichen. Die erfolgreiche, selbstbewusst fordernde Frau macht Männern Angst.

Wie Geld die Liebe spiegelt

Antworten Sie auf der linken Seite bitte für sich selbst, auf der rechten für Ihren Partner. Versetzen Sie sich in ihn hinein und antworten Sie, wie er nach Ihrem Gefühl antworten würde.

- Ich finde, wir haben zuwenig Geld.
- Ich kann gut mit Geld umgehen.
- Ich bin meinem Partner gegenüber großzügig mit Geld.
- Ich lege Wert auf Statussymbole.
- Ich finde, mein Partner kann gut mit Geld umgehen.
- Ich vertraue meinem Partner in Geldangelegenheiten.
- Ich fühle mich finanziell abhängig vom Partner.
- Die Art meines Partners, mit Geld umzugehen, bestimmt unsere Beziehung.
- Ich fühle mich in meinem Umgang mit Geld kritisiert.
- Wenn es nach mir ginge, würden wir unser Geld anders ausgeben.
- Ich bin mit unseren gemeinsamen finanziellen Regelungen vollauf zufrieden.
- Ich habe wegen finanzieller Dinge Schuldgefühle gegenüber meinem Partner.
- In Geldangelegenheiten fühle ich mich öfter unwohl und von meinem Partner unter Druck gesetzt.

Nehmen Sie Ihre Antworten als Anregung. Wo spüren Sie beim Antworten ein Unbehagen? Wo empfinden Sie Ihre Rolle und Zufriedenheit und die Ihres Partners unterschiedlich, vielleicht auf bedenkliche Weise? Hier liegen mögliche Problemfelder Ihres Liebeslebens, Ihrer Paarbeziehung.

„Geld ist der sechste Sinn – der Mensch muss ihn haben, denn ohne ihn kann er die anderen fünf nicht voll ausüben", sagt Somerset Maugham. In der Partnerschaft ist es sinnvoll, den sechsten Sinn für die Geldthematik zu haben, um seine Beziehungen zu verstehen und zu vertiefen. So sehr es unserem romantischen Gefühl auch widerspricht, zwischen Partnern ist es sinnvoll, realistisch mit der Liebe und gefühlvoll mit dem Geld umzugehen. Und das nicht erst nach 30 Jahren, sondern schon dann, wenn der frisch verliebte Lover sich gleich mal das Geld fürs Taxi leiht. Selbst die Erfinder der romantischen Liebe waren nie so kitschig, Geld und Liebe zu trennen. Sie ließen sich von ihren Burgfräulein mit blanker Münze entlohnen. Und Jahrtausende lang gab es ein Ja-Wort nur, wenn genug Kühe, Tafelsilber oder ein kleines Fürstentum mit rüber kamen.

Wir müssen nicht so zynisch werden wie Oscar Wilde, der sagte: „Als ich jung war, glaubte ich, Geld sei das Wichtigste im Leben. Jetzt, wo ich alt bin, weiß ich, dass es das Wichtigste ist“, um Geld die richtige Bedeutung in der Partnerschaft beizumessen. Es reicht, dem romantischen Nonsens zu widerstehen, dass beim Geld die Liebe aufhört. Denn beim Geld wird die Liebe deutlich.

Erpressung in der Liebe

Er trägt keine dunkle Brille, schickt keine schmierigen Briefe und keine Schlägertrupps. Er arbeitet ohne Aktfotos, Bahnhofsschließfächer und ausgeschnittene Zeitungsbuchstaben. Denn er bleibt nicht anonym. Er ist direkt neben dir, du kannst seinen Atem hören. Jahrelang hat er jeden deiner Schritte beobachtet. Er kennt dich besser als du selbst. Und dann schlägt er zu. Sanft, fast zärtlich. Aber gnadenlos. Du zahlst mit deiner Liebe, ruinierst deine Kraft.

Der Erpresser in deinem Partner oder deiner Partnerin nutzt jede Chance. Wenn der Sex erste Sahne war, wenn Nähe und Vertrauen ein Zwischenhoch durchlaufen, dann hörst du plötzlich seine säuselnde Stimme: „Könntest du nicht doch den Kredit aufnehmen, Schatzi?" – „Hattest du wirklich nichts mit der hübschen Blonden auf der Tagung?" Und: „Jetzt, wo wir uns so nah sind, musst du es mir jetzt nicht sagen?"

Kinder, Geld und Seitensprünge sind der beliebteste Einsatz im Erpresserspiel. „Von mir siehst du keinen Pfennig!" – „Die Kinder nehme ich!" Das hält das Opfer im Ehe-Zaum. Oder eine Injektion Eifersucht, am besten intrasexuell verabreicht. Als Kurt zu sehr seine Freiheit nutzte, tat Peggy ahnungslos. Sie riss den nächsten gut aussehenden Knaben auf. Es funktionierte wie erhofft: Kurt schäumte, Peggy klapperte unschuldig mit den himmelblauen Äuglein. „Wir haben doch keinerlei Besitzansprüche aneinander! Oder?" Drei Wochen später zog Peggy in Kurts Junggesellenbude ein.

Oder Margrit. Sie kann nur schwer direkt sauer sein. Sie erpresst die Durchsetzung ihres Willens durch Streik. Genauer durch Aussperrung. Sex, nein danke! Wenn Peter nicht so will wie sie, dann ist sie abends zu müde für Zärtlichkeiten. Wirklich, der Tag war so anstrengend. Morgens mag sie nicht, weil sie da aus dem Mund riecht. Und tagsüber könnten die Kinder reinkommen.

„Hier stehe ich, ich kann nicht anders!" verkündet die Miene des Erpressers. „Ich habe Angst, Auto zu fahren", sagt beispielsweise Karl zu Inga, „und du liebst mich doch ...?" Aus Liebe tut Inga, wie so viele Menschen, alles. Der Erpresser nutzt solche Grenzenlosigkeit. Also kurvt Inga jeden Morgen eine halbe Stunde durch die Stadt und bringt Karl zur Arbeit. Dann, nach Jahren, überwindet Karl seine Angst. Er macht den Führerschein. Doch es gibt neue Probleme. Wer kriegt jetzt das Auto, wenn beide etwas vorhaben? Der Erpresser findet eine Lösung. „Ich habe Angst in den engen U-Bahn-Schächten und unter den vielen Menschen“, sagt er. „und du liebst mich doch, Inga ...?“ Und Inga liebt ihn seufzend und kauft sich eine Monatskarte.

Partner erpressen sich ständig. Meistens, ohne dass es dem anderen groß auffällt. Karl leidet tatsächlich unter den Ängsten, mit denen er Inga unter Druck setzt. Er hat aber auch schon als Kind gelernt, die Erfüllung seiner Wünsche durch Hilflosigkeit zu erpressen.

Straßenszene, Mama geht mit Klein Anna einkaufen. Mama hat wie immer Stress. Klein Anna wie immer nicht. Sie ist voll begeistert von einem Fahrradpedal. Das dreht sich. „Komm jetzt, Anna, bitte!“ – Nichts. „Anna! Komm jetzt!“ – Nichts. „Anna! Mama geht jetzt! Tschüs!“ Mama huscht in den nächsten Hauseingang. Und Klein Anna, plötzlich das einsamste Kind der Welt, plärrt los.

Ein Klassiker der Erpressung. Milliardenfach getestet, wir kennen das alle. Mitten auf der Einkaufsstraße oder im gepflegten Kinderzimmer findet er statt. Der Grundkurs für Erpresser. Kinder lernen stets beide Rollen. Die des Täters und die des Opfers. Das Opfer sind sie selbst, und sie lernen sich zu wehren. Den Tätern, Mama und Papa, schauen sie genau auf die Finger. Und üben schon mit ihrem Teddybär: „Wenn du jetzt nicht lieb bist, dann ist Anna traurig. Du böser, böser Bär!“

Die ehrenwerte Familie, die Mafia, ist nicht die Einzige, in der sich das Erpresserhandwerk von Generation zu Generation vererbt. In jeder Familie geschieht das. Und je nachdem, wie gründlich die familiäre Grundausbildung war, verfügt der Erpresser über ein umfangreiches Repertoire von Schachzügen.Trödeln, schmollen, dauernörgeln, trotzig und unordentlich sein, Schrei- und Heulkrämpfe kriegen oder krank werden sind eher Kinder-Tricks. Weggehen, anschweigen, fertigmachen, Schuldgefühle erzeugen, demonstrativ leiden und gewaltsam drohen stammen dagegen aus dem Eltern-Fundus. Dem emotionalen Erpresser ist das wurscht. Er benutzt, was wirkt. Der erfolgreichste Erpresser in seiner Familie wird unbewusst sein großes Vorbild.

Ortwin zum Beispiel konnte himmlisch schmollen. Tagelang. Schmoll-Widerstand nannte seine Freundin das. Durch intensive Gespräche wurde ihm irgendwann klar, dass er seine Mutter kopierte. Sie hatte selten mit ihm gestritten, sondern einfach so lange nicht mit ihm gesprochen, bis er nachgab. Er erinnerte sich auch an seine Oma. „Oma Mucksch“ wurde sie immer genannt.

Ortwin war lernfähig – der normale Erpresser setzt sich nicht auseinander, er setzt sich schlichtweg durch. „Paradoxerweise ist in Partnerbeziehungen oft nicht der Gesündere und Vitalere tonangebend, sondern der Engherzigere, Misstrauischere und Ängstlichere. Wie in einem Mannschaftslauf ist es der Schwächste, der die Leistung der Gruppe bestimmt, und nicht der Stärkste.“ So Jürg Willi, Schweizer Paar- und Familientherapeut.

Partner, meint Willi, müssen einander Grenzen setzen, einander „zurechtschleifen“. Doch „die Bereitschaft zum Ausweichen in ‚krumme Touren‘, in Selbstmitleid, Krankheit oder Sichfallenlassen liegt in jedem Menschen vor“. Eine andere Erpressungsvariante: „Wenn du nicht wärst!“ heißt in diesem Fall das Spiel. „Weil du so viel arbeitest, können wir abends nie ausgehen.“ – „Wenn du nicht so viel Geld ausgeben würdest, könnten wir mal woanders als in Kärnten Urlaub machen.“ – „Wenn du nicht unbedingt vier Kinder gewollt hättest, dann würde ich längst wieder arbeiten.“ Aus einem gründlich in Schuld getunkten Partner lässt sich fast alles rausquetschen.

Wer mit Schuldgefühlen durchs Leben stapft, sucht nach Erlösung von diesem Übel. Unbewusst wird ein Partner gewählt, der ebenfalls aus Angst vor eigenen Schuldgefühlen die Schuld immer beim anderen sucht. „Gleich und Gleich gesellt sich gern“, schnoddert hier der Volksmund. Was aber tun zwei Erpresser, die sich gegenseitig mit Schuld bedrohen? Sie bilden ein Knäuel!

Frank trinkt, wenn sich seine Maggie nicht so um ihn kümmert, wie er das möchte. Mittlerweile täglich. Maggie hasst es. Sie fühlt sich verantwortlich, wenn es ihm schlecht geht. Sie verschwindet im Bett und zieht sich die Decke über die Nasenspitze. Das heißt: „Mit Säufern verkehre ich nicht." Kein Sex, kein Kontakt, bis er wieder nüchtern ist. Der typische Tagesausklang sieht sie einträchtig entzweit. Demonstrativ kehren sie einander den Rücken zu. Voller Schuld über die Misere des anderen. Und doch fest entschlossen, keinen Zehntelmillimeter zu weichen. Er felsenfest überzeugt, er saufe nur, weil Maggie sich zurückzieht. Sie schwört Stein und Bein, sie ziehe sich nur zurück, weil er ständig mit dem Weinglas flirtet. Beide waschen ihre Gefühle in Unschuld. Der andere ist verantwortlich. Man selbst leidet nur ganz schrecklich.

Besonders raffiniert ist auch ein Beziehungstrick, mit dem man sich gleich selbst erpresst. Man ist von einer seiner Schwächen nicht begeistert und verbirgt sie im Unbewussten. Vor anderen und vor sich selbst. Aber irgendwie drängt sie doch nach außen. Dann ergeht der Auftrag an den Partner: „Baby, erpress mich dazu, dass ich meine Schwäche zugeben muss!"

Ein Beispiel. Bernd macht Karriere. Werbeagentur, immer schneller, immer erfolgreicher. Sonja hat dafür alle ihre Interessen aufgegeben, kümmert sich nur noch um Haushalt und Kinder, fühlt sich immer einsamer. Bernd ist kaum noch zu Hause: Meetings, Essen, Partys. Sonja kriegt Panikattacken und Herzrasen. Bernd muss sich um sie kümmern. Wieder mehr zu Hause sein. Ihr helfen.

Sie macht eine Therapie, verliert ihre Panik, gewinnt Selbstvertrauen, und plötzlich wird Bernd höllisch eifersüchtig. Abhängig, auf sie fixiert. Mit ihrer Angst hatte sie sich selbst an Heim und Herd gefesselt und gleichzeitig ihn erpresst, da zu sein, wo er im Grunde selbst hinwollte: zu Hause, in ihrer Nähe. Und: Durch ihre erpresserische Angst musste er sich nicht eingestehen, welche Verlustängste um Sonja ihn quälten. Sie lebte seine Schwäche für ihn.

Keine Beziehung, in der nicht kräftig erpresst wird. Zu verführerisch sind die Angriffspunkte, die sich täglich anbieten: unsere Schwächen. Die Frau mit dem geringen Selbstwertgefühl, die stets fürchtet, alles falsch zu machen. Er erpresst sie mit Perfektionismus. Immer pünktlich, gut organisiert, zuverlässig und dabei freundlich. Empfindsame Seelen fühlen sich dadurch bedroht. Der Aggressionsgehemmte wird mit Migräne, der Vernünftige mit heftigen Wutausbrüchen erpresst; die Verantwortliche mit Leid, die Gewissenhafte mit ihrem gesammelten Sündenregister.

„Spanne den Bogen, aber schieße nicht“, sagt ein chinesisches Sprichwort. „Gerade noch gefürchtet sein ist wirkungsvoller.“ Der gespannte Bogen des geliebten Erpressers an unserer Seite hält uns wach. Für unsere ungelösten inneren Konflikte. Auf diese nicht geheilten Schwachstellen unseres Seelenlebens bleibt der Pfeil gerichtet. Der Erpresser in unserem Partner – wir haben ihn uns selbst ausgesucht. Er ist unser unangenehmster Freund.

Rivalität in der Partnerschaft

Wenn man manchen Paaren zuhört, ist das für die Halsmuskulatur ähnlich anstrengend, wie wenn man einem Tennismatch zusieht. Oliver und Christine zum Beispiel. „Korfu war ja etwas enttäuschend ...", erzählt Oliver. Christine sagt: „Wirklich alles schon sehr touristisch ..." – „... und überlaufen. Also überall ....", sagt Oliver. „Genau, überall diese Anlagen ...", sagt Christine. „Naja, Anlagen sind es ja weniger, eher so ne Art Pensionen ..." – „ ... jedenfalls auch die Strände ..." – „Rappelvoll!", sagt Oliver. „Ja, rappelvoll und laut ..." Und so geht es dann weiter. Plop. Plop. Plop. Plop. Dem Zuhörer schwillt der Hals. Denn hier ist kein fein aufeinander abgestimmtes Traumpaar bei der Erzähl-Kür zu sehen. Hier sind Rivalen am Werk. Und wenn etwas nervt, dann Konkurrenten in der Partnerschaft. Es will uns kein Ort einfallen, der unpassender für einen Rivalitätskonflikt ist als eine Liebesbeziehung, in der es uns um Intimität, Nähe und Unterstützung geht. Jedoch gibt es kaum einen Ort, wo so viel konkurriert wird wie in der Partnerschaft. Und das hat seinen Grund.

Denn Rivalität ist aktiver Neid. Ein uraltes Gefühl, das in jeder Kultur zu finden ist. Neid führte dazu, dass Kain ins Gras und Schneewittchen in den Apfel beißen musste. Im Mittelalter galt er als eine der sieben Todsünden, das zehnte Gebot bezieht sich ausdrücklich auf den Umgang mit dieser ungeliebten Emotion: „Du sollst nicht begehren deines Nächsten ..." Doch gerade das tut der Neid. Wenn wir neidisch sind, dann nicht auf Bill Gates Macht und Milliarden oder Pamela Andersons Busen, sondern auf den neuen Golf unseres Nachbarn oder die minirocktauglichen Beine unserer Kollegin.

Neid, so beschreibt die Psychologie, entsteht unter drei Bedingungen: Erstens müssen wir uns vergleichen und finden, dass wir dabei schlecht abschneiden. Zweitens muss uns das, worin wir uns vergleichen, am Herzen liegen, also für uns wichtig sein. Und drittens muss es zwischen uns und dem Beneideten eine soziale Nähe geben. Eine persönliche Beziehung oder eine Ähnlichkeit, so dass wir uns überhaupt sinnvoll vergleichen können.

Und wo träfe das alles mehr zu als in der Partnerschaft? Dort haben wir die größte Nähe überhaupt, teilen Bett, Konto und

Kühlschrank. Wir können uns wunderbar vergleichen, da wir ein gemeinsames, also in vielerlei Hinsicht ähnliches Leben führen. Und weil wir den vollen Einblick in das Leben des Partners haben. Gleichgültig, ob es darum geht, wer in welcher Zeit wie viel verdient, um die Anzahl der Orgasmen oder der Telefonanrufe, die zum Geburtstag einlaufen. Wahrscheinlich haben wir ohnehin gleiche Interessen. Denn Gleich und Gleich gesellt sich eben gern.

Neid ist eines der letzten Tabus. Wir sehen die neidischen Blicke unserer Mitmenschen, vermeiden es aber, uns anmerken zu lassen, wenn wir neidisch sind. Wir protzen nicht unnötig mit unseren Fähigkeiten, um keinen Neid auf uns zu ziehen. Und verschonen andere mit unseren Neidgefühlen.

Denn Neid ist kein ursprüngliches Gefühl, sondern ein Gefühlszustand, mit dem wir uns schützen. Neid erwächst, wenn unser Selbstwertgefühl bedroht ist. Wir haben festgestellt, dass wir schlecht abschneiden. Das verletzt uns. Wir würden uns wertlos fühlen, wenn unsere Aufmerksamkeit bei unseren Gefühlen bliebe. Da wenden wir uns lieber dem anderen zu und werden „blass vor Neid".

Die Blässe entsteht, weil unsere Durchblutung eingeschränkt ist. Wir ziehen uns körperlich regelrecht zusammen. Um nicht zu spüren, wie klein wir uns innerlich fühlen. Für den Erhalt unseres Selbstwertgefühls tun wir eben alles. Selbst den Partner in die Pfanne hauen.

Frieda und Anton sind ein gestandenes Ehepaar, die Kinder sind bereits aus dem Haus. Natürlich sind sie aufeinander angewiesen, was sich Anton in all den Jahren aber nicht eingestehen mochte. Diese Missachtung durch Anton, dass sie nicht wichtig für ihn sei, gesteht sich Frieda wiederum nicht ein. Anton hatte eine sehr dominante Mutter, die ihn ständig entwertete. Frieda hat eine ganze Lebensgeschichte kränkender Ablehnungen. Beide haben ihre Angst, möglicherweise mehr zu lieben, als geliebt zu werden, abgewehrt. Und erfolgreich durch eine Rivalität ersetzt. Es ist ein quälendes Ritual entstanden, mit dem sie schon Jahre an Lebenszeit verbracht haben. Anton liebt die Berge, Frieda die See. Anton schläft lieber bei offenem Fenster, Frieda bei geschlossenem. Frieda liebt amerikanische Krimis, Anton französische Literatur. Frieda isst gerne vegetarisch, Anton liebt

Schnitzel über alles ... Nicht etwa, dass die unterschiedlichen Ansichten und Gefühle nebeneinander stehen könnten. Nein, um alles und jedes wird verbissen gefeilscht und diskutiert. Es tobt eine nie endende Schlammschlacht darum, was nun der bessere Geschmack sei, die richtigere Art zu leben. Und die Meinung des Gegenübers wird runtergeputzt und lächerlich gemacht.

Gegenseitige Entwertung ist ein häufiges und verlässliches Anzeichen von Rivalität. Zumeist von verborgener Rivalität. Das Selbstwertgefühl der beteiligten Partner ist zu schwach, um selbstbewusst in einen Streit, eine offene Auseinandersetzung einzutreten, die Angst vor Trennung oder einer Niederlage im Konflikt zu groß. Stattdessen kleben die Partner eng aneinander und verdecken ihre Rivalität. Entweder durch eine klassische Rollenverteilung, in der die Konkurrenz vor der Tür bleibt, weil Dominanz und Unterordnung klar verteilt sind, oder indem fein und verdeckt manipuliert wird.

Da findet er dann, dass sie unbedingt wieder mehr gemeinsam an den Wochenenden machen müssten. Just zu der Zeit, wo sie sich für einige Fortbildungs-Wochenenden anmelden will.

Bei Paaren, deren Konkurrenz eher auf Schwäche beruht, auf angeknacksten Selbstwertgefühlen, gibt es mit großer Wahrscheinlichkeit starke Eifersuchtsgefühle. Dabei liegt die stärkste Eifersucht häufig gerade dann vor, wenn sie hartnäckig geleugnet wird.

Doch Paar-Rivalität auf Grund starker Selbstwertdefizite ist nur eine Möglichkeit. Wir finden auch die Konkurrenz starker Partner – eine Auseinandersetzung, die durch die gesellschaftlichen Normen angeheizt wird. Wir leben in einer Ellbogengesellschaft, in der sich jeder selbst der Nächste ist, in der man nur groß und bedeutend wird, indem man die anderen überflügelt oder klein hält. Die uns alle bestimmenden Gesetze des Marktes beruhen eben nicht auf Partnerschaftlichkeit, sondern auf gnadenloser Konkurrenz. Überdies stehen wir alle unter dem Anspruch, das Beste aus uns zu machen. Uns selbst zu verwirklichen. Autonom und unabhängig zu sein. Dieser perverse Wettbewerb unserer Leistungsgesellschaft macht auch vor dem Paar nicht halt: Wer ist der Selbstverwirklichtste?

„Jeder erwartet in seinem Streben nach Selbstverwirklichung Unterstützung vom anderen, aber keiner ist bereit, selbst Unterstützung zu geben. Statt Unterstützung herrscht in vielen Beziehungen Konkurrenz", schreibt die Psychologin Ursula Nuber in ihrem Buch „Die Egoismus-Falle". Was ein Egoist ist, weiß jedes Kind. Aber wer weiß schon, was das Gegenteil davon ist? Ein Idiot? Die Antwort ist falsch, will uns aber fast wahr erscheinen.

Starke Partner rivalisieren eher offen, manchmal lautstark. Sie kämpfen für ihre Ansichten. Sie sprechen direkt aus, wenn sie finden, der andere mache sich eine gute Zeit, während sie dauernd durch die Kinder ans Haus gebunden seien. Sie fordern klare Abmachungen und Stellungnahmen des Partners. Dabei spielt die Herkunftsfamilie eine große Rolle.

Wenn zwei älteste Geschwister aufeinander prallen, dann gehen häufig beide unbewusst davon aus, der Boss zu sein – so wie sie das mit ihren Geschwistern gewohnt waren. Und sie sind mächtig genervt, die Macht nun teilen zu müssen. Wenn beide Partner die Klügsten, die Verrücktesten, die Helferlein oder großen Vermittler in ihrer Familie waren, dann werden sie automatisch diese Rolle wieder für sich beanspruchen – und auf harte Konkurrenz stoßen.

Männer neigen dabei mehr zum Konkurrieren. Im Tierreich sehen wir die Männchen kämpfen. Auch als genetisch am wenigsten festgelegtes Tierchen bekommen wir diese Anlage zu spüren. Männer reagieren allergisch, wenn über sie bestimmt wird. In fast jedem Mann schlummert die Angst, von seiner Mama vereinnahmt zu werden. Von der Frau, die das Kinderzimmer dominiert hat. Männer empfinden stärker in Machtstrukturen und Hierarchien, wo Frauen eher auf das zwischenmenschlich Verbindende achten.

Durch die zunehmende Emanzipation beider Geschlechter bekommt die Rivalität neue Nahrung. Ähnlichkeit erzeugt Konkurrenzgefühle. Welcher unbewusste Schrecken darin liegt, mag vielleicht illustrieren, dass in vielen Frühkulturen Zwillinge als Unglück galten oder sogar sofort getötet wurden. Unseren Ahnen war intuitiv klar, dass Gleichheit zu Rivalität und Gewalt führt, zur Zerstörung jeder auf Unterschieden bestehenden Ordnung.

Und diese auf Verschiedenheit beruhende Ordnung des Lebens, deren Last und Unterdrückung wir im Geschlechterverhältnis so gerne abstreifen, beginnen wir andererseits schon schmerzlich zu vermissen. Im Wald und auf der Heide, in Workshops zum Mannsein und Wochenenden zur Entdeckung der inneren Frau suchen wir die verloren gegangenen Unterschiede auf neue Art zu entdecken. Es lebe der Unterschied. Denn ohne ihn bekommen wir uns mit dem Liebsten endlos in die Wolle.

Paare brauchen Wege, ihre Rivalität aufzulösen oder in Bahnen zu lenken, die für beide fruchtbar sind. Zum Beispiel, indem jeder dem anderen in bestimmten Lebensbereichen die Führung überlässt. Er übernimmt den Garten, sie die Wohnungseinrichtung. Alles Wichtige wird gemeinsam besprochen und entschieden, doch das Gefühl innerer Verantwortung ist – oftmals unbewusst – unter den Partnern aufgeteilt.

Zumindest destruktive Rivalität lässt sich vermeiden. Paare, die diese Rivalität meistern, wissen, dass sie sich beim Tennis nur nerven, und suchen sich andere Tennis-Partner. Sie mischen sich nicht ein, wenn der andere mit den Kindern etwas plant oder eigene Verabredungen trifft.

Der amerikanische Psychologe Arnold Lazarus zählt die Ansicht, dass Konkurrenz die Beziehung zwischen den Partnern belebe, zu einem der wichtigsten „Fallstricke der Liebe". „Wenn ein Paar miteinander konkurriert, ist das ungefähr so sinnvoll, als würde es Ziegelsteine ins Wohnzimmerfenster werfen. Konkurrenz wirkt auf jede Beziehung regelrecht zersetzend." Allenfalls auf bestimmten Gebieten, beim Doppelkopfspielen oder der Jagd nach Schnäppchen, ist Rivalität in einer Partnerschaft erstrebenswert.

Die positiven Aspekte von Neid und Rivalität kommen in der Partnerschaft nicht durch Konkurrenzverhalten zum Tragen, sondern nur, indem die Vertrautheit der Partnerschaft genutzt wird, unsere Neid- und Rivalitätsgefühle offen zu teilen. „Gestehen wir uns den Neid ein, dann kann sich langsam, in der Auseinandersetzung mit dem Neiderregenden, herauskristallisieren, welcher Selbstanteil bei uns zur Entwicklung ansteht", so die Schweizer Psychologin Verena Kast. Wenn wir wissen, worauf wir neidisch sind, worum wir eigentlich mit aller Kraft konkurrieren wollen, dann können wir entdecken, was uns fehlt, um welchen Mangel wir innerlich trauern.

Eine Partnerschaft ist der Ort zu wachsen. Decken wir Neid und Rivalität gegenüber unserem Partner auf, hat unsere Partnerschaft eine Chance, dieses Versprechen einzulösen und ihre kreative Kraft zu entfalten.

Kultur und Partnerschaft

Vielleicht lag es ja wirklich nur daran, dass Elvis Costello verliebt war. Er schmachtete sich gerade mit großen Gesten durch eine seiner verschachtelten Liebesballaden, als ihnen die Tränen über die Wangen kullerten. Peinlich. Und unendlich schön. Jetzt waren sie schon zwölf Jahre ein Paar, und nun saßen sie hier und flüsterten sich wie Teenies zu, dass sie nie, nie auseinander gehen würden. Hand in Hand schwebten sie nach dem Konzert den plötzlich magischen Lichtern der Nacht entgegen. Musik ... Oder geschah doch alles nur, weil Elvis Costello gerade sein Herz für die Jazzsängerin Diana Krall entdeckt hatte?

Welche Rolle spielt das schon? Schließlich lieben wir die Liebe ja gerade deshalb, weil wir sie nie verstehen werden.

Der Einfluss der Künste auf die Liebe ist nicht immer überwältigend, aber wir wissen doch um diese Verbindung. Als Verliebte schreiben wir Gedichte. Die Musik, zu der wir uns das allererste Mal geküsst haben, stimmt uns selbst Jahre nach der Unterhaltsklage noch sentimental. Und unsere gemeinsame Leidenschaft für Kunst, das eine Buch, das wir treffend füreinander ausgewählt haben, verbindet uns auf eine ganz besondere Weise. Wir fühlen uns ineinander aufgehoben. Selbst im Alltag und sogar im Labor lässt sich diese Magie beschwören. Sieben von zehn Paaren, die gemeinsam selbst ausgesuchte Musik hörten, fühlten sich anschließend einvernehmlicher und mehr aufeinander bezogen, so eine Untersuchung.

Musik, Filme, Bücher, Fotografie und Malerei prägen unsere Vorstellung von der Liebe. Das 60er-Jahre-Paar Doris Day und Rock Hudson, das sich bis zum Happy-End stets missversteht, lebt eine andere Liebe als die von ihren Macken gepeinigten Stadtneurotiker in den Woody-Allen-Filmen der 70er- und 80er-Jahre. Und die romantisch-illusionslose Liebe der Jetztzeit geht entweder mit der „Titanic“ unter oder endet als komisches Märchen in „Notting Hill“.

Über Filme, die wir lieben, Musik, die wir hören, und Bücher, die uns etwas bedeuten, finden wir aber andererseits auch unseren Mr. Richtig. Der Flirt mit dem attraktiven Sitznachbarn im Kino ist augenblicklich gescheitert, wenn wir „Toller Film, oder?“ raunen, während er gerade meint, den Flop des Jahres zu sehen. Aber wir fühlen Nähe aufkommen, wenn unser Gesprächspartner auch für John Irving schwärmt.

Doch was sich so erfüllend und so überwältigend, was sich wie Seelenverwandtschaft anfühlt, entsteht tatsächlich durch „ähnliche Freizeitvorlieben, die stillschweigende Erkenntnis der eigenen Art zu reden, zu denken und sich zu entspannen", wie die israelische Soziologin Eva Illouz herausfand.

Nicht für alle Menschen hat Kultur eine gleich große Bedeutung. Aber in der Mittelschicht und oberen Mittelschicht werden diejenigen miteinander warm, die beide Norah Jones mögen. Und die werden heiß aufeinander, die nicht nur in ihrer Leidenschaft für skandinavische Krimis übereinstimmen, sondern auch noch gemeinsam für Reggae schwärmen und sich beide die Lippen bei Chicken Tandoori lecken. Wir wählen, statistisch nachweisbar, Partner, die uns ähnlich sind, die mit uns in „der sozialen Schicht, dem kulturellen und religiösen Hintergrund sowie im Geschmack und den geistigen Interessen übereinstimmen", schreibt der Paarforscher Professor Jürg Willi. Und so ist es kein Zufall, dass in Anzeigen die Partnerin gesucht wird, die die Welt in der gleichen Mischung aus „Beatles, Beethoven und alten Büchern" liebt.

In einer Partnerschaft formen die kulturellen Vorlieben jene ganz individuelle Nische mit, die sich jedes Paar in der Welt schafft. Es richtet seine Wohnung als Plüsch-und-Nippes- oder Ikea-Höhle ein, es schart Freunde um sich, die Vegetarier oder Country-Fans sind, und es verbringt seine Freizeit zwischen Salsa und Videothek oder Gitarrenunterricht und Literaturhaus. In den vom Paar bevorzugten Stilen, Autoren und Musikrichtungen spiegeln sich die Werte, die die Partner teilen, und ihre gemeinsamen, oft unausgesprochenen Vorstellungen über ihre Partnerschaft.

Oder eben auch nicht. Denn Liebe vereint auch Gegensätze wie den Heavy-Metal-Fan und die Klassikliebhaberin. Paare, bei denen es ihn zum Scheidungsanwalt drängt, sobald wieder die neueste Liebesschnulze von Nicholas Sparks auf ihrem Nachttisch liegt. Und wo sie zur einsamsten Frau des Planeten wird, wenn ein Handbuch über digitale Fotografie seine Urlaubslektüre ist. In der Zweisamkeit des Paares sind wir stets mit einem Dritten beschäftigt, das uns eint oder trennt. Die

Eltern, die Rentenreform, die Arbeitskollegen. Oder die neue CD von Anna Netrebko.

Die psychologische Balance-Theorie erklärt, dass wir in einen Spannungszustand geraten, wenn uns erstens „Die fabelhafte Welt der Amélie" begeistert und zweitens unser Liebster Paul, wenn aber drittens unser Liebster „Amélie" ganz bescheuert findet. Wir möchten, dass wir und die, die wir lieben, gleich erleben. Wieso sollten wir sie sonst lieben? Und wie sollten sie uns sonst verstehen können? Im Konfliktfall bleibt uns nur eine Lösung. Entweder finden wir „Amélie" jetzt auch nicht mehr so gut. Oder wir finden Paul, zumindest was „Amélie" betrifft, bescheuert.

Mit unterschiedlichen Vorlieben lässt sich leben, indem wir beispielsweise unseren bühnenphobischen Freund daheim lassen und mit einer Freundin ins Theater gehen. Unsere Interessen auch mit anderen nahen Menschen als nur dem eigenen Partner zu teilen, das tut einer Partnerschaft nicht nur gut, das unterstützt sie sogar. Darin sind sich die Paarexperten einig. Doch wenn sie nur noch mit dem Kunstverein verreist und er seine gesamte Freizeit in seiner Blues-Rock-Kapelle verschrammelt, dann können solche Interessen eine Partnerschaft auch aushöhlen. Wenn ihm seine Musik wichtiger zu sein scheint als seine Partnerin, dann rührt sich Wut. Und allein schon zu erleben, dass der Partner in seiner Aquarellmalerei völlig aufgehen kann, während man selbst wenig kulturelle Begeisterung entwickelt, kann Eifersucht aufkommen lassen.

Wer erlebt, wie viel entspannter der Partner ist, wenn er sich nach dem Job die Kopfhörer für ein paar Songs übergestülpt oder einige Akkorde auf der Gitarre gezupft hat, wird sich diesem Rückzug nicht entgegenstellen. Aber die Grenzen zwischen kultureller Leidenschaft und Flucht sind fließend. Wenn die Beziehungskiste dringend aufgeräumt werden müsste, er aber nie ansprechbar ist, weil er ständig den Bob Dylan macht, dann verliert die Kunst ihre schöne Seite und wird zur schnöden Vermeidung.

Die meisten Paare sind ziemlich genial darin, ihre kulturellen Differenzen zu leben. Ein Paar, beide begeisterte Kinogänger, hat die Abmachung, dass sie abwechselnd die Filme auswählen. Einigen können sie sich ohnehin nicht. Sie liebt Unterhaltung. Er sucht die Auseinandersetzung mit sozialen Problemen. Und so sehen sie sich diese Woche den neuen James-Bond-Film an und nächste Woche südamerikanisches Autorenkino.

Andere Paare nutzen die Technologie. Wenn Hip-Hop nicht ihre und Soul nicht seine Sache ist, dann greift jeder zum Musikhören zum eigenen iPod mit der persönlichen Lieblingsmusik. Viele lassen sich aber auch gerne in die Welt des anderen führen, gerade wenn sie von bildender Kunst, Oper oder Literatur nicht so viel verstehen.

Nicht jeder mag Stephen Kings Schocker oder Hugh Grants Grinsen, aber unterschiedlicher Geschmack muss kein Grund sein, völlig getrennte Wege zu gehen. Die Welt der Kultur ist so vielfältig, dass es einem Paar immer wieder gelingen kann, etwas zu entdecken, was beiden zusagt. Und allein schon die gemeinsame Suche im unendlichen Angebot verbindet. Zu wissen, welche neue CD den Partner begeistern könnte, gehört mit zu der verbindenden Aufmerksamkeit, die Wissenschaftler in zufriedenen Paaren gefunden haben. Und den Job des Kulturmanagers zu übernehmen, selbst wenn es nervt, dass der Partner offenbar unfähig ist, zwei Konzertkarten zu ordern, lohnt allemal mehr, als noch einen Abend zu Hause vor der beziehungstötenden Glotze zu verbringen.

Doch das sind glückliche Paare. Der entscheidende Unterschied zwischen glücklichen und unglücklichen Paaren ist: Glückliche Paare überschätzen ihre tatsächlichen Gemeinsamkeiten. Unglückliche Paare unterschätzen sie. Sie überschätzen dafür ihre Unterschiedlichkeit und interpretieren sie negativ. Der Comics lesende Partner hat schon immer Comics gelesen, aber in Krisenzeiten ist er deshalb oberflächlich. Und wer Munch liebt, wird in die depressive Ecke gestellt. Über Geschmack kann man nicht streiten, und zu Beginn einer Beziehung tut man es auch nicht. Wir finden die uns unverständlichen Vorlieben unseres Partners spannend, anregend. Wir nehmen sie auf, vielleicht übernehmen wir sie sogar. In Krisenzeiten oder zerrütteten Partnerschaften dagegen werden die kulturellen Vorlieben des Partners abgelehnt und die Unterschiede in Stil und Leidenschaft wirken trennend. Sie werden dem Partner vorgeworfen und als Beweis erlebt, dass man nicht zueinander passt.

Im Lauf der Partnerschaft werden in jedem Paar die Unterschiede fühlbarer und die Harmonie wird schwerer erreichbar. Denn einerseits fühlen wir uns immer fester und selbstverständlicher miteinander verbunden, andererseits nimmt das Gefühl von Glück und Zufriedenheit im gemeinsamen Gespräch und im sinnlichen Erleben des anderen ab. Wir leben in unseren Beziehungen den ständigen Widerspruch zwischen Partnerschaft einerseits und Liebe anderseits. Und die Partnerschaft droht die Liebe mit der Zeit zu erdrücken.

Partnerschaft lebt von Gerechtigkeit, Gleichheit, Ausgleich und Ebenbürtigkeit. Partnerschaft ist berechenbar und vernünftig. Die Liebe nicht. Liebe ist kein Tauschgeschäft, sie ist nicht fair und nicht gerecht. Sie ist größer als wir. Darin ist sie der Kunst ähnlich. Und so sind die gemeinsamen Gespräche über Bücher, die Filme, die ein Paar gemeinsam bewegen, die Bilder, die sie gemeinsam faszinieren, und die Musik, die sie teilen, kleine Inseln, auf denen die Gefühle ein Fest feiern können und die Liebe über die immer stärker werdende Partnerschaft triumphieren kann.

Die Zeit im Kinosessel und der Gang durch die Galerie, der Song, den wir gemeinsam singen, das sind Rituale, die die Paar-Routine unterbrechen. Gerade dass sie flüchtig sind und sich nicht in den Alltag hinüberretten lassen, macht sie wertvoll. Sie bilden einen Abwehrschirm gegen Stress, weil wir dabei entspannen und abschalten. Wir gehen dem nach, was uns Spaß macht, erfrischen unseren Geist durch Kreativität und lassen uns zu Neuem und Überraschendem anregen.

Wenn wir uns verlieben, dann gehen wir gemeinsam aus. Wir halten Händchen im Restaurant, wir schmiegen uns im Kino aneinander. Wir fahren an die Orte, die wir lieben. Wir spielen uns unsere liebsten CDs vor, wir lesen uns aus unseren Lieblingsbüchern vor, wir erzählen uns die Geschichten zu den Bildern an unserer Wand. Kultur-Erleben und romantische Gefühle sind in unserer Gesellschaft ganz eng miteinander verwoben. Wann immer wir also als Paar wieder an der Kinokasse stehen, aktivieren wir jene romantischen Schwingungen, die oft unter einer dicken, tauben Schicht von Alltag und Enttäuschung begraben sind. Irgendwann ist Elvis Costello sicher auch in Ihrer Stadt. Verliebt oder nicht.

Urlaub als Partnerschaftstest

Die gemeinsame Urlaubsreise ist der erfolgreichste Partnertest aller Zeiten.

Wie bei allen guten psychologischen Testverfahren durchschauen die Teilnehmer den Test nicht. Was in diesem Fall nicht verwunderlich ist. Zum Zeitpunkt der ersten gemeinsamen Urlaubsreise sind die meisten Partner verliebt. Sie glauben, es gehe um Leidenschaft. In Wahrheit geht es um im Hotelzimmer herumliegende Unterhosen und die Frage, wer beim Sex am Strand oben liegt.

Der Testaufbau macht den Eindruck, als habe sich ein genialer Psychiater ein sadistisches Massenexperiment einfallen lassen: Jeweils zwei Menschen, die sich erst kurze Zeit kennen, werden in eine ihnen fremde Umgebung geschafft. Sie werden auf engstem Raum untergebracht. Sie werden mit allem Notwendigen gut versorgt. Die einzige Anweisung, die sie erhalten, lautet: „Seid zwei Wochen lang glücklich miteinander!"

Und so fahren sie los. Zwanzig Stunden später erwachen sie in einem romantischen französischen Bergdorf. Das heißt, er wacht auf. Sie dreht sich um und schläft weiter. Urlaub heißt für sie, so lange zu schlafen, wie sie will. Er liebt die Morgenstunden. Denkt: Das kann ja heiter werden. Und geht erstmal die Gegend erkunden. Später berichtet er von dieser wildromantischen Schlucht, in die er unbedingt mit ihr hinabsteigen will. Sie starrt ihn an, als sei er nicht ganz bei Trost: „Dreihundert Meter tief! Bei dieser Hitze?" Sie erklärt, sie wolle den Tag im Straßencafé verbringen. Bei der Vorstellung, seinen ersten Urlaubstag bei einem Espresso inmitten von Abgaswolken zu vertrödeln, kriegt er zu viel. Hatte er in ihr nicht die Partnerin gesehen, mit der man so viel unternehmen kann?

Im Psychotest Urlaub zeigen sich die großen und kleinen Macken. Die Ferien vom Ich werden zu einer Reise zum Selbst. Ohne die sicheren Alltagskrücken des festen Jobs und der vertrauten Stammkneipe entpuppt sich der smarte Geliebte als Psychokrüppel. Und die dynamische Freundin erschlafft abseits ihrer gewohnten Alltagshektik wie ein alter Luftballon.

Losgelöst vom Alltagstrott scheint die Freiheit im Urlaub grenzenlos zu sein. Leider verwirrt kein Zustand menschliche

Wesen stärker als ausgerechnet grenzenlose Freiheit. Urlauber haben völlig hirnrissige Ziele, die sich total widersprechen. Sie wollen viel erleben und gleichzeitig gar nichts tun. Sie wollen tun und lassen können, was sie wollen, und gleichzeitig möglichst viel Zeit mit dem Partner verbringen.

Sie möchte am liebsten morgens, mittags und abends Sex an aufregenden Orten und ansonsten in der Sonne dösen. Er löst sein Dilemma von Nähe und Distanz, indem er am Strand joggen geht. Sexuell reicht ihm das Gewohnte. Keine drei Tage, und der Konflikt liegt mit im Bett. Im Urlaub lässt er sich nicht wie gewohnt mit einer Alltagsausrede wegschieben.

Auch das Thema Nummer zwei sorgt garantiert für Krach. Im Restaurant ermittelt er seinen Anteil bis auf die letzte Pesete. Am Strand schmort er unter seinem Badelaken, weil er das Geld für den Sonnenschirm sparen will. Geld verdirbt zwar nicht unbedingt den Charakter, aber es verrät ihn. Streit ums Haushaltsgeld ist vorprogrammiert – falls sie nicht beschließt, mit diesem Sparfuchs gleich zwei Urlaube zu machen: den ersten und den letzten.

Der Urlaubstest entlarvt alle: den Workaholic, der sein Handy nicht mal beim romantischen Sonnenuntergang abschaltet. Den Sportfreak, der Joggingschuhe, Tauchausrüstung und Tennisschläger, aber keine Kondome eingepackt hat. Die Kulturbeflissene, die keine Kirche, keine umgekippte Säule, keine Ausgrabung unbesichtigt lässt, den Strand aber nur aufsucht, weil dort Alexander der Große an Land ging. Wer wollte, könnte hier verstehen, warum Partnerschaften zwischen Menschen mit ähnlichen Interessen so viel bessere Chancen haben.

Gnadenlos legt der große Psychotest auch die tieferen Ängste und Macken, alles Unsichere, Eifersüchtige oder Zwanghafte bloß: Wenn er eifersüchtig auf jeden italienischen Kellner ist und wenn sie alles ablehnt, das anders ist als gewohnt.

Wer wollte, könnte im Urlaub erleben, was ihn in der Partnerschaft erwartet.

Krisen machen aus zwei Verliebten ein Paar – oder eben nicht. Im großen Urlaubstest ist die erste Krise bereits auf dem Bahnsteig vorgesehen. Bevor das Gepäck geklaut wird und lange bevor man weiß, dass der Strand schmaler ist als die direkt daran vorbeiführende Schnellstraße.

Mit etwas Vorsorge lassen sich die größten Katastrophen vermeiden:

Erstens: Fahren Sie niemals an einen Ort, wo Sie oder Ihr Partner bereits mit einem Ex waren. Unfaires Vergleichen verfälscht die Testergebnisse.

Zweitens: Ein Blick in die alten Urlaubsfotos des Partners ist ein guter Vortest. Ist auf den meisten Bildern nichts als Dschungel? Hält er immer eine Bierdose in der Hand? Lehnt auf jedem Bild eine andere Frau an seiner Schulter? Oder besitzt er zwanzig Kisten Dias: Segelurlaub 2003, Segelurlaub 2004, Segelurlaub 2005 ...?

Drittens: Werfen Sie rechtzeitig einen Blick in das Gepäck Ihres Reisepartners. Hat er die Thomas-Mann-Gesamtausgabe dabei? Oder dicke Wanderstiefel? Außer der Badehose auch etwas Vorzeigbares?

Der geheime Richtige

Jeden Morgen, sobald sie die Augen aufschlägt, verlangt alles in Stefanie nach Hammer und Meißel. Ihr Blick klebt an der Inschrift an der Schlafzimmerdecke: „Ich liebe Steffi!" Damals, als Gerd es kunstvoll ausstanzte, fand sie es toll. Jetzt hasst sie jeden einzelnen Buchstaben, genauso wie die schal gewordene Beziehung und die Rückenschmerzen, die sie seit einem Jahr hat. „Psychosomatisch", sagen die Ärzte.

Gerd war ohne Zweifel gut aussehend. Sanft. Verständnisvoll. Er hatte ihr nichts Böses getan. Nein, wirklich nicht. Im Gegenteil, er war fair, treu. Okay, sie fand seinen Kunstgeschmack schrecklich, und er war im Bett manchmal etwas schüchtern und fad. Aber Stefanie hatte sowieso nie an den Traumprinzen geglaubt.

Trotzdem wollte sie jetzt nur noch weg. Mochte er noch so lieb sein. Für sie war er zu lieb. Langweilig. Ihre Gefühle für ihn waren auf dem absoluten Nullpunkt. Stefanie war bereit anzunehmen, dass sie wohl doch beziehungsunfähig war. Dass ihre Angst vor Nähe auf Dauer alle guten Gefühle erstickte. Bis ihre Mutter, eine treue Begleiterin ihrer Beziehungen, sie eines Tages nach Oliver fragte.

Oliver. Mein Gott, das war Jahre her. Sie hatte ihn nie wieder gesehen. Er studierte jetzt irgendwo in Frankreich. Ihr romantischer Spinner, auf den sie sich nie verlassen konnte, bis er dann wieder mit seiner Unschuldsmiene auftauchte und sie nach allen Regeln der Kunst verführte. Ihre große Liebe aus der Au-pair-Mädchen-Zeit. Sie hatten sich getrennt, als sie nach Deutschland zurückging. Sie hatte nächtelang geweint und wäre am liebsten noch vom fahrenden Zug abgesprungen, als er am Bahnsteig immer kleiner wurde. Sie wollten sich so schnell wie irgend möglich wieder sehen – und trafen sich bis heute nicht.

Jetzt muss Stefanie sich eingestehen, dass sie Oliver nie vergessen und Gerd damit keine große Chance gelassen hat. Denn sie hat ihn stets verglichen – mit ihrem unbewussten Maßstab Oliver. Als verklärter Realo-Prinz, als geheimer Richtiger hatte er in ihr weitergelebt. Den Wunschtraum vom perfekten Ritter, der von seinem weißen Pferd steigt und ihr für immer die große

Liebe zu Füßen legt, hatte sie längst abgehakt. So ein Traumprinz würde nie kommen. Doch keine Märchengestalt, kein Phantom aus der Zukunft, sondern ihren Oliver aus der Vergangenheit hatte sie uneingestanden zum Ideal verklärt.

Der geheime Richtige ist keine Person aus Fleisch und Blut. Er ist ein gefrorenes inneres Bild. Den heutigen Oliver mit seiner kleinen Französin und dem quengeligen Sprössling fände Stefanie wahrscheinlich spießig. Wie ein schönes Urlaubsfoto nicht wirklich Berge, Meer und Sonne ins Wohnzimmer zaubert, sondern nur uns selbst wieder einen Moment lang in einen entspannten und erholten Zustand versetzt, so lässt die Vorstellung des geheimen Richtigen die Stefanie von damals aufleben. Wie sie sich als attraktive Frau fühlte, voller Energie, wild und lebenslustig. Aus dem Bild des geheimen Richtigen sind Streitereien, Unsicherheiten und jede Bitterkeit getilgt. Was bleibt, ist ein Ideal. Nicht ein abstraktes, romantisches Ideal, voller Kitsch und Hollywood, sondern etwas viel Wirkungsvolleres. Ein idealisiertes Stück eigener Realität. Die Erinnerung an eine Hochphase unseres eigenen Erlebens untergräbt unsere Zufriedenheit. Doch nicht, dass wir diese Zeit innerlich auf Hochglanz poliert, von allen Schatten befreit haben, macht sie so tragisch. Nein, es ist unser Traum, unsere Sehnsucht, diesen Zustand zum Alltag erheben zu wollen. Wir finden uns nicht damit ab, diese glückliche Erfahrung gemacht zu haben. Wir wollen sie immer wieder. Ständig. Wir idealisieren unsere eigene Möglichkeit, glücklich zu leben. Als ließe sich im Leben das Glück nicht als Moment, sondern als langer, ruhiger Fluss verwirklichen.

Um Gefühle abzuwehren, die schmerzhaft und unerfreulich sind, setzen wir an ihre Stelle solche, die wir uns wünschen. Dabei blenden wir die unerfreulichen Aspekte der Wirklichkeit aus. Wir retuschieren uns ein Stück Wirklichkeit zurecht. Deshalb hält jeder Verliebte seinen Schatz für das Schönste auf der Welt, deshalb nerven uns Eltern mit ihrer blinden Begeisterung für ihre Babys, deshalb werden die Menschen am Tresen schöner, je weiter die Nacht voranschreitet.

Wenn es das nicht gibt, was wir wollen, dann sehen wir eben nur das, was wir uns wünschen.

Als Säuglinge und kleine Kinder lebten wir alle in solch grandiosen Illusionen. Wir waren die Größten mit den großartigsten aller Mamas und Papas auf der Welt. Zum Erwachsenwerden und Reifen gehört der schmerzliche Prozess, diese narzisstische Phase des Erlebens aufzugeben. Die Welt ist nicht vollkommen, Mama auch nicht. Ich selbst habe auch Schwächen. Und es ist trotzdem gut.

Doch die High-Tech-Welt unserer Zeit ist verwirrend. Der Glamour, den uns die Medien jeden Tag vorgaukeln, macht uns unsicher. Wir können dem Vergleich damit nicht standhalten. Um uns nicht mickrig und minderwertig zu fühlen, hören wir nicht auf, unsere Glücksmöglichkeiten zu idealisieren. Es sind die nicht erfüllten Wünsche, die Geschenke, die wir nie bekommen haben, die unerfüllten Sehnsüchte, die uns den Freiraum schaffen, vom Glück zu träumen, so, wie es hätte sein können. „Hätte ich damals Kunst studiert anstatt Geologie – dann wäre ich heute zufrieden“, glaubt Jan. „Wenn meine Eltern mir Klavierunterricht hätten zahlen können, dann wäre ich Pianistin geworden“, meint Sarah. Träume haben eben den entscheidenden Vorteil, dass sie sich nicht in der Realität bewähren müssen.

Deshalb erzeugt gerade eine bestimmte Phase so viele geheime Richtige: die erste große Liebe. Plötzlich scheint sich das Leben aufzutun und alles, inklusive unserer Wenigkeit, so großartig zu sein, wie wir es immer erhofft hatten.

Frisch geschlüpfte Küken erkennen alles als Mutter an, was ihnen über den Weg trudelt, und sei es ein Fußball. Ähnlich bereitwillig schließen wir in unser erwachendes Herz, wer immer daherschlappt. Und wie die Küken laufen wir dann innerlich auf ewig diesem Schnappschuss vom Glück nach. Wunderschön und schmerzhaft unerfüllt. Ist doch die erste Liebe zumeist heiß, heftig und – kurz.

Man könnte das Phänomen des geheimen Richtigen auch das „Ashley-Wilkes-Syndrom“ nennen. Ashley Wilkes ist jene blasse Gestalt aus „Vom Winde verweht“, den die wilde Scarlett O’Hara nicht kriegt, aber ständig zu erobern sucht. Scarlett und Ashley kennen sich seit ihrer Kindheit, und sie ist sich sicher, dass er sie allen anderen Frauen vorzieht. Er aber sieht, wie unterschiedlich sie beide wirklich sind. Er heiratet eine andere, unscheinbarere Frau, die ihm mehr entspricht. Ganz vernünftig. Der grinsende Macho Rhett Butler, alias Clark Gable, passt doch so viel besser zu der ungestümen Südstaatenschönheit Scarlett als der aufrechte Biedermann Ashley. Das findet auch jeder Leser oder Zuschauer. Nicht so Scarlett. Sie verbeißt sich in ihre Phantasie vom Glück mit Ashley, nicht trotzdem, sondern gerade weil er sich von den gegenseitigen Gefühlen zurückzieht. Ihre Liebe zu ihm wuchert zu einer gigantischen Glücksfantasie, weil sie keine begrenzende Erwiderung erfährt. Besonders dann, wenn das Schicksal oder der fiese Herzensbrecher Rhett wieder einmal herbe zulangen, lodert der Traum vom Glück mit Ashley in Scarlett heftig auf.

Wie in Hollywoods größter Schmonzette wächst die Bedeutung der geheimen Richtigen auch im richtigen Leben, sobald der Frustpegel steigt. Ins Single-Dasein gestürzte Männer und Frauen rufen plötzlich bei ihren früheren Partnern an, zu denen sie ewig keinen Kontakt hatten. Sie suchen nicht nur Zuflucht bei einer vertrauten Seele. Sie beschwören alte Gefühle herauf. „Wenn ich damals nicht so blöd gewesen wäre, dann wären wir vielleicht heute noch zusammen. Es gab doch so viel Gutes zwischen uns.“ Da boomt plötzlich das Gefühl, das ganze Leben hätte eine andere Richtung nehmen können. Es ist der unbewusste Versuch, durch den Kontakt zum Ex die guten Gefühle in sich zu erhalten, die gerade den Bach runterrauschen. Immer noch besser, einen unverzeihlichen Fehler gemacht zu haben, als unfähig zur Liebe zu sein. Aus dem Ex-Partner ist ein geheimer Richtiger geworden.

Der Platz im Herzen ist besetzt. Er bleibt besetzt, weil wir nichts so fürchten wie den Trennungsschmerz. So entsteht in den meisten von uns ein Mosaik aus vielen geheimen Richtigen. Von jeder alten Liebe bleibt ein Stück an uns kleben. Und wir suchen unbewusst den Partner, der gleichzeitig so zärtlich wie Peter, so brutal erotisch wie Heribert, so saukomisch wie Jan, so direkt wie Gabriel und so verspielt wie Mario sein soll.

Einer von Gildas geheimen Richtigen tauchte im Bett auf. In der typisch schwierigen Beziehungsphase, wenn die romantischen Flammen verlöschen, die Vertrautheit aber wächst, hatte Gilda keine richtige Lust mehr, mit Jens zu schlafen. Jens' Art begann sie anzuöden. Als bestände sie nur aus einer großen Vagina mit ein paar Brüsten darüber. Sie verspürte aber auch eine Unlust, ihm klipp und klar zu sagen, welche Zärtlichkeiten sie sich von ihm wünschte. Er sollte selbst darauf kommen.

Es gab einmal einen Mann, der kam selbst darauf. Er streichelte sie stundenlang. Auf jedem Fleckchen ihrer Haut. Nie wieder hatte sie sich körperlich so verstanden gefühlt. Sie hatte nur zwei Nächte mit ihm verbracht. Und doch: War alles andere nicht kalter Kaffee dagegen? Konnte sie je wieder Spaß und Befriedigung im Sex finden, wenn nicht mit ihm, von dem sie nicht mal die Adresse hatte? Gilda bekam die beklemmende Idee, dass ihr Sexleben auf immer verpfuscht sein könnte. Erst als sie ihre Hemmungen überwand und Jens mit ihrem geheimen Richtigen bekannt machte, löste sich diese Angst.

Der geheime Richtige hält sich manchmal jahrelang, es kann ein ehemaliger Geliebter sein, ein Liebhaber für eine Nacht oder manchmal sogar eine gänzlich unerfüllte Liebe, die nie aus mehr bestand als aus Blicken und geheimen Wünschen. Der glücklich verheiratete Arbeitskollege, der ehemalige Mitschüler, die Frau des zweiten Kassierers im Sportverein. Ach, hätte man doch damals etwas mit ihnen angefangen.

In jedem Fall folgt die Logik des geheimen Richtigen der Logik der romantischen Liebe. Nach ihr kann Liebe ja niemals enden. Verschwinden doch Zeit und Raum in ihr, und sie ist ewig, für immer. Wir müssen uns wohl entscheiden. Entweder sind die Märchen der Brüder Grimm und von Spielberg wahr, und wenn wir nicht gestorben sind, dann lieben wir uns insgeheim noch immer. Oder wir werden erwachsen und gestehen sie uns ein, unsere geheimen Richtigen. Dann finden wir in ihnen die Kraft und Sehnsucht, unsere eigenen Wünsche zu verwirklichen. In unserem jetzigen Leben, mit unserem jetzigen Partner. Und die Traumprinzen und -prinzessinnen der Vergangenheit können endlich zu Staub zerfallen, wenn wir sie ans Licht geholt haben.

Die Verwirrung der Lust

Bei dem Wort Sexualität starrte Johann Wolfgang von Goethe vermutlich auf die Gänseblümchen seines Rasens. Sexualität war für ihn die geschlechtliche Entstehung von Pflanzen. Und hatte mit seinen Gefühlen für Frau von Stein nicht die Bohne zu tun ...

Denn erst seit zwei Jahrhunderten ist Sexualität etwas, das den Menschen angeht. Als die Pädagogen Zucht und Ordnung in den Unterleib brachten, suchten sie nach unverfänglichen Worten, um ihre Thesen gegen die Onanie unters Volk zu bringen. Was vorher als Lust, Liebe oder Unzucht fröhlich gedeihen konnte, wurde zur Sexualität.

Und wir haben seither ein neues Problem: den Sex.

Einerseits zerbrechen wegen sexueller Untreue die meisten Partnerschaften. Andererseits – wer nach zehn Ehejahren noch behauptet, niemanden außer dem oder der Angetrauten zu begehren, wird höchstens für seine Fähigkeiten bewundert, sich etwas vorzumachen. Der Papst hält eisern daran fest, dass der Samen nur zwecks Fortpflanzung auf die Reise geschickt werden dürfe. Kaum ist die Mauer gefallen, versorgt Beate Uhse als Erstes die Sachsen mit Gummi-Dildos. In der Hälfte der US-Bundesstaaten ist Oralsex noch immer gesetzlich verboten.

Gleichzeitig werden im Land der unbegrenzten Möglichkeiten jährlich 50 Milliarden Dollar mit Pornografie umgesetzt. Sex, das beste aller Anti-Stress-Mittel, bereitet mindestens einem Drittel der Deutschen tierischen Stress. Sie leiden unter sexuellen Störungen. Dank neugieriger Sexologen wissen wir, dass der Bundesdeutsche durchschnittlich 2,45 Mal die Woche Geschlechtsverkehr hat. Doch unsere Frage, ob es einen Sexualtrieb gibt, können die Wissenschaftler nicht wirklich beantworten.

Wir sind dauernd mit Sexualität beschäftigt, und doch völlig verunsichert. Über unsere eigenen sexuellen Erfahrungen und Wünsche zu sprechen, fällt uns noch immer schwer. Dabei nehmen Anzüglichkeiten und Sexwitze mit dem Alkoholpegel zu. Wer dabei den Mund am vollsten nimmt, hat häufig die größten Probleme. Angesichts des öffentlichen Leistungsdrucks herrscht Angst bei Mann und Frau. Wer verführt schon so strahlend wie Michelle Pfeiffer? Wer reißt so auf wie Mickey Rourke? Wer kann seiner Liebsten einen so knackigen Hintern bieten wie die Männer und Frauen in der Werbung?

Beim Sex geht es ans Eingemachte. Der letzte Bereich, der nicht vom Kopf vollständig kontrolliert ist, der sich nicht dem Image unterwirft, das man der Welt gern von sich präsentiert. Wo bliebe die Autorität des Chefs, wenn jeder wüsste, dass er regelmäßig zur Domina geht?

Beim Sex sind unsere Ängste lesbar. Die Maske rutscht. Wir haben unsere Sexualität immer noch durch Scham gelernt. Versuch und Irrtum haben uns an unseren sexuellen Katastrophen wachsen lassen. Die meisten unserer so genannten sexuellen Probleme sind in Wirklichkeit eine Störung unserer gesamten Persönlichkeit. Nur im sensiblen Bereich der Geschlechtlichkeit müssen wir uns eingestehen, was wir sonst gern verdrängen.

Kein anderes Lebewesen im Tierreich macht so ein Tamtam um die Fortpflanzung wie wir Menschen. Tiere werden brünstig. Blumen verblühen. Aber wir wollen und können immer.

Wir sind weitaus geiler, als es zum Überleben unserer Rasse notwendig wäre. Soll heißen, wir haben Appetit auf mehr als nur einen festen Sexpartner. Anthropologen nennen das „milde polygam". Überdies besitzen wir keine natürliche Hemmschwelle gegen Inzest. Millionen Fälle von Kindesmissbrauch sprechen hier die dunkle Sprache unseres sexuellen und gesellschaftlichen Verlangens.

Als Krönung hat uns die Biologie einen gemeinen Streich gespielt: Das Rein-Raus-Spiel der Fortpflanzung macht uns Spaß. Und zwar dermaßen!

Doch der scheinbare Fluch ist auch unsere Freiheit. Wir funktionieren nicht nach festen Schlüsselreizen und Instinkten. Wir können uns entscheiden, wann und wie wir unsere Lust leben wollen. Diese Fähigkeit zu ständiger Lust bestimmt unser Menschsein genauso wie die Fähigkeit zu sprechen oder aufrecht zu gehen.

Für Sigmund Freud war die kindliche Sexualität zunächst mal pure Lust, die sich auf alles richten kann. Anders gesagt: Der Trieb, die Energie sind ungeformt von Anfang an da und suchen sich ihre Ziele. Weil das aber nicht so wild und direkt geht, leiten wir die Energie um.

Statt einen hochzukriegen, bauen Männer erst Bauklotz-Türmchen und dann Hochhäuser. Und wenn Mama das nicht gefällt, werden sie wütend und bauen Raketen. Wenn die Klitoris nicht genug erfreut wird, fangen Frauen mit dem Hausputz an, und wenn alles schief geht, dann wird ein Waschzwang daraus. Freud sah die Probleme der Menschen im Widerspruch zwischen dem wilden, ungezähmten Trieb und der Notwendigkeit sozialer Ordnung. Er wollte den Menschen helfen, sich von den unbewussten Fesseln ihrer Sexualität zu befreien, damit sie bewusst und im Einklang mit ihr leben können. Nur insofern sah er überall Sexuelles.

Sein Verdienst war es, als Erster darauf aufmerksam gemacht zu haben, wie sträflich schlecht wir tatsächlich mit unserer Lust umgehen. Und damit hat er bis heute Recht behalten. Auch wenn manche Sexualforscher nicht mehr an einen speziellen Sextrieb glauben, sondern im sexuellen Verhalten nur einen Teilbereich lustvollen Handelns sehen.

Wir leben in den nachrevolutionären Sexualwirren. Die Studenten der 68er hatten die Nase voll vom strebsam-gesitteten Leben. Sie wollten Lust statt Leistung. Make love, not war. Unbekümmert suchten sie ihre wahre Natur wieder zu finden, indem sie ihren Bedürfnissen freien Lauf ließen.

Die Bürger fanden wenig Gefallen an langen Mähnen, LSD und Kommunen. Aber auf Sex hatten auch sie Bock. Oswald Kolle und Kollegen machten sich daran, Busen, Pimmel und Schamhaare an das helle Licht der Öffentlichkeit zu zerren. Zwecks Aufklärung versteht sich. Und plötzlich begann die Republik unter den heftigen Beckenstößen der sexuellen Revolution zu erzittern. Frauen bekamen endlich das Recht auf einen Orgasmus, Mädchen auf die Pille, Jungs aufs Onanieren und Männer auf Licht im Schlafzimmer.

Aus der Befreiung wurde ein Riesengeschäft. Denn Sex lässt sich nicht nur gut verkaufen, wie Bücher, Playboy-Gazetten oder Pornos beweisen, mit Sex lässt sich auch alles verkaufen. Die Werbung legte ihre Finger sachte, aber fest auf die Genitalien der Käufer. Und da liegen sie noch heute. Die richtige Zigarette, das richtige Dusch-Gel, der richtige Whiskey – und schon werden auch aus uns sexy Frauen und superpotente Männer.

Immer noch nicht glücklich? Versuchen Sie es doch mal mit der tibetischen glücklichen Wolkenstellung. Achten Sie darauf, den Penis nur zu zwei Drittel einzuführen und den rechten großen Zeh der Partnerin nie vom hinteren linken Weisheitszahn loszulassen.

Andere clevere Sex-Berater schlagen keine bestimmten äußeren Haltungen mehr vor, dafür innere. Man soll den eigenen Wünschen Raum geben, der Phantasie folgen, selbstbestimmt die Kontrolle verlieren, alle Vorstellungen fahren lassen und sich dem eigenen Erleben hingeben. Wie einfach war dagegen die Missionarsstellung im Dunkeln nach dem Spätkrimi!

Vor der sexuellen Revolution konnten sich Herr und Frau Müller nach seinem kleinen Höhepunkt noch zufrieden aneinander kuscheln. Jetzt müssen multiple Orgasmen her, die Nachbarn müssen von den Lustschreien aus dem Schlaf gerissen werden, und wenn nicht jede Nacht die 5,8 auf der Richterskala sexuellen Bebens erreicht wird, dann ist mit der Beziehung wohl kaum noch was los.

Der Leistungsdruck steigt mit ins Bett. Und die Zweisamkeit kracht unter den Ansprüchen zusammen. Gab es zuvor schon die nicht einlösbare Vorstellung von ewiger Romanze, so gesellen sich jetzt noch die Turbo-Hochleistungs-Sexwünsche dazu.

In den meisten „primitiven“ Kulturen ist die Ehe eine soziale Einrichtung, die viel zu wichtig ist, um sie auf etwas so Unzuverlässigem wie persönlicher Leidenschaft zu gründen. Unsere Kultur aber glaubt an Liebe und Sexualität.

Leidenschaft hat es immer gegeben, aber erst die Bürger des 18. und 19. Jahrhunderts kamen darauf, ihre Lebensgemeinschaft auf sexuellem Begehren und ungestillter, leidenschaftlicher Sehnsucht aufzubauen. Die adligen Troubadoure, die romantischen Schwärmer des Mittelalters, berührten nie auch nur das Haar der verzehrend Angebeteten.

Für den Troubadour und seine Zeitgenossen war der Körper noch nicht gezähmt. Sinnlichkeit war noch überall. Sexualität keine Extra-Abteilung des Lebens, sondern Teil allen alltäglichen Erlebens. Für mittelalterliche Menschen war es normal, ohne Geschlechtertrennung nackt zu baden und zu schlafen und ihren Gefühlen freien Lauf und lauten Ausdruck zu verleihen. Frauen waren sexuell selbstbestimmt und folgten ihrer Lust auch beim ersten Rendezvous.

Onaniert wurde ganz locker, um die Körpersäfte zu reinigen und Menstruationsbeschwerden zu lindern. Und Kinder waren ganz selbstverständlich an sexuellen Spielen der Erwachsenen beteiligt, bei denen heute der Staatsanwalt gerufen würde. Der Schlafanzug, die Kindheit ohne Sexualität, das Verbot, genüsslich mit den Händen zu essen und die romantische Liebesehe – das alles entstand aus dem gleichen Geist der Unterdrückung der Lust. In der sexuellen Revolution der 60er Jahre, die bekanntlich keine war, zerbrachen schließlich die Normen. Doch statt Befreiung wuchsen nur die Ansprüche.

Ausgerechnet im Ehebett sollen jetzt die Orgasmen zur kosmischen Erleuchtung blühen.

Der Mann, mit dem wir die Ratenzahlungen diskutieren, der den ganzen Tag mit Bilanzen und Computergrafiken kämpft, der täglich vor unseren Augen mit der Zahnbürste in der Mundhöhle rumstochert, der soll des Nachts plötzlich zu einem mit allen Wassern des Kamasutra gewaschenen Erotik-Gott mutieren.

Wenn die Eigenheimtür ins Schloss fällt, sollen in der Zweisamkeit schlagartig all die erotischen und lustvollen Gefühle in uns aufblühen, die wir den ganzen lieben langen Tag im harten Konkurrenzkampf verdrängen müssen.

Wir rackern uns ab, bringen Leistung um Leistung, um dann endlich durch den Traumpartner für unsere Qualen belohnt zu werden. Je mehr die Sexualität dabei als Glücksspender versagt, desto verbissener verdoppeln wir unsere Anstrengungen, es richtig hinzukriegen. Viele, vor allem Männer, verwechseln dabei Sex mit ihren Wünschen nach Nähe, nach Anerkennung, nach Angenommensein und Liebe. Oft weil ihr Schniepel der letzte Ort ist, an dem sie noch wirklich etwas fühlen.

Dabei ist klar, dass Sex in der Dauerbeziehung irgendwie schal werden kann. Liebe kann in Sicherheit und Bindung wachsen. Doch Leidenschaft braucht Risiko, Angst, Triumph oder Feindseligkeit. Sexualität wird erst durch die sie begleitenden Gefühle intensiv. Durch Macht, Unterwerfung und das Sprengen erlaubter Grenzen, durch Unordnung und das Eindringen kindlicher Ängste. Dagegen steht die sterile Sex-Hygiene, wie sie heute die Medien füllt. Sex als Kalorienverbrenner, bei dem die Immunabwehr voll aufdreht. Sex als Mittel für glattere Haut, gegen Schnupfen und Herzinfarkt. Sex wie die tägliche Jane-Fonda-Fitnessübung. Wer hält das schon ewig durch? Wer hat dazu nach einiger Zeit noch Lust?

„Das Problem mit der Sexualität liegt nicht in unseren Genitalien, sondern in unseren Köpfen, in unserer Lebensphilosophie", schreibt der amerikanische Psychologe Sam Keen.

Sexualität ist wichtig. Immer, überall. Denn wir sind in dem Sinne sexuelle Wesen, dass wir die Fähigkeit besitzen, unserer Lust gemäß zu handeln. Jeder sollte nach seinen eigenen Bedürfnissen Sex haben können, je nach Alter und Wünschen. Und alles ist okay, solange beide Partner daran Freude finden – aber so einfach ist es nicht. Wir können unser Leistungsdenken nicht einfach auf der Bettkante ablegen. Es hat unsere Lust, unsere Sexualität längst erobert.

Wir können nur wieder begreifen lernen, dass Sexualität nicht der Sinn, die Erfüllung des Lebens sein kann. Sex erscheint uns heute als das Wichtigste überhaupt. Doch in dieser Form führt er geradewegs in die Sackgasse. „Der (Super-)Orgasmus ist nicht das Mittel zu einem vollständigen Leben, sondern sein Ergebnis", schreibt der Psychotherapeut Alexander Lowen. Erst wenn wir lernen, Erotik wieder so zu verstehen, wie es alte Traditionen tun, dann ist Sexualität das Wichtigste im Leben. Denn dann ist damit die Lebenskraft gemeint, die die alten Inder als Kundalini in sich aufsteigen ließen, um sich selbst zu erkennen. Die Liebe, mit der sich die Menschen im Alten Testament erkannten. Die mysteriöse Kraft, die nach den griechischen Philosophen das Samenkorn dazu treibt, ein Baum zu werden, und die Menschen dazu, vollkommen zu sein.

Wenn erotische Verbundenheit und sinnliche Lebendigkeit nicht mehr gleichbedeutend sind mit dem Griff zwischen die Beine des anderen Geschlechts, sondern auch mit dem Blick ins Gesicht unserer Kinder und Freunde, in den Himmel und auf die Erde – dann, ja dann ...

Bis dahin werden wir wohl an der Verwirrung zu knacken haben, die schon dem Sexschreiber unserer Jahrzehnte, Charles Bukowski, auffiel: Dass bei jeder neuen Frau, bei jedem neuen Mann, obwohl wir es besser wissen, irgendwo das uneinlösbare Versprechen herumspukt, nun könnte es endlich das alles überragende Erlebnis werden.

Und wenn sie nicht gestorben sind … Sexualität in langjährigen Partnerschaften

Du steckst deine Nase lieber ins Taschenbuch als in den Ausschnitt der Blondine neben dir. Eine böse Erkenntnis. Du fühlst dich schal. Nachorgiastische Depression kann es nicht sein. Das letzte Mal ist zehn Tage her. Oder sind es schon drei Wochen? Die Schönheit auf dem Lotterbett neben dir ist deine Frau.

Vor sechs Jahren hast du ihr die Kleider vom Leib gerissen, kaum dass die Haustür ins Schloss fiel. Ihre Bewegungen, ihr Geruch ließen dich innerlich beben. Heute kommst du dir vor wie ein kastrierter Kater. Du kuschelst gern. Du liebst sie, du willst keine andere Frau. Aber erotisch findest du sie nur gelegentlich. Nach einer Party, wenn dich die Eifersucht wieder ein wenig wachgekitzelt hat. Manchmal, wenn du sie morgens nach dem Joggen im Badezimmer triffst oder du zur Entspannung ein Glas Wein mehr getrunken hast. Meist betrachtest du deine Frau wie ein Oberlehrer. Entdeckst die strenge Falte dort, die falsche Proportion hier. Wenn diese Frau im Minirock eine Fremde wäre, würdest du eine Halsfraktur riskieren. Wann hast du dich das letzte Mal nach ihr umgedreht?

Du bist verwirrt. Wieso können dein Kopf, dein Bauch, dein Schwanz und dein Herz nicht mit derselben Frau zufrieden sein?

Der Kopf: Die Idee, jeden morgen neben der geliebten Frau aufzuwachen, ihre weiche Haut zu streicheln und dabei von Amors Pfeil niedergestreckt zu werden, ist himmlisch. Doch Amor und seine Götterkumpanen sind keine Beamten auf Lebenszeit, die mit der Regelmäßigkeit eines Uhrwerks einmal morgens um 8.30 Uhr und einmal abends um 22.30 Uhr ihre Liebespfeile abschießen. Sie schleichen sich an und drücken dann ab, wenn wir es am wenigsten erwarten. Und das ist wundervoll, denn nur der Augenblick kann erotisch sein. Aber was machst du? Einmal angekommen im erotischen Paradies, beschließt du, dort für immer zu verweilen. Du machst die Geliebte zur Partnerin. Ausgerechnet das flüchtigste Erleben, die Erotik, nimmst du als Grundlage für dein Dauerglück. Und nichts ist dir männlichem Wohlstandskind wichtiger, bedeutungsvoller. Arbeit, Erfolg, das alles gibt deinem Leben keinen wirklichen Sinn mehr. Die erotische Beziehung ist der letzte Bereich, in dem du noch selbst entscheidest, in dem du noch sinnlich, verrückt und spontan bist.

Doch dein Hirn ist überschwemmt von romantischen Wunschbildern. Nur ein paar Monate gelingt es dir, in ihr zu sehen, was du sehen willst. Dann entlarvt sich ihr verführerisches Blinzeln als juckende Kontaktlinse. Ihre fiebrig-aufregende Ausstrahlung ist nichts anderes als die von der Mutter übernommene Hektik, und ihr Hintern ist nur knackig, wenn sie ihren Stretchslip anhat.

Das Märchenende „Und wenn sie nicht gestorben sind, dann sind sie noch immer scharf aufeinander" erfüllt sich nicht. Stattdessen wachsen Vertrautheit und Geborgenheit und mit ihnen das Mama-Gefühl. Und das wird noch schlimmer, wenn deine Geliebte wirklich Mutter wird. Die Mutter deiner Kinder. Denn wer träumt schon von Sex mit Mama?

Doch andererseits bist du voll auf Supererotik programmiert. Erotische Hochleistungsberater in allen Medien erklären dir genau, wie einfach du deinen stotternden Sexmotor wieder flott kriegst. Komisch, dass du es nicht schaffst. Jede Werbung, jede Straße voller sexy gekleideter Frauen fährt dich innerlich auf maximale erotische Stimulation hoch. Solltest du nicht auch im Ehebett so angeturnt sein? Auf diese Art entstehen riesige künstliche Ansprüche. Wenn du die nicht ablegst und auch mal deinen Frust akzeptierst, kannst du dein Partnerglück nie akzeptieren.

Der Bauch: Weil deine Sexualität von deinen Gefühlen abgetrennt ist, glaubst du, deine Erotik ließe sich am Schwanz aus dem Beziehungssumpf ziehen. Erotik findest du nur, wenn du deine Sehnsucht zulässt.

Wahre Erotik sind nicht die kleinen spitzen Zuckungen im Unterleib, sondern die tiefen, verbindenden Wellen gegenseitiger Zuneigung. Du blickst ihr in die Augen, ihre Finger streichen über deine Schultern und dich durchflutet dieses tiefe Gefühl von Zugehörigkeit. Erotische Gefühle, die dich nicht anturnen, sondern in denen du dich aufzulösen wagst. Keine aufregende Erotik einer anfänglichen Verliebtheit, sondern erfüllender Ausdruck gegenseitiger Liebe. Diese Erotik misst sich nicht in der Koitusfrequenz pro Woche.

Der Kopf: Da machst du dir etwas vor. Deine erotische Dauerforderung an die Partnerin ist nur eine mit Macho-Paste übertünchte kindliche Anfrage, ob sie dich noch lieb hat. Wenn die Frau mit dir schläft, dann fühlst du dich von ihr geliebt. Wenn nicht, dann schmollst du und bist frustriert, aggressiv. Doch das ist kein sexueller Frust, das ist hilfloser Kinderfrust.

Du kennst entweder die hocherotischen Beziehungen, in denen die Post abgeht, aber nie ankommt, weil man einander nicht versteht. Und andererseits die partnerschaftlichen Beziehungen, in denen so viel partnerschaftliches Verständnis möglich wäre, zu dem es aber nie kommt, eben weil hier die erotische Post gar nicht erst in den Briefkasten geworfen wird. In diesem Entweder-Oder zeigt sich deine Angst vor Mamas Begehren. Wehe, dir kommt noch einmal eine Frau so nahe wie sie damals. Bevor du dich noch mal vor Liebe erdrücken lässt, klappst du das erotische Visier runter. Und da, wo du heiß begehrst, da lässt du keine Nähe aufkommen.

Der Bauch: Auch wenn du dieses Hindernis überwindest und eine erotische Partnerschaft beginnst, ist die Harmonie nur von kurzer Dauer. Unbewusst und innerlich bist du sauer, du hast keinen Bock mehr auf deine Liebste. Aus Anziehung wird Abneigung, aus Erotik ihr Gegenteil: Ekel. Beim flüchtigen Kuss erschnupperst du Mundgeruch, beim zärtlichen Streicheln kämpfst du mit winzigen Pickeln. Du kriegst noch mehr Frust, weil dir die Lust vergeht. Du wirst noch ärgerlicher und schon bist du in einem Teufelskreis.

Wenn die erotische Spannung zwischen den Partnern absackt, steckt dahinter oft ein Zuviel an anderer Spannung. Unverarbeitete Konflikte, unausgesprochener Seelenmüll belasten da, wo Erotik wirklich wachsen könnte. Mann, Beziehungsarbeit allein schafft befriedigende Erotik!

Der Schwanz: Wirkliche Erotik kann es in einer festen Beziehung überhaupt nicht geben. Unsere Ahnen haben sich da nichts vorgemacht. Zwei Drittel aller Urvölker haben tolerierte Sexventile, also erlaubte Formen, fremdzugehen. Und die Wissenschaft bestätigt es. Phenyläthylamin heißt die chemische Keule, die unsere Drüsen nur dann ausspucken, wenn wir verliebt sind. Und nach drei Monaten wird ihre Produktion eingestellt. Unwiderruflich. Danach setzt die Gewöhnung ein. Der Todfeind aller Gefühle. Denn unsere Sinne nehmen nur das Neue, Fremde wahr. Den Ehering am Finger fühlen wir schon nach ein paar Wochen nicht mehr. Soll da die erotische Ausstrahlung unserer Frau lebenslang auf uns wirken? Verlieben, mit allem erotischen Zauber, tun wir uns in Unbekannte, die wir verführen und erobern.

Dein Hirn setzt die Wahrnehmung jedes Knackarschs sofort in eine elektrisierende Hormonkaskade um. Die Erregung kommt sprunghaft, plötzlich. Wenn du erregt bist, bist du voller Begeisterung. Befriedigt verlierst du schnell dein Interesse.

Der Kopf: Der italienische Soziologieprofessor Francesco Alberoni sagt, die erotische Männerphantasie sei „das Gegenteil der weiblichen. Wo letztere Kontinuität, Intimität und gemeinsames Leben sucht, schließt erstere Liebe, Bindung, Pflichten, das soziale Leben an sich gewaltsam aus ... Eine Frau, die sich in der Ehe oder im Zusammenleben zärtlich und hingebungsvoll geliebt und mit Aufmerksamkeit bedacht fühlt, ist erotisch völlig befriedigt. Mehr noch. Sie wird erotischer. Einen Mann regen solche Dinge nicht an. Im Gegenteil, eine Welt aus lauter Zärtlichkeit und Fürsorge, aus lauter liebevoller Ausschließlichkeit und gemächlichen Gewohnheiten kann für ihn das reine Gefängnis werden: all seine Erotik geht ihm kaputt, ihm wird übel, er wird impotent." Also vergiss die Irrlehre, nach der hinter deiner Unlust jedes Mal ein tieferes Partnerschaftsproblem stecken muss.

So ihr drei, jetzt sag ich euch mal was: So geht's nicht! Der Kopf hat Recht, man muss seine Ansprüche runterschrauben. Aber das ist fade. Der Bauch hat Recht, man muss in einer Beziehung an der Erotik arbeiten. Aber das ist mühsam und anstrengend obendrein. Und der Schwanz hat auch Recht. Man muss seiner wilden Biologie folgen. Aber das gibt Chaos.

Immer wieder denkst du: Die ist es! Der Pornostar mit Professorentitel. Die Monroe in Ökoschürze. Und dann werden Eros' Pfeile wieder stumpf wie Steinzeitfunde.

Dann versuchst du, die Beziehung in endlosen Gesprächen zu retten. Klar, das hilft. Doch dabei kommt auch heraus: Ich bin dein Therapeut und du bist meine Therapeutin. Und Therapeutin und Klient haben keinen Sex zusammen. Wann willst du auch noch zusammen schlafen, wenn du die ganze Nacht deinen Ödipuskomplex bequatschst?

Offenheit wird in der Partnerschaft schnell zu Selbstqual und Sadismus. „Deine Arme finde ich ehrlich gesagt zu mager, und ich habe bemerkt, ich würde gern mit der Rothaarigen aus Nummer 14 vögeln." Der letzte Rest Erotik schwindet, wenn die letzten Geheimnisse fallen.

Oder du versuchst, künstlich Spannung ins Spiel zu bringen. Es im Kaufhausfahrstuhl zu treiben, in der einsamen Bergkapelle oder bei 160 auf der Autobahn. Aber wie soll es dann weitergehen, wenn auch das seinen Reiz verliert? Und das Ungewöhnliche zu Hause? Wenn deine Jeanslady plötzlich in Strapsen über den Teppich hüpft, erweckt das in dir eher Kichern als erotische Spannung. Die spanische Fliege, Marihuana oder der normale deutsche Sekt – jedem hilft irgendwas ein wenig. Aber nie lange.

Über 70 Prozent aller Beziehungen gehen in die Brüche, und genauso hoch liegt der Prozentsatz der Partner, die fremdgehen. Es bleibt anscheinend nur die uralte Wahl: verdrängen oder verheimlichen ...

Das Herz: Aber es sind nicht nur die Triebe und die Angst vor Nähe. Es ist gerade die Angst vor der Distanz, der Tatsache, dass Männlein und Weiblein sich wirklich voneinander unterscheiden und wir nur etwas voneinander haben, wenn wir unsere Unterschiedlichkeit ausleben können, die wir überwinden müssen. Denn davon lebt Erotik. Mann, du musst damit leben, dass es kein Patentrezept gibt. In Partnerschaft und Erotik geht es letztendlich um Erkenntnis. Darum, mehr über dich zu erfahren. Über die eigenen Grenzen hinauszugehen, zu wachsen. Was immer das für jeden heißt. Dann ist Liebe mehr als die Anstrengung, die ein Mann unternimmt, um sich mit seiner Frau zufrieden zu geben. Dann kannst du vielleicht dein Herz entdecken. Und das Lächeln deiner Frau und ihr Körper auf dem verstaubten Ehebett haben wieder irgendetwas mit deiner erotischen Liebe zum Leben und zur Welt zu tun.

Just do it – Liebe machen

Bei so manchen Worte, die sich reimen, könnte man meinen, es gäbe einen geheimen Zusammenhang, der uns verborgen ist. Liebe reimt sich auf Triebe. Dieser Zusammenhang erscheint sofort klar. Sex hat mit Liebe zu tun und Liebe mit Sex. Aber wenn wir einen Augenblick länger darüber nachdenken, sind wir uns schon nicht mehr ganz so sicher, wie sie miteinander zusammenhängen. Ist nicht Liebe ohne Triebe nur Freundschaft und Triebe ohne Liebe nur Vögeln? Und was heißt hier „nur"? Wenn wir erst einmal beginnen, genauer darüber nachzudenken, dann wird klar, dass der Zusammenhang von Liebe und Triebe schlichtweg Verwirrung ist. Unsere Verwirrung. Immer wieder stehen wir vor der Frage, ob wir nun Liebe fühlen oder ob das, was wir erleben, reine Fleischeslust ist. Ob sich die geile Lust nur wie Liebe anfühlt, weil sie uns dazu bringt, ständig an den anderen zu denken, oder ob es beides ist. Solange wir lieben und es überaus gerne miteinander treiben, ist uns auch völlig egal, was was ist. Ob Liebe oder Triebe, wir sind gerne mit-, auf- und untereinander.

Wenn wir in einer festen Liebesbeziehung leben, dann wachsen mit der Zeit Vertrautheit und Nähe. Die Bindung aneinander wird fester. Die Liebe wächst. Doch gleichzeitig stellt der Trieb sein Treiben allmählich ein. Die Lust schrumpft. Statt Liebe auf Triebe beginnen wir Lust auf Frust zu reimen. Was ein noch viel blöderer Reim ist, dem wir uns aber trotzdem nicht entziehen können. Millionen Paare erleben den Zusammenhang wortwörtlich am eigenen Leib.

Der Zustand der Lustlosigkeit, des fehlenden sexuellen Interesses, zumindest am eigenen Partner, ist mittlerweile die am häufigsten geäußerte sexuelle Problematik. Frauen sind längst frei und selbstbewusst genug, um zum Orgasmus zu kommen. Und Männer greifen im Notfall auf ihre kleinen blauen Helfer zurück. Rechtzeitig eingenommen, sorgen sie stundenlang für Erektionen. Aber Lust können sie auch nicht wecken.

Tote Hose also. Die paar Gläser Rotwein zu viel bringen uns auch nicht mehr in Wallung, sondern fördern den Blues erst richtig zu Tage. Dessous und spanische Fliege, nur Idioten glauben wirklich daran. Gute Paare sprechen darüber, schlechte

Paare schweigen darüber. Doch gleichgültig, ob fassungslose Wortlosigkeit oder beredte Hilflosigkeit: Die Paare hocken gelähmt am Graben der Lustlosigkeit und spüren ratlos in die Leere der eigenen Sinnlichkeit. Es rührt sich nichts. Und deshalb rühren sie sich auch nicht. Sie rühren sich nicht, weil sie warten. Sie warten, dass es sich rührt. Dass die Gefühle wiederkommen. Die romantische Liebesfalle hat zugeschlagen.

In unserer romantischen Sicht ist die Liebe ein magisches Geschehen, dass über zwei Menschenwesen kommt. Es funkt. Der Blitz schlägt ein. Es ist um uns geschehen. Nur blöd, dass es irgendwann um unsere Beziehung geschehen ist, wenn wir endlos auf die Rückkehr der Leidenschaft warten. Wir problematisieren die ganze Beziehung rauf und runter, aber trotzdem bleiben wir passiv. Es soll aus uns heraus kommen, aus uns heraus geschehen. Tief in uns drinnen soll es geschehen. Wir warten auf die eigene Überwältigung. Wir warten auf das Wunder der Liebe, das Wunder der Leidenschaft.

Wir sind bereit zu sehen, dass wir etwas tun müssen, dass wir ein Problem haben. Irgendetwas stimmt mit der Beziehung nicht. Das müssen wir lösen, dann geht es wieder. Wir sind ja nicht mehr so naiv zu glauben, dass wir nach zwölf Jahren Beziehung noch so begeistert in den erotischen Nahkampf gehen müssten wie nach zwölf Tagen Beziehung, als man aus dem erotischen Zweikampf gar nicht herauskam. Es wäre ja einfach nett, wenn man manchmal Lust aufeinander hätte. Wir wollen ja gar nicht jeden Tag die Kerze anzünden. Aber vielleicht einmal im Monat ein Lichterfest? Diese sexuelle Nulldiät ist schwer zu ertragen.

In dieser hoffnungslosen Lage waren auch Marion und Herbert. Ein kinderloses Ehepaar, das sich gefunden hat, als sie beide Mitte dreißig waren. Herbert ist im Außendienst tätig. Das heißt: Herbert ist mehr unterwegs als zu Hause. In der ersten Zeit gefiel das dem Paar. Ihr Sexleben blieb frisch und aufregend. Aber dann musste Herbert auch international arbeiten und Marion war beruflich ebenfalls stark eingespannt. Was auch immer die Ursache gewesen war, ihr Sexleben begann spärlicher zu werden. Plötzlich tauchte vor dem Wochenende der bedrückende Gedanke auf, dass es ja vielleicht auch diesmal wieder keinen Sex geben würde. Und so war es dann auch.

Nicht nur, dass eine Freude aus ihrem Leben verschwunden war. Ihre Unfähigkeit, diese sexuelle Fastenzeit zu durchbrechen, bedrückte sie zusätzlich. Sie schilderten ihre Situation in der Paartherapie. Sie hatten ihren Sex immer als befriedigend empfunden. Aber die Arbeit fraß ihnen die Zeit weg, sie waren oft müde, wenn sie sich trafen, oder zumindest einer von ihnen. Und sie waren ratlos. Wenn sie wüssten, wie sie dorthin gelangen könnten, dann würden sie sofort gerne miteinander Sex haben. Der Therapeut empfahl ihnen, es einfach zu tun.

Sich einfach zum Liebemachen zu entscheiden und nicht zu warten, bis das innere Gefühlsbarometer auf „Lust" steht. Nicht zu hoffen, dass das Miteinander sich gut gestaltet und sich daraus die Lust auf Sex entwickelt, sondern sich einfach zu verabreden, Sex zu haben.

Sich zum Sex zu verabreden, erscheint nicht nur logisch, sondern auch notwendig. Denn zu Beginn des 21. Jahrhunderts ist Sexualität zunehmend zu einer Verabredung zwischen den Geschlechtern geworden. Bis in die 80er Jahre war Sexualität stark durch das Spiel von Verführung und Unterwerfung geprägt. Männer dominierten und forderten, Frauen verweigerten sich und verführten. Doch die Emanzipationsbewegung zeigte die männliche Gewalt in der Sexualität auf, von Missbrauch bis Pornografie und sexueller Belästigung. Die Frauen lernten sich zu wehren und ihrerseits die erotische Initiative zu ergreifen.

In der Sexualität wie generell in der Liebesbeziehung zog mit der Gleichberechtigung eine „Verhandlungsmoral" ein, so der Sexualforscher Professor Gunter Schmidt. Sexuell ist alles erlaubt, aber nur solange es zwischen den Partnern ausgehandelt ist. Jeder Schritt im erotischen Miteinander steht nun für sich. Wer heiß knutscht, erklärt sich noch lange nicht bereit, auch mit dem anderen zu schlafen. Wer Sex miteinander hatte, kann nicht davon ausgehen, wieder Sex miteinander zu haben.

Fast gleichzeitig löste sich auch die Vorstellung vom Trieb, der unbedingt befriedigt werden muss, auf. Das Verständnis von Sexualität als eine Art Dampfkessel, aus dem hin und wieder unbedingt Dampf abgelassen werden muss, weicht immer mehr einer nicht genauer definierten Auffassung von Sexualität. Sex ist einfach, wie viele andere Tätigkeiten auch, eine überaus erregende und beglückende Form des Umgangs miteinander, eine schöne Art, Zeit miteinander zu verbringen. Sexualität kann ungehindert existieren. Und diese Freiheit nimmt ihr alles Drängende oder unbedingt Notwendige. Auch Männer haben nicht mehr Sex, wann immer sie nur können. Sondern dann, wenn sie wollen. Und manchmal wollen jetzt auch Männer nicht. Aus Wollust ist Wohllust geworden, beschreibt es der Sexologe Volkmar Sigusch. Wo Paare früher warten konnten, dass sie die Wollust ergriff, müssen sie heute also dafür sorgen, die Wohllust zu leben.

„Es gibt nichts Gutes, außer man tut es." Erich Kästner hatte unbedingt Recht – obwohl er diesen Satz vermutlich anders meinte. Die Initiative ergreifen und miteinander Sex haben. Ohne dass die innere Leidenschaft es befiehlt. Einfach absichtlich und bewusst entscheiden, weil beide wissen, dass es ihnen Spaß macht, dass sie es sich miteinander wünschen. So verabredet wie einen Spaziergang. „Ich möchte noch ein wenig rausgehen, komm doch mit." „Ich möchte noch ein wenig Lust mit dir leben, kommst du mit?"

Die Sexualität zwischen Partnern, das Miteinander-Schlafen, ist ja nicht nur eine Aktion gegenseitiger Lustbefriedigung. Es ist auch ein Ritual der Verbundenheit und Nähe. Ein Ritual, von dem auch ein Marsbewohner sofort verstehen würde, dass es etwas mit unserer Liebe zu tun hat. Denn er würde feststellen, dass sich eine Liebesbeziehung von anderen Beziehungen offenbar dadurch unterscheidet, dass die Menschen in der Liebesbeziehung viel Zeit miteinander verbringen. Häufig auch ohne andere. Und dass sie einander häufig und ausführlich auf eine offenbar angenehme Art berühren. Durch die gemeinsame Sexualität bekräftigt das Paar seine Verbundenheit. „Wir schlafen miteinander" bedeutet: „Wir sind das Paar." Und die anderen gehören nicht dazu. Das macht den Geschlechtsakt zu einem Ritual der Verbundenheit.

Rituale muss man pflegen, man muss sich an sie halten, sie durchführen, sonst können sie ihre Kraft nicht entfalten.

So wie wir unsere Geburtstage feiern, uns mit einem Kuss voneinander verabschieden, uns zum Essen an einen Tisch setzen und miteinander sprechen, am Samstag nach dem Einkaufen immer noch einen Cappuccino bei „Luigi" trinken.

Sex scheint aber das einzige Ritual zu sein, von dem wir möchten, dass es sich selbst begeht, dass es sich von sich aus durchführt. Das ist die romantische Falle, in der unsere Sexualität festsitzt.

Wenn es keine anderen sexuellen Probleme gibt, wenn nicht mangelnde Nähe Sexualität verhindert oder ein Machtkampf das Paar blockiert, dann ist Sex auf Verabredung möglich. „Wenn ich Lust auf Sex habe, dann schlafen wir miteinander. Und wenn mein Partner Lust auf Sex hat, dann schlafen wir auch miteinander." Bei einem Paar heißt das Ritual „Wie wäre es jetzt mit einer kleinen Massage?" Ein anderes benutzt den magischen Satz: „Wir könnten doch jetzt noch mal ins Bett gehen." Und um 15.24 Uhr am Samstagnachmittag ist klar, dass es sich nicht um die Einladung zum gemeinsamen Mittagsschlaf handelt. Wenn nichts ernsthaft dagegen spricht, dann gehen sie miteinander ins Bett und machen Liebe.

Liebe und Triebe, sie gehen immer wieder durcheinander. Können wir wirklich Liebe machen? Oder müssten wir nicht genauer sagen, dass wir einander Lust bereiten können? Und das tut ja dann auch der Liebe gut. Oder kann es bei reiner Leidenschaft bleiben? Ach, wie auch immer. Darum geht es doch gerade: Just do it!

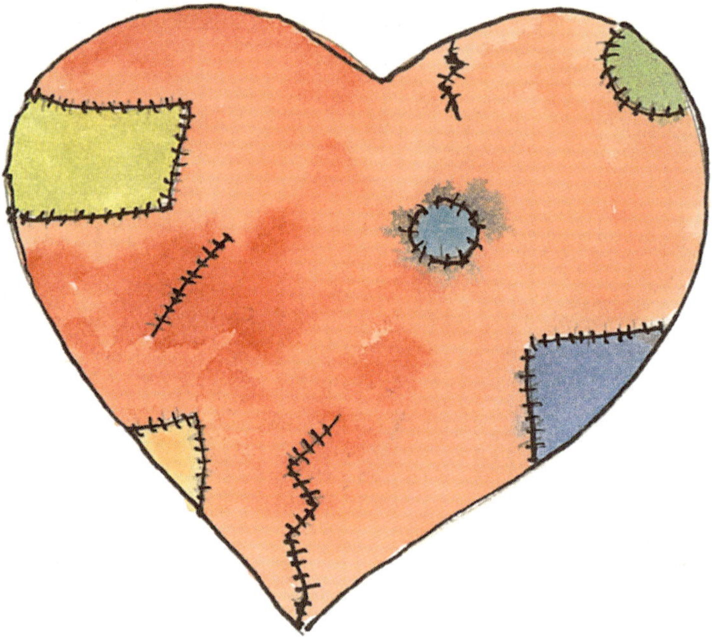

Frauen und Männer

Warum Männer zuhören und Frauen gut einparken können

Ein Steinzeit-Mythos geht um. Macht in einer Flut von Beziehungsbüchern die Runde. Die Gene, heißt es darin, sind die eigentlichen Bosse in unseren Partnerschaften, sie haben uns in Millionen von Jahren der Evolution zu dem gemacht, was wir sind: beutehungrige, testosterongesteuerte Männchen, die wild darauf sind, ihre Gene möglichst breit zu streuen, und nur an die Lösung lebenswichtiger Dinge denken können wie das Schnitzen von Pfeilspitzen und das Tunen von Sechszylindern. Die Weibchen dagegen sind brutversessen und von Natur aus beziehungssüchtig. Sie haben außerdem einen unstillbaren natürlichen Sammeltrieb. Früher nach Knollen und Beeren, heute nach Kostümen und Schuhen. Es ist klar: mit diesen genetischen Altlasten beladen – denn in den letzen 20 000 Jahren hat die Evolution keine großen Sprünge mehr gemacht –, sind wir den heutigen Ansprüchen ans Miteinander der Geschlechter nicht im Entferntesten gewachsen. Wir sind noch immer Fred und Wilma Feuerstein, nur eben an der Computertastatur.

„Der biologische Drang eines Mannes ist es, eine Frau zu versorgen …“ – „Frauen waren meistens zufrieden, wenn ihre Männer unterwegs waren, um Nahrung zu beschaffen, und sie selbst das Feuer in der Höhle am Brennen halten konnten …“ – „Das Überleben zu sichern, war eine harte Angelegenheit, Beziehungen dagegen waren ein Kinderspiel …“ Das ist lustig. Was die Obergurus des Geschlechterkrampfs, Allan und Barbara Pease, in ihren Bestsellern von sich geben, klingt wie britischer Humor. Und man kommt sich fast wie ein Spielverderber vor, sich ernsthafte Gedanken dazu zu machen. Doch man muss. Denn viele Frauen halten sich an die 34 Regeln aus „Die Kunst, den Mann fürs Leben zu finden“. Sie lauten beispielsweise: „Sprechen Sie einen Mann nicht zuerst an – er ist biologisch gesehen der Angreifer.“

Neulich verwandelte sich auch mein Freund Jeff in einen Steinzeitmenschen. Normalerweise ist er ein aufgeklärtes Exemplar des Jetztzeit-Mannes. Er trainiert Wirtschaftsbosse darin, wie sie ihre unbewussten Glaubenssysteme ablegen können, um erfolgreicher zu sein. Doch er selbst glaubt, er sei durch seine Gene so programmiert, dass seine Freundin ihn niemals verstehen könne. Frauen, so grunzte Jeff erregt und kleckerte etwas Wein auf sein Bärenfell, können niemals begreifen, dass Männern der Beruf über alles geht, dass sie eine Firma gründen und die Welt erobern wollen. Männer sind für ihn wilde Krieger vom Mars, die sich beweisen wollen. Und Frauen hübsche Nestbauerinnen von der Venus, deren Erfüllung darin liegt, „I love you“ von ihrem Liebsten zu hören, um sich dann glückstrunken der Brutpflege zuzuwenden. Und nebenbei ihren New Beetle an den Bordstein zu setzen, weil sie mangels räumlicher Vorstellungskraft zu blöde zum Einparken sind.

Im Gegensatz zu männlichen Wesen, deren Hirn durch jahrmillionenlanges Speerwurftraining gelernt habe zu berechnen, wann es scheppert. Dafür seien Kerle Kommunikationsnieten, die eigentlich nur differenziert grunzen können. Sie können weder reden noch zuhören, weil quasselnde Jäger die scheuen Mammuts vertrieben hätten.

Niemand bezweifelt, dass es in der Natur grundsätzlich den von Charles Darwin beschriebenen Mechanismus der natürlichen Auslese gibt. Und es ist wundervoll, wenn wir mehr von den Unterschieden zwischen Mann und Frau verstehen. Aber Evolutionspsychologen machen es sich zu einfach, wenn sie behaupten, bei allem, auch in der Liebe, liefe es heute noch wie bei Neandertalers. Raue Jungs und einfühlsame Mädels eben. So einfach ist das nicht. Bei Männern und Frauen lassen sich beispielsweise die gleichen psychologischen Reaktionen messen, wenn sie Kindern und anderen Mitmenschen begegnen. Werden sie aber gefragt oder fühlen sie sich beobachtet, dann unterscheiden sie sich, sagen etwas ganz anderes: Frauen geben sich einfühlsamer und Männer cooler. Nix genetisches Programm. Das gesellschaftlich vermittelte Rollenverständnis bestimmt das Verhalten.

Die Wundertüte Evolutionspsychologie kann alles und nichts erklären. Treue – ein evolutionärer Vorteil! Untreue – ebenfalls ein evolutionärer Vorteil! Wer an seiner Frau klebt, hält die anderen Feuersteins vom Besamen ab und erhöht seine eigenen Chancen. Andererseits, wer zwanghaft jeden Rock lupft, besitzt mehr Lose in der großen Fortpflanzungslotterie. Wem hilft das weiter?

Ist Liebe wirklich nur ein urzeitliches Programm, das uns an Fremde bindet, damit wir nicht Inzucht betreiben, was bekanntlich dem Fortbestand schadet? Wohin bringt uns die tiefe Erkenntnis, dass Männer gesunde, gut gebaute Frauen mögen? Und was folgt daraus, dass viele (längst nicht alle) Frauen Männer mit hohem Status und gut gefüllter Brieftasche mögen? Der englische Biologieprofessor Steven Rose weist in seinem Buch „Darwins gefährliche Erben“ darauf hin, dass Reichtum zwar vererbt werden kann, aber nicht mittels der Gene. Und dass ein üppiges Bankkonto weder etwas über die genetische Fitness des Inhabers verrät, noch das Überleben besonders vieler Nachkommen garantiert.

Evolutionspsychologische Weisheiten scheinen zumeist nichts weiter zu sein als die Wiedergabe der männerdominierten, raubtierkapitalistischen Verhältnisse. Der gleiche Quark im gleichen Becher. Aber mit dem Aufdruck: „Neu! Jetzt naturgegeben und genetisch bedingt!“ Fred Feuersteins fröhliche Wiederauferstehung ist eine Sammlung erfundener Geschichten, aber keine wissenschaftliche Wahrheit.

Warum wir trotzdem an das Steinzeitmärchen glauben? Weil wir beziehungsmäßig am Ende sind. Wir glauben daran, weil wir richtig gern daran glauben wollen. Denn wenn wir so fest an unser genetisches Erbe gekettet sind, dann sind wir entschuldigt. Dann ist nicht jede Beziehung, die bombig anläuft und dann granatenmäßig scheitert, unser Versagen. Es sind unsere verdammten egoistischen Gene, die unsere Beziehungen killen. „Ja, Schatz, ich hatte versprochen, nicht fremdzugehen, aber die üppige Blondine ... sie hatte genau den richtigen Gencode!“ Und selbst der blöde Dauerstreit um den unauffindbaren Autoschlüssel: genetisch bedingt! Wir müssen nicht an unserer emotionalen Intelligenz zweifeln. Wir müssen keine Angst haben, beziehungsunfähig zu sein, weil es eine perfekte Erklärung gibt: Männer und Frauen passen einfach nicht zueinander.

Die Botschaft erreicht uns genau zum richtigen Zeitpunkt. Wir haben wie verrückt am Medizinrad der Indianer gedreht, uns durch die ausgeplauderten Geheimnisse indischer Tantrameister gehechelt, vom Astrologen den Seelenpartner bestimmen lassen, uns in der Familienstellung mit der ganzen Sippschaft versöhnt und im Enneagramm unsere spirituellen Stärken bestimmt. Vergeblich. Die partnerschaftliche Dauerflutung mit Glückshormonen will einfach nicht stattfinden. Und trotz der irdischen Heerscharen von Paartherapeuten steigt nicht die Zahl der Ehen, sondern die Scheidungsrate.

Sexuelle Befreiung, Gleichberechtigung, wirtschaftliche Unabhängigkeit der Partner und psychologisches Verständnis: Die Errungenschaften der 60er und 70er Jahre haben viel bewirkt. Nur den triumphalen Siegeszug der glücklichen Beziehung nicht. Eher gab es einen echten Romantik-Crash. Und wer heute glücklich miteinander ist, ist frisch verliebt, naiv oder redet von seinem Cockerspaniel.

So kommt das Zeitalter der Genforschung ganz recht. Aber wieso hat das Wunder der Evolution das Verhältnis von Männlein und Weiblein nicht besser hingekriegt? Diese Frage werden wir uns natürlich nicht stellen. Die Vorstellung, im tiefsten Inneren ein schlichter Neandertaler zu sein, der dumpf an seine eigenen Bedürfnisse gekettet ist, hat etwas überaus Erleichterndes.

Doch was als Erleichterung begann, weil es das Beziehungsleben vorgeblich einfach und verständlich macht, verwandelt sich schnell in noch tieferen Beziehungsfrust. Wie sieht sich die Single-Frau, die alle genetisch garantierten Glücksregeln einhält und trotzdem keinen Partner findet? Wie fühlt sich der genetisch korrekt lauschende Ehemann, dessen Angebetete sich immer noch unverstanden fühlt, obwohl er jeden Tag geduldig in ihrem Wortschwall badet? Um dann doch vor dem Scheidungsrichter zu landen? (Gen-)programmtechnisch richtig gemacht, und doch vermasselt!

Wenn wir nicht wissen, was wir tun können, sind wir ratlos. Aber wenn wir es zu wissen glauben und es dann nicht schaffen, sind wir verzweifelt. Und aus der Steinzeit-Euphorie wird dann ein ganz dunkler Beziehungs-Blues.

Der Evolutionsbiologe Hubert Markl schreibt: „... Gene erzwingen tatsächlich sehr wenig, aber sie ermöglichen sehr viel, darin liegt ihre wahre Macht." Sie sind eher die Zutaten und nicht das Rezept. Die Weitergabe kulturellen Wissens prägt uns mindestens so stark. Menschen sind und bleiben die Wesen, die das Gefühl haben, der liebe Gott habe einen guten Job gemacht, als er sie erschaffen hat. Aber dummerweise hat er vergessen, die Gebrauchsanweisung dazuzulegen. Vielleicht werden wir nie genau wissen, wie wir ticken, können wir nie genau wissen, wie Liebe bleibt. Wo sie herkommt. Was sie ist. Und ob wir einander wirklich verstehen. Vielleicht werden wir diese Gewissheit nie finden. Aber macht das nicht den Reiz aus? Ich liebe dich, weil ich es nicht wissen kann.

Was will der Mann?

Sexualität spielt sich nicht zwischen den Beinen ab, sondern im Kopf. Unser wichtigstes Sexualorgan ist das Gehirn. Aber Frauen fragen sich manchmal, ob diese wissenschaftliche Erkenntnis auch für Männer gilt. Oder ob Männer es nicht doch im Lauf der Evolution geschafft haben, mit ihrem Penis eine Art primitiver Programmiersprache zu entwickeln. Wenn die Liebeslanze nach oben zeigt, heißt es unabhängig von irgendwelchen weiteren Erwägungen: „Sex." Und wenn der Liebespfeil nach unten baumelt: „Kein Sex. Lass mich bitte in Ruhe."

Dieses System scheint kaum mit der Außenwelt verbunden zu sein und ganz für sich zu existieren. Gleichgültig, ob in der Beziehung schon tagelang dicke Luft herrscht, sobald der Liebespfeil nach oben weist, wird Sex angestrebt. Generell scheinen für Männer Beziehungen und Sexualität nicht allzu viel miteinander zu tun zu haben. Sie gehen gern fremd. Sie horten Pornos in der Schublade, im Video-Archiv und auf der Festplatte ihres Computers, in denen Menschen beziehungslos stundenlang miteinander rammeln. Sie überziehen ihr Konto für anonymen Telefonsex, käufliche Liebe und die Hiebe einer Domina. Sie riskieren ihr Ansehen als gute Bürger, weil sie durch Fernrohre ins Schlafzimmer ihrer Nachbarn glotzen. Sie stellen die Mehrheit aller Sexsüchtigen, scheinen dauernd mit Sex beschäftigt, aber nie wirklich zufrieden zu sein. Und wie sich Sigmund Freud einst ratlos fragte: „Was will die Frau?", so fragen sich heute Frauen: „Was will der Mann?"

Denn Frauen kennen auch den ganz anderen Mann, der treu liebt, der Sexualität mit Hand, Mund und Herz und nicht nur mit seinem Lieblingsorgan lebt. Der sich stundenlang im erotischen Spiel hingibt und nicht nach drei Minuten die Ziellinie im Orgasmus-Rennen überquert, um noch im Zielraum nach der Fernbedienung zu greifen. Den Mann, der Zärtlichkeiten liebt und auch Berührungen genießt, die ihn nicht schärfer machen.

Strengt sich dieser empfängliche Mann nur an und verdrängt seine wahre Natur, so wie das die Wollstrümpfe strickenden Softies der 70er Jahre taten? Sind Männer genetisch zu Fremdgehen, unpersönlichem Sex und dauerndem Sperma-Ausstoß verdammt? Und ist der liebevolle Mann nur die mühsame Tarnung der schwächlichen Steinzeitjäger, die anders nicht zum Schuss kommen? Oder verbirgt sich hinter den beziehungslosen Aspekten männlicher Sexualität eine tiefe Angst vor Liebe und Nähe? Wollen Männer rammeln oder Liebe machen? Oder wollen sie gar beides?

Glücklicherweise wird Sexualität von weitaus mehr als nur von Hormoncocktails und Nervenzellen bestimmt. Sexualität ist kein Trieb.

Menschen wollen sich fortpflanzen. Aber wie sie sich dabei verhalten, wovor sie sich fürchten, ob unrasierte Achselhöhlen sie impotent machen und ob sie glauben, der gleichzeitige Orgasmus sei das Maß aller Dinge, ist abhängig von der Kultur, in der sie leben und von dem, was sie über Sexualität und ihre Rolle als Mann oder Frau gelernt haben. So etwas wie eine naturgegebene, reine Sexualität existiert nicht. Die führenden Sexualwissenschaftler, wie zum Beispiel der Hamburger Professor Gunter Schmidt, verstehen Sexualität als eine uns gegebene Möglichkeit, auf Reize lustvoll zu reagieren.

Männliche Sexualität ist genauso wenig ein instinktives Verhalten wie Sportschau gucken. Sie ist vielmehr eine gelernte Verbindung zwischen körperlichem Erleben und den Vorstellungen von der männlichen sexuellen Rolle. Und die orientiert sich zwar nicht mehr an Rambo, aber auch noch nicht an Woody Allen. Warmduscher und Frauenversteher sind immer noch in Verruf. Und Coolness, Leistungsstärke, Effektivität und Vernunft machen noch immer den Mann aus. Der, um die Kontrolle zu behalten und rational handeln zu können, Nähe weiter meidet.

Als Jugendlicher masturbiert sich der Mann durch die fantastische Bilderwelt der Medien-Erotik und macht sich ein Bild von männlicher Sexualität, das der amerikanische Sexologe Dr. Bernie Zilbergeld so beschreibt: „Sie scheinen zu glauben, dass ihr Penis, um eine Frau befriedigen zu können, so groß und hart wie ein Telefonmast sein müsste, dass der männliche und weibliche Orgasmus jedes Mal unabdingbar stattzufinden hätte, dass der einzig gute Sex immer die Vereinigung beinhalten müsste, dass gute Sexualität spontan, also ohne Planung und Reden verlaufen sollte und dass die Welt untergehen würde, wenn ein Mann irgendwelche Fragen, Zweifel oder Probleme beim Sex hätte.“

Überdies ist der Mann ein Wesen mit einer unzweifelhaft stressigen biologischen Grundausstattung. Er hat weniger Verbindung zwischen den Hirnhälften, wodurch Gefühle möglicherweise schwerer zugänglich sind. In ihm pulsiert mehr Testosteron, weswegen ihn heftige Erregung und starke Aggression beuteln. Und er ist weder eindeutig auf Treue noch auf Promiskuität festgelegt.

Der Mann ist also schnell von Gefühlen überwältigt und bedroht und gleichzeitig mit riesigen Ansprüchen beladen. Deshalb zieht er sich aus ihn verunsichernden Beziehungssituationen eher zurück und begeistert sich an sexuellen Praktiken, die er kontrollieren kann. Er genießt seine Kontrolle über Fetisch, Videorecorder und gekauften Liebesdienst. Hat er einmal eine überwältigende sexuelle Erfahrung gemacht, kommt er gern immer wieder darauf zurück. Biologisch und gesellschaftlich bedingt sucht er Macht, Dominanz und Aggression zu leben. Und findet im Sexuellen einen Bereich, in dem sich diese Bedürfnisse ideal ausdrücken lassen. Unter dem Stiefelabsatz von Lady Zora, mit willig stöhnenden Telefonpartnerinnen, gefügigen Prostituierten und in der beliebig zugänglichen Filmszene lässt sich aggressives Verhalten inszenieren, lässt sich Ohnmacht abwehren und lassen sich andere dominieren.

Innerhalb des Spektrums sexuellen Erlebens, zwischen Masturbation mit der Gummipuppe und erotischer Verschmelzung mit der großen Liebe, sind dem Mann also die unpersönlichen und grenzüberschreitenden Aspekte zugänglicher. Aber der Mann ist dadurch nicht unwiderruflich festgeschrieben. Er hat gelernt, Windeln zu wechseln. Er kann auch über seine Gefühle sprechen und in der Sexualität Begegnung leben. Männer lernen das bereits und erleben, dass es ihnen gut tut. Aber das geschieht nicht am Kneipentresen, sondern in der intimen Beziehung. Sie erfahren, wie tief liebevolle Sexualität sie berührt. Sie lernen. Aber sie sind noch auf Entdeckungsreise.

Den Frauen sind die beziehungsorientierten, Verbundenheit suchenden Aspekte der Sexualität eher zugänglich, die damit den weiblichen Pol des sexuellen Spektrums bilden. Aber auf Liebe fixiert und davon abhängig, holen sie die Männer in Fremdgehen und Selbstbefriedigung langsam ein und stecken den „California Dream Men“ ungeniert die Geldscheine in den prall gefüllten Slip. Denn Sexualität sprengt die Grenzen jeder Beziehung, lässt sich auch für Frauen in der größten Liebe niemals völlig ausleben.

Unsere Sexualität verändert sich. Wir haben viel weniger Sex, als die überzogene, übersexualisierte Medienwelt uns weismachen will. Aber wenn wir Sex haben, dann ist es eher ein Fest, ein Event. Wir werden lockerer. Sex ist Spaß, ist Liebe, ist einfach Sex. Männer und Frauen erweitern und verändern ihre Rollen. Das ist ein langsamer Prozess. Sie entdecken mehr für sich, voneinander und miteinander. Frauen bringen die Nähe mit und die Männer die Freude am Kick. Das könnte doch vielleicht gut werden ...

Die Herren der Erschöpfung

„Ah, das starke Geschlecht kommt!“, prustet die am Küchentisch pichelnde Weiberrunde, wenn der erschöpft heimkehrende Gatte der Gastgeberin sich auch ein Bier aus dem Kühlschrank holt. Männer, das starke Geschlecht. Eine Lachnummer.

Männer sind längst als das eigentlich schwache Geschlecht geoutet. Als ein diffuser Haufen von Gefühls-Autisten, sexuellen Prahlhansen, Workaholics, kränkelnden Jammerlappen und Schluckspechten, die früh der Herzinfarkt hinrafft, zu dumm, sich richtig zu ernähren, gleichzeitig verrückt nach Risiko und auf immer abhängig von Mama. Eine Spezies, die beim Grillen ihre Erfüllung findet und statt die Spülmaschine auszuräumen lieber über das Gen spekuliert, das dieses Tun verhindert. Der Mann gilt höchstens noch als die Krone der Erschöpfung. Und der traditionelle Pascha ist ein Auslaufmodell. Zwar beziehen die Männer in den wohlhabenden Gesellschaften noch zwei Drittel des gesamten Einkommens, besitzen fast alle Waffen und dominieren die meisten Berufe. Aber die allermeisten Männer fühlen sich dabei weder privilegiert noch mächtig. Männer fühlen sich am liebsten gar nicht. Und wenn, dann verunsichert und überfordert.

Als Kinder und Jugendliche erlernen Männer immer noch die traditionelle Männerrolle. Von der Wiege an spielen Eltern mit Jungen gröber und härter und gehen weniger auf deren Gefühle ein. Um ein Kerl zu werden, bleibt dem männlichen Nachwuchs nichts anderes übrig, als sich irgendwie abzugrenzen. Denn bis Jungen zehn Jahre alt sind, werden sie fast ausschließlich von Frauen betreut. Überwältigende 95 Prozent des Erziehungspersonals, von der Tagesmutter bis zur Grundschullehrerin, sind Frauen. Und zu Hause erlebt der Knabe auch meist nur Mami. Weil Papi seine Karriere ohne Babypausen durchziehen konnte und nun doch als derjenige, der mehr Kohle in die Haushaltskasse bringt, alleine die Familie ernährt. Unbewusst werden Jungens so weiter darauf verpflichtet, ihre Innenwelt zu missachten und sich in der Außenwelt stark zu zeigen. Sie werden weder in ihren Gefühlen bestärkt, noch können sie sich an einer gefühlvollen Männlichkeit orientieren. Es ist kein Vorbild in Sicht, niemand, der ihre Gefühle ernst nimmt.

In der Ehe sind es zu 85 Prozent die Männer, die emotional dichtmachen. Und die Hälfte aller Männer haben ihren Vater nie weinen sehen. Nur jeder zwanzigste Mann nimmt seinen Vater in den Arm oder küsst ihn, wenn er ihn begrüßt.

Als Bewegungstierchen sucht Mini-Mann eine Herausforderung für seine wachsende Muskulatur. Und findet sie im Sport, der ihn dann vor allem eines lehrt: Das Leben ist ein Kampf, der wehtut. Mann tut gut daran, seine Gefühle zu ignorieren und sich durchzubeißen. Hier ist kein Platz für Weicheier und Warmduscher. Wer beim Foul unter dem Basketballkorb oder dem Aufprall auf die Judomatte noch nicht gelernt hat, sich für den Sieg oder eine größere Sache zu opfern, der kann das noch nachholen. Beim Drill in der fast frauenfreien Bundeswehr. Nur Männer, so die Botschaft, lassen ihr Leben für andere.

Angehende Männer lernen noch immer zu konkurrieren, erfolgs-, leistungsorientiert und kompetent zu sein. Sie lernen sich über das, was sie tun, über ihre Arbeit, zu definieren. Ihr Gefühlsleben bleibt dagegen eingeschränkt, sie können sich nicht äußern, gehen nur wenige nahe Beziehungen ein. Nur zehn Prozent aller Männer, so schätzen Experten, haben einen wirklich nahen, guten Freund, mit dem sie außer ihrem Kommentar über die Oberweite der Kellnerin auch ihr Seelenleben teilen.

Nach dem Auszug aus dem Hotel Mama staunt der frisch gebackene Mann dann nicht schlecht. Was er eben mühevoll erlernt hat, wird ihm jetzt um die Ohren gehauen. Niemand will den althergebrachten Macht- und Arbeitsmann mehr haben, dessen unheilvolles Wirken in der Zerstörung der Natur und dem Missbrauch von Macht so deutlich ist. „Männlicher Mut wird heute als männliche Aggressivität denunziert, aus Leistungswillen wird Karrierismus, aus Durchsetzungsvermögen männliche Herrschsucht“, schreibt Deutschlands prominentester Männerforscher Professor Walter Hollstein.

Die Wirtschaft braucht den traditionellen Mann nicht mehr. In der Produktion von Waren gehen durch Technologie Arbeitsplätze verloren, im beratenden, versorgenden und pflegenden Bereich nehmen sie dafür ständig zu. Statt handwerklicher Fähigkeiten und Muskelkraft sind zunehmend Kompetenzen gefragt, die an als weiblich geltenden Werten orientiert sind.

Kumpel und Malocher lernen kreative Gruppenarbeit und Verhandlungen so zu führen, dass es nur noch Sieger und keine Verlierer mehr gibt. Statt Holz und Stahl hält Mann eine Computertastatur in den Händen. Ehemals männliche Werte haben ausgedient. Arbeitswilligkeit bedeutet heute, im Call-Center zu hocken und anderen Menschen vormoderiert einen schönen Tag zu wünschen. Loyalität heißt, dass Mann zu dumm ist, die Firma rechtzeitig zu wechseln, bevor er gefeuert wird. Produktivität entsteht nicht mehr durch gute und engagierte, sondern durch weniger Mitarbeiter. Ein Beruf ist keine Berufung mehr.

Und in allen Bereichen holen die Frauen auf. Sie wollen den traditionellen Mann schon lange nicht mehr. Männliche Gefühlsphobiker und Beziehungsinvaliden werden zunehmend abserviert. Männer sehen sich plötzlich in der Position, zum unreifen Geschlecht der notorischen Beziehungsflüchter und Nähevermeider zu gehören. Ihr Verhalten scheint hinlänglich bekannt und wird als emotionale Unreife gebrandmarkt. Ein Mann ist demnach im Fitnessclub, auf Geschäftsessen, unter dem Auto zu finden. Er sammelt Überstunden, Schiffsmodelle und One-Night-Stands wie Jagdtrophäen.

Er ist überall. Nur nicht da, wo Frauen ihn brauchen. Oder gerne hätten. Ist er ausnahmsweise körperlich anwesend, verdrückt er sich hinter der Zeitung oder surft im Internet. Auf die Einladung zur Beziehungsaufnahme „Was denkst du gerade?“ weiß er nur eine Antwort: „Nichts“. Auf die Frage, was er gerade fühlt, zuckt er mit der Achsel und sieht dabei so leer aus, dass man ihm sofort glaubt. Die Luft in der Partnerschaft kann zum Schneiden sein, er bemerkt es scheinbar nicht. Ein Streit mit der Partnerin kann sich gerade zum Kettensägenmassaker steigern und es kann passieren, dass er dennoch einfach geht, sich entzieht – oder er dreht sich auf die Seite und schnarcht weg.

Die Bereitschaft der Frauen, den Männern Nachhilfeunterricht in Sachen Emotionen und Gefühle zu geben, nimmt immer mehr ab. Die Ansprüche der Gesellschaft an die emotionale Intelligenz wachsen. Der Mann steht in der Kritik. Und so wundert es nicht, dass heute bereits vier von fünf Scheidungen von Frauen angestrebt und eingereicht werden.

Und auch im Bett ist Mann samt seinem besten Freund stärker gefordert. Bubis zahnloser Kuschelsex und der Liebesakt als unsensible Nahkampfübung werden nicht mehr hingenommen. Bis in die 80er Jahre nahmen Frauen sexuelle Missstände noch schuldhaft auf ihre Kappe und litten dann unter Orgasmus- und Erregungsstörungen. Heute ist sexuelle Lustlosigkeit die häufigste Diagnose. Frauen haben keine Lust mehr auf gefühllose Rammler.

Doch auch die Männer selbst, gerade die jüngeren, möchten mit Bauch und Herz leben und ihre emotionale Intelligenz verwirklichen. Sie wollen Zeit für ihre Interessen haben und keine Workaholics sein. Sie möchten Zeit für ihre Kinder haben und gleichberechtigt an der Seite ihrer Partnerin das Leben und den Haushalt tragen. Und Kinder wollten ohnehin keine nur gelegentlich anwesende Sofarolle als Vater.

Doch eine karrierefördernde 60-Stunden-Woche lässt sich schwer mit Kinderaufzucht vereinbaren. Und so siegt in den meisten Familien die traditionelle Arbeitsteilung plus Doppelbelastung nun auch für den Mann. Der läuft dann mit dem ständig schlechten Gewissen moderner junger Väter herum, doch kein besserer Vater zu sein als der eigene, der auch nie Zeit hatte.

Aber selbst wenn der neue Papa diese Hürde nimmt, stößt er gleich auf ein weiteres Problem. Er kann wenig Sinnvolles weitergeben. Die Erlebnisgesellschaft gibt der Jugend Vorrang vor dem Alter. Die Kids können besser und effektiver mit den neuen Medien umgehen. Die Jugendlichen sind die Zielgruppe der Werbung. Väter haben als Vermittler gesellschaftlichen Wissens ausgedient und werden zu „glorifizierten Babysittern", wie die US-Expertin für Geschlechterfragen, Susan Faludi, schreibt.

Der traditionelle Mann kämpft schon sein Rückzugsgefecht, und der wirklich neue Mann ist noch nicht in Sicht. Herbert Grönemeyers Hitparaden-Frage: „Wann ist ein Mann ein Mann?" ist zur Zeit unbeantwortbar. Denn was männlich ist, bestimmt die Kultur. Entgegen allen anders lautenden Aussagen gibt es keine naturgegebene Männlichkeit. Männlichkeit ist eine gesellschaftliche Definition, die ähnlichen Wandlungen unterworfen ist wie die Mode. Mannsein ist ein soziales Konstrukt, das in unserer Kultur in einer Krise steckt.

Der Inbegriff gegenwärtiger Männlichkeit ist eine wahrhaftige Lachnummer: Al Bundy, der überforderte Antiheld. Großmäulig scheitert er an den gebündelten Anforderungen an den heutigen Mann. Er lässt verbal den erfolgreichen Ernährer, den liebevollen Vater, den aufmerksamen Liebhaber und den geschickten Handwerker raushängen. Tatsächlich aber hat er nur noch Kontrolle über die Knöpfe seiner TV-Fernbedienung.

Denn mächtig ist der Mann nur noch in seiner Vorstellung. Je unsicherer Männer werden, umso unbesiegbarer werden die Gladiatoren und Terminatoren auf den Bildschirmen männlicher Phantasie. Um so wahnwitziger wird die männliche „Mission impossible". Wer im beruflichen Alltag die Entscheidungen aus der Hand geben muss, der greift zum Joystick und entscheidet über das Ableben der Moorhühner. Wer in seiner Sexualität daran verzweifelt, wie er bei der sachgerechten Bearbeitung des G-Punkts seinen Kopf abschalten und sie gleichzeitig beinhart, aber einfühlsam nehmen soll, der schiebt wenigsten seine Pornovideos so oft in seinen Recorder, wie er es will. Und wer in der Familie keinen Stich bekommt und statt Porsche einen Opel kutschieren muss, der rast immerhin mit Schumi als Erster ins Ziel und boxt seine Gegner mit den Klitschko-Brüdern in den Staub.

Wo auch die virtuelle Welt aus Telefonsex und PC-Spielen den wachsenden Burn-out nicht ausgleichen kann, bleibt Mann noch die Flucht in die Sucht. Sex, Extremsport, Alkohol, Arbeit oder Aktienkäufe. Gut ist, was ablenkt und Betäubung verspricht.

Und dann gibt es ja noch den wirklichen, den kleinen Unterschied. Je schwieriger und unklarer Mannsein wird, desto stärker wird der Körper zur letzten Bastion bedrohter Männlichkeit. Im Körper allein lässt sich Männlichkeit noch unterscheiden. Da man einen Penis nicht beliebig verlängern kann, bleiben die Muckis als Männlichkeitsbaustelle. Blasse Juristen mit der Muskulatur einer Stabheuschrecke posieren neuerdings vor ihren Spiegeln und treffen sich mit männlichen Muskelprotzen, deren Hauptgericht Anabolika sind, zum gemeinsamen Eisenpumpen in der Muckibude. Der männliche Körper ist zum Schlachtfeld geworden. Waschbrettbauch gegen Wampe, Trizeps gegen hängende Schultern, steroider Stiernacken gegen gebeugtes Haupt. Wo früher in jeder Joghurt-Reklame noch ein paar weibliche „Titten“ mit ins Bild mussten, beult sich dem Betrachter heute der gestählte und rasierte männliche Pectoralis major, der Brustmuskel, entgegen. Der „Adonis-Komplex“ geht um und treibt immer mehr Männer in die Essstörung, über 80 000 Betroffene in der Bundesrepublik, Tendenz steigend – und in den Wunsch nach einem nur durch Einnahme von Hormonen erreichbaren Körperbild. Der Mann endet auch im Rückzug auf seinen Körper dort, von wo er fliehen wollte: in der selbstschädigenden Überforderung. Denn plötzlich ist er nicht mehr Jäger, sondern Gejagter. Mit Laufband und Armani-Hose, mit Gesichtsmaske und Wadenmuskel-Implantat – der Mann hat sich selbst zum Objekt der Eitelkeit gemacht. Und braucht inzwischen genauso viel Zeit im Bad wie seine Frau.

Susan Faludi sieht Männer heute in der gleichen Situation wie die Frauen vor der Emanzipationsbewegung in den 50er Jahren. Damals waren Frauen ohne gesellschaftliche Macht. Ihnen blieb nur, ihre blonde, körperkurvenreiche Ultraweiblichkeit zu präsentieren und sich in Einkaufsorgien zu stürzen. Heute haben die meisten Männer in den globalen Konzernen keine wirkliche Macht mehr und füllen ihre Leere zunehmend mit Konsum und der Flucht in eine fitnessgestählte Ultramännlichkeit.

Im alten Männlichkeitsmodell wurden Männer zu Männern, indem sie ihren Platz in einem sozialen System einnahmen und sich in der Politik, der Gemeinde, der Kirche, der Familie, dem Militär, dem Sportverein bewiesen. Heute wird Männlichkeit als Image und Ausstrahlung vermarktet. Jeder Mann konkurriert mit Superathleten, Actionhelden und schlagfertigen Stand-up-Komödianten. Susan Faludi: „Es ist kein Wunder, dass Männer so leiden. Sie verlieren nicht nur die Gesellschaft, für die sie einmal wichtig waren, sie ‚gewinnen‘ genau die Welt, die Frauen vor kurzem als entwürdigend und entmenschlichend abgeschüttelt haben.“ In einer Welt, in der es um die fünf Minuten Berühmtheit geht, den Erfolg, den Glamour, das Star-Event, den gestylten Medien- und Talkshow-Auftritt, in der Welt der retuschierten Titelseiten, ist „der Blick, der Männer hetzt, der gleiche Blick, dem die Frauen zu entfliehen suchen“ (Faludi). Die Männlichkeit, die in dieser Form ohnehin erst seit ein paar

Jahrhunderten existierte, löst sich auf. Was natürlich nicht ohne mehr oder weniger absurde Wiederbelebungsversuche abgeht. Da wird der „wilde Mann" herbeigetrommelt, da werden vermeintlich archaische Rollen wie Krieger, König, Liebhaber und Magier beschworen, um wieder so etwas wie Männlichkeit hervorzuzaubern. Soziobiologen stopfen jede vermeintlich männliche Unart kurzerhand in die Gene und suchen Konkurrenzverhalten, Sprachlosigkeit, Gewaltbereitschaft, Fremdgehen, ja sogar Vergewaltigung mit egoistischen Genen und einer angeblich angeborenen Jägermentalität zu erklären.

Männer können niemanden für den Schlamassel verantwortlich machen, in dem sie sitzen. Die Frauen haben ihnen diese Krise nicht eingebrockt. Es gibt keinen Gegner, gegen den der Mann antreten kann. Außer sich selbst. Was zu dieser Selbstkonfrontation nötig ist, fällt ihm aber am schwersten. Es bedeutet den radikalsten Bruch mit seiner alten Rolle, das wirkliche Ende von John Wayne, Clint Eastwood, Arnie Schwarzenegger und Brad Pitt. Zuzugeben, dass er Angst hat, zuzugeben, dass er hilflos ist und nicht weiterweiß, dass er hoffnungslos überfordert ist. Erst wenn Männer wirklich zugeben, dass sie sich verlaufen haben, werden sie gemeinsam beginnen können, nach dem Weg zu fragen.

Das kranke Geschlecht

- Die Lebenserwartung von Männern ist durchschnittlich sechs Jahre kürzer als die von Frauen.
- 80 Prozent der Patienten deutscher Suchtkliniken sind Männer.
- Männer begehen dreimal so häufig Selbstmord wie Frauen.
- Zwischen 30 und 50 erleiden Männer sechsmal häufiger einen Herzinfarkt als Frauen.
- Die Hälfte aller Männer bekommen Krebs. Bei Frauen: ein Drittel.

Die überforderten Jungen

Jungen ...

... haben doppelt so häufig Kinderkrankheiten wie Mädchen.

... sind doppelt so häufig Bettnässer.

... bekommen zehnmal so häufig schwere Verhaltensstörungen.

... werden achtmal so häufig als hyperaktiv eingestuft.

... stottern fünfmal so häufig oder leiden an Legasthenie.

... werden zweimal so häufig zu Hause geschlagen.

... werden achtmal so häufig ausgeraubt.

... werden viermal so häufig Opfer von Gewalt wie Mädchen.

Am Ende – oder nicht am Ende ...

Gehen oder bleiben?

Wir wissen, dass die Krise da ist. Wir wussten, sie würde kommen, und haben doch gedacht, dass wir die Liebe am Leben halten könnten. Haben Ratgeber gewälzt, liebevoll kommuniziert, waren zärtlich und aufmerksam. Es hat wohl nichts genutzt.

Wo man nicht lieben kann, da soll man weitergehen. Heißt es nicht so? Die Erfolgreichen verraten uns ihre Erfolgsformel: „Tu, was Du liebst! Folge deinem Gefühl!“ Gilt das nicht erst recht in der Liebe? Wir sind schließlich wegen unserer Gefühle ein Paar geworden. Ohne Zuneigung können wir kein Paar bleiben.

„Ich empfinde nichts mehr für dich!“ Das ist das Todesurteil der Liebe. Doch in Wahrheit ist es nur ein romantischer Irrtum. So wie wir jetzt miteinander sind, empfinden wir nichts mehr füreinander. Wir lieben aneinander vorbei. Aber die Krise, die wir erleben, ist unsere Chance. Denn jede Partnerschaft entwickelt sich fortlaufend weiter. Ein Paar – das ist ein Prozess. Leicht einzusehen, dass wir als 18-Jährige nicht die gleiche Partnerschaft führen können wie als 81-Jährige. Schon schwerer einzusehen, dass wir heute nicht das gleiche Paar sind wie vor zwei Jahren. Und doch ist es so. Die Liebe ist ein ewiger Balanceakt, der keinen Stillstand kennt. Ein Tanz, der sich nicht kontrollieren lässt. Wo man nicht lieben kann, da muss man weitergehen. Aber als Paar. Denn eine Paarbeziehung, eine Liebe ohne Krise kann es nicht geben. Krisen sind die Wachstumszeiten der Liebe.

Doch wenn die Gespräche sinnloser werden, wenn dem Sex das Herz fehlt und dem Herzen das Gegenüber, dann wollen wir gehen. Wir sind nur noch verletzt. Enttäuscht. Wütend. Trotz all der gemeinsamen Jahre wollen wir weg. Wollen irgendwohin, wo unsere Liebe wieder eine Chance hat. Manchmal tun wir es sofort. Verlieben uns in einen anderen. Doch selbst dann, wenn die Liebe schon neue Nahrung findet, kommt der Schmerz. Dieser schreckliche, alles zerreißende, tiefe Trennungsschmerz. Unser kleines Sterben.

Wir schluchzen der vergangenen Liebe hinterher. Aber es ist nicht allein das verlorene Glück – der Abschied von und die Sehnsucht nach den vergangenen Zeiten –, was schmerzt. Der Schmerz ist das Zerreißen der Bindung.

Wir möchten bleiben können, weil wir die Bindung nicht aufgeben wollen. Wir Menschen sind Bindungswesen. Bindung ist unsere Natur. Wie die Säuglingsforschung der letzten Jahre gezeigt hat, arbeiten wir von unserem ersten Atemzug daran, die Verbindung zu unseren Bezugspersonen zu stärken. Als hilflose kleine Säuger sind wir vollständig abhängig davon, dass die Bindung an die anderen gelingt. Aber unser Wunsch nach Bindung endet weder mit der letzten Windel noch mit unserem Auszug aus dem Elternhaus. Unser Bedürfnis nach Bindung endet nie. Wir sind keine Einsiedlerkrebse. Wir sind Gemeinschaftswesen. Und nicht nur das. Wir sind Wesen, die bewusst die Zerbrechlichkeit ihres Lebens erleben. Familie, Religion und Gemeinde – die einst unzerstörbaren Bindungen werden immer brüchiger, die selbstverständliche Bindung an die eigene Kultur verflüchtigt sich im brodelnden, kreativen Multikulti-Mix. Die Bindung an die Firma mutiert angesichts der zynischen Fusions- und Entlassungslogik des Shareholder-Values zur blanken Dummheit. Die gesellschaftlichen Werte wechseln ständig. Und wer sind wir in alldem? Wo ist unsere Identität?

Identität ist die Antwort auf die Frage: Wer bin ich? Eine Zeit lang kann man diese Frage in der Spaßgesellschaft ignorieren. Ist doch egal, Hauptsache Fun und Party. Aber jeder erlebt Ablehnung, versagt, scheitert. Und dann stellt sich die Frage in ihrer hässlichen Form: Bin ich gut genug? Schlecht? Ein Verlierer? Eine positive Identität hält das Selbstwertgefühl stabil. Und eine Partnerschaft ist die Chance, Identität zu entwickeln. Denn eine Partnerschaft stellt uns in Frage. Wir müssen unsere Werte gegen die des Partners stellen, unsere von den Eltern übernommenen Vorstellungen überdenken. Und in den Konflikten werden unsere Ängste und Schwächen sichtbar.

Der Psychologe Professor Norbert Bischoff hat in Mythen drei Grundbedingungen für Liebesbeziehungen gefunden, deren Erfüllung sowohl zur eigenen Identität führt als auch eine Beziehung lebendig erhält. Er nennt sie das „Tao der Liebe“: spontan und kreativ miteinander bleiben; ehrlich miteinander umgehen; und uns immer wieder auseinandersetzen. Dann können wir bleiben, ohne an Langeweile zu sterben, in eingefahrenen Bahnen zu veröden, am Alltäglichen zu verblöden. Wir schaffen einen Ort, an dem wir uns selbst finden können. Und der uns die Frage beantwortet: Wer braucht mich?

Glücklicherweise gibt es kein Richtig und kein Falsch mehr in der Liebe. Wirklich ist, was wir als wirklich annehmen. Wir können die Liebe als steinigen Pfad begreifen oder wir können den Weg der seriellen Monogamie nehmen und immer wieder zum nächsten Partner ziehen, sobald wir das Vergnügen aus einer Beziehung genuckelt haben. Alles ist erlaubt. Alles ist denkbar. Wir sind frei. Und fragen uns, ob wir ständige Beziehungskrisen, abflauende Leidenschaft, endlose Diskussionen und das Gefühl, nicht richtig sein zu können, wirklich haben müssen. Müssen wir? Kränkt uns die Welt nicht schon genug?

Der tägliche Kampf um Anerkennung frisst an uns allen. In einer Welt, in der alles machbar scheint, vorausgesetzt, wir machen es nur richtig, müssen wir selbstverständlich glücklich, cool und immer gut drauf sein, um Erfolg zu haben. Dazu gehören natürlich auch der richtige Partner und die super Beziehung. Der Druck ist enorm. Und wenn sich die ersten Schwächen zeigen, wenn wir zu scheitern drohen, dann sind unsere Erwartungen bedroht. Wir gehen lieber schnell, verlassen die Partnerschaft, bevor ein Versagen offenbar werden kann. Denn wer so viel von sich selbst erwartet, wie wir es tun, der fürchtet unbewusst, zu versagen. Der fürchtet unbewusst immer, dass auch die anderen mehr von ihm verlangen, als er erfüllen kann. Der fürchtet unbewusst immer, abgelehnt zu werden. Doch wer Ablehnung erwartet, dessen Beziehungen scheitern leichter. Das belegt die Forschung.

Natürlich gibt es häufig keinen anderen und erst recht keinen besseren Weg, als eine Beziehung zu beenden. Denn wie der Paartherapeut Professor Jürg Willi formuliert: „Nichts schränkt die persönliche Entwicklung stärker ein und nichts verunsichert sie stärker als eine destruktive Liebesbeziehung." Aber davor steht noch ein Satz vom ihm: „Nichts stimuliert die persönliche Entwicklung stärker als eine konstruktive Liebesbeziehung."

Lieben ist ein aktiver Prozess. Entgegen anders lautenden Hollywood-Illusionen ist die Kunst der Liebe keine reine Himmelsmacht. In die Wiege gelegt ist uns nur die Fähigkeit zu lieben. Nicht, ob wir lernen, der Welt auch mit Liebe zu begegnen. Und der wichtigsten Person auf dieser Welt: uns selbst. Solange die Sonne scheint, ist die Liebe zum Leben einfach. Und solange wir uns beachtet, erfolgreich und kräftig fühlen, fällt es uns natürlich leicht, uns selbst zu akzeptieren. Lieben lernen wir erst im Schatten, in der Niederlage. Wo, wenn nicht in einer Partnerschaft, sind wir so dazu herausgefordert? Wo sonst gewinnen wir die Intimität, in der wir die ängstlichen Schritte dazu tun können, und die Unterstützung, sie zu wagen? „Vertrauen in andere Personen ist nichts, was grenzenlos vergeben werden kann", merkt der englische Soziologe Professor Anthony Giddens dazu an. Bleiben ist wertvoll.

Es bedeutet: Ankommen. Die Gegenseitigkeit, die Geborgenheit. Die Intimität, das Vertrauen. Unsere Geschichte und Geschichten, unsere Riten und Rituale, unser Lebensstil, unsere Freunde, unsere Wohnung, unsere Werte, unsere geteilten Freuden und Interessen. Unser Kind. Unsere Kinder, unsere unauflösbare Bindung. Der Platz in der Welt, den wir uns gemeinsam geschaffen haben und der auch nur im gemeinsamen Austausch Sinn hat. Die geteilten Tränen, aus Trauer, vor Lachen. Deine Mängel, mit denen ich lebe. Und meine Schwächen, mit denen du zurechtkommst. Die Kompromisse. Die unlösbaren Probleme. Deine Vorliebe für das stinklangweilige Dänemark, meine Schweißfüße, deine Depressionen, meine Unfähigkeit, Koffer zu packen, deine zu feuchten Küsse. Jene tiefe Zuneigung, jenes vertraute Miteinander, nenn es Liebe, nenn es Bindung, nenn es „wir". Oder schweig. Denn dies Glück ist still. Das Gefühl jenseits aller Perfektion, jene tiefe Innigkeit in einer Welt, die Qualität managt, Effektivität trainiert, Perfektion fordert. Schneller, besser, höher, weiter. Alles können, alles wollen – jetzt und sofort. Darin ein Gefühl von zu Hause, falls zu Hause ein Gefühl sein kann. Das Gefühl, das wir nicht finden können. Das sich nur einfindet, wenn wir nicht aufhören zu bleiben und einander zu suchen.

Es gibt keine eindeutige Auskunft, wann wir besser gehen, wann wir bleiben sollten. Hier ist eine Checkliste, die die wichtigsten Beziehungsaspekte behandelt. Lesen Sie die Punkte durch und denken Sie darüber nach, wie es um Ihre Beziehung bestellt ist.

Beziehungs-Check

Achtung
Sie achten Ihren Partner. Er hat Ihre Achtung nicht durch Trunkenheit oder Drogen, Jähzorn, Gewalttätigkeit, unverantwortliches Handeln oder kindische Reaktionen verloren. Respekt und Achtung erlauben keine Abstriche. Sie sind die Grundpfeiler jeder Beziehung.

Sinn und Ziele
Sie sind sich einig darüber, worum es im Leben geht. Sie haben Lebensentwürfe, die in den wichtigen Bereichen übereinstimmen. Ihre Vorstellungen über ein befriedigendes Leben ähneln sich: Sie möchten beide Kinder oder nicht. Sie haben beide Vorstellungen, wie Sie leben, wohnen und arbeiten wollen, die sich nicht stark widersprechen oder gar unvereinbar sind.

Gemeinsamkeit
Sie verbringen gerne Zeit miteinander, pflegen Ihre gemeinsamen Interessen und freuen sich darauf, Dinge gemeinsam zu unternehmen.

Humor
Sie können miteinander lachen und haben viel miteinander gelacht.

Probleme lösen
Sie können gemeinsam Probleme lösen. Und haben unlösbare Probleme akzeptiert, ohne sie dem Partner immer wieder vorzuwerfen.

Angst
Sie haben keine Angst vor Ihrem Partner. Sie können Ihre Meinung vertreten, ohne heruntergeputzt zu werden, ohne zu fürchten, dass er Sie beleidigt, endlos schmollt, ausrastet oder Sie gar körperlich bedroht. Ihre Beziehung ist ein sicherer Ort.

Einfluss
Ihr Partner lässt sich von Ihnen beeinflussen. Er nimmt Vorschläge von Ihnen an. Er entscheidet nicht einsam und allein, sondern mit Ihnen gemeinsam. Er sucht Ihren Rat, schätzt Ihre Meinung, beherzigt Ihre Kritik.

Interesse
Ihr Partner kennt Sie. Er weiß um Ihre sexuellen Vorlieben, wie Sie zu trösten sind, kennt Ihre Lieblingsfilme, Ihre unerfüllten Wünsche und worüber Sie sich freuen.

Respekt
Ihr Partner bevormundet Sie nicht. Er redet nicht schlecht über Sie in Ihrem Beisein oder gegenüber Dritten. Sie stehen an erster Stelle für ihn, nicht die Kinder, seine Freunde oder Eltern. Er qualifiziert Sie nicht ab, zweifelt nicht an Ihren Fähigkeiten, Ihrem Verhalten, Ihrem Aussehen.

Körper
Sie können ihn immer noch gut riechen. Sie schauen ihn gern an, werden gern von ihm berührt. Sie haben sich oft berührt, auch und gerade, wenn es nicht um Sex ging.

Kommunikation
Ihre Streitereien finden ein gutes Ende. Sie können Konflikte austragen, sind beide um Klärung bemüht und enden nicht in der Sackgasse von Zynismus und gegenseitiger Entwertung.

Loyalität
Ihr Partner ist nicht ständig sexuell untreu. Und hat nicht schon lange eine Affäre geheim gehalten und längst ein zweites Leben aufgebaut, zu dem er jetzt überwechseln kann. Dann sollten Sie sich gleich losreißen, denn dagegen haben Sie keine Chance.

Wenn Sie die meisten Fragen mit einem „Ja“ beantwortet haben, dann lohnt es sich, Kreativität, Energie und Mut einzusetzen, um Ihren Partner zurückzugewinnen. Sie können ihm mit erhobenem Haupt begegnen. Sie können ihn beschimpfen. Ihn verführen. Sie können es gleich tun oder Zeit vergehen lassen. Sie können es nicht richtig machen, aber Sie können das tun, was für Sie in dieser verwirrten Zeit stimmig ist. Dann werden Sie sehen, ob er bereit ist, umzukehren. Oder ob Sie ihn trotz allem gehen lassen müssen.

Wenn Sie mehrere dieser Fragen nicht mehr aus vollem Herzen bejahen können, dann sollten Sie Ihren Partner ziehen lassen. Dann möchten Sie nicht ihn wiederhaben, sondern den Traum vom Leben, den Sie hatten. Wir wollen unseren Partner nur wiederhaben, solange wir glauben, ihn noch zu besitzen. Wenn wir erstmal aufgehört haben, an diese Liebe zu glauben, dann wollen wir ihn nicht mehr.

Ob unser Liebespartner aus unserem Leben tritt, ist allein unsere Entscheidung. Denn wir allein bestimmen, wann er wirklich weg ist. Ist er weg, wenn er sagt, er geht? Wenn er seine Hemden aus dem Schrank nimmt? Wenn er eine neue Wohnung anmietet? Erst wenn er mit der neuen Partnerin Kinder hat? Oder niemals, auch wenn er schon seit Jahrzehnten in Argentinien lebt?

Erst wenn wir sagen: es ist vorbei, dann ist er gegangen. Wir wollen nur wiederhaben, wovon wir uns nie getrennt fühlten. Vielleicht kommt uns deshalb die Liebe ewig vor. Liebe ist immer ewig, solange sie währt.

Ich will dich wiederhaben!

Vor Monaten hat er mit dir Schluss gemacht. „Ich gehe“, hat er gesagt. Und ging. Aber du bist nicht mitgegangen. Du hast den Schritt in die Trennung nicht akzeptiert. Du bist geblieben. In dieser Beziehung, von der dir jetzt alle sagen, dass sie vorüber ist. Dein Partner sagt es dir, dein Kopf sagt es dir, deine beste Freundin sagt es dir. Und wenn du in den Spiegel guckst, dann scheint es dir dein eigenes Gesicht zu sagen. Verbissen vom Festhalten an der falschen Beziehung. Blass vom Mangel an Liebesvitaminen. Du solltest deine Beziehung endlich aufgeben. Aber du kannst nicht. Oder willst du nur nicht?

Wenn dich deine Freunde fragen, wie es dir geht, dann lächelst du tapfer. Du möchtest sie nicht endlos nerven. Mit deinem Leid. Deiner Verzweiflung. Deiner Sehnsucht. Deiner Liebe, die nun schon so lange ins Leere geht. Die du endlich aufgeben solltest. Schließlich ist es nicht deine erste Trennung. Sei realistisch. Natürlich tut es weh. Es wird dich zerreißen. Du wirst zuviel fernsehen, fett werden vom Pralinenfuttern, sinnlose Affären haben, deine verweinten Augen hassen und vor innerem Schmerz fast wahnsinnig werden.

Aber dann ist es doch vorbei. Das Leben geht weiter. Und neue Prinzen reiten vom Horizont heran.

Zunächst hat es dir niemand verdenken können, dass du ihn wiederhaben wolltest. Zunächst. Denn natürlich konnte deine Seele nicht so schnell hinterher. Abends war er von seinem Kongress zurückgekehrt und in der Nacht habt ihr euch noch geliebt. Am Morgen konnte er deinem Blick nicht mehr standhalten. Verschüttete seinen Kaffee. Und du erfuhrst, dass es eine andere gibt. Und ja, es sei Liebe. Und ja, es sei aus.

Du brauchst Zeit. Du stehst unter Schock. Du bist wie gelähmt. Du willst es nicht wahrhaben. Das ist die normale erste Phase jeder Trennung.

Wieso solltest du auch gleich aufgeben, womit du so lange gelebt hast, wofür du so viel gegeben hast? Dein innerer Protest war sinnvoll. Häufig genug verlässt ein Partner eine Beziehung nur, um bleiben zu können. Weil er nicht mehr weiß, wie er den anderen erreichen kann, greift er unbewusst zu dieser heftigsten Verletzung. Er will nicht wirklich weg. Er will dich wecken, wachrütteln, damit endlich die Konflikte aufleben, die sonst wie eine schweigende Bleidecke jede Lust und Leidenschaft zwischen euch ersticken. Er will dein „Nein", den Kämpfer in dir fühlen, um dich wieder achten zu können. Er will fühlen, dass du ihn noch willst – dann, wenn du dich der Trennung nicht gleich beugst, sondern um die Beziehung kämpfst.

Also hast du begonnen zu verhandeln. Zu checken, was noch möglich ist. Du hast nach den Fehlern der Vergangenheit gesucht. Beteuert, dich jetzt mehr für seinen Beruf zu interessieren. Du hast zurückgenommen, dass du ihn manchmal nicht männlich findest.

Und immer wieder hättest du die Neue an seiner Seite killen können. Das ist die zweite Phase jeder Trennung. Jetzt kommt die Verzweiflung. Du konntest ihn nicht zur Rückkehr bewegen. Du fühltest dich am Ende. Das Leben scheint seinen Sinn zu verlieren. Dein Selbstwertgefühl bricht zusammen wie ein Kartenhaus. Du warst nicht genug – nicht schön, nicht schlank, nicht sexy, nicht verständnisvoll genug. Vielleicht unfähig, überhaupt eine Beziehung zu führen. Du schreibst ihm endlose Briefe. Du hörst eure Musik, bis das Kopfkissen nass geweint ist. Du rufst ihn wieder und wieder an. Verharrst Nächte vor seinem erleuchteten Fenster. Auf der Suche nach Liebesbeweisen zerlegst du jeden seiner Sätze. Drohst, flehst. Du machst dich lächerlich. Und du weißt es. So ist kein Herz zurückzugewinnen.

Du fühltest dich elend. Und es fällt dir schwer, in der Welt zu funktionieren. Du klammerst dich an Freunde, an Bücher, an Rotwein. Du hast dich in deine Arbeit, ins Fitnessstudio oder auf die Haut von irgendjemanden gestürzt, der deinem Herzen fremd bleibt. Das ist die dritte Trennungsphase. Mittlerweile solltest du längst begonnen haben, zu akzeptieren. Du solltest zum Friseur gegangen sein und dir den Kopf neu zurechtstutzen lassen haben. Du solltest umgezogen sein oder deine Wohnung renoviert haben. Du solltest gemeinsame Freunde aus deinem Adressbuch gestrichen und Kontaktanzeigen studiert haben.

Aber du kannst es nicht. Obwohl du glaubst, jedes Elend gefühlt zu haben, bist du nie aus der ersten Phase der Trennung herausgekommen. Obwohl dein Verstand an dir zweifelt und sich dein Kopf immer mehr von deinem Körper löst, je länger dieser Zustand dauert. Aber nur dein Verstand ist erwachsen. Deine Seele ist ein Kind.

Schon der erwachsene Mensch in dir tut sich schwer mit dem Scheitern. Mit all den enttäuschten Hoffnungen. Und vergeblichen Mühen. Mit dem Versagensgefühl, keine glückliche Ehe geschafft zu haben, mit dem Projekt der Partnerschaft gescheitert zu sein. Zu verlieren, was man gemeinsam aufgebaut hat. Deine Identität als Partnerin aufzugeben, den Garten, die Zukunftsvisionen, das nächste gemeinsame Weihnachten, die Musterehe, in der keine Scheidungskinder entstehen. Wieder zurück auf den harten Partnermarkt zu müssen und zu erfahren, zu welchem Kurs du als Frau gehandelt wirst.

Die Erwachsene in dir will nicht gescheitert sein. Aber sie kann ein Scheitern zugeben. Als Frau fällt dir das sogar leichter als den männlichen emotionalen Kindsköpfen. Sie können ein Scheitern nicht verkraften. Wie das Kind in dir. Ein Kind erlebt nicht, dass es nicht mehr geliebt wird. Ein Kind erlebt, dass es nicht liebenswert ist. Es kann nicht sehen, dass Mama und Papa überfordert und abweisend sind. Es kann nur fühlen, dass ihm fehlt, wonach es sich sehnt, und den Schmerz darüber fühlen, dass es nicht gut genug ist für die Anerkennung, die Aufmerksamkeit und Liebe, nach der es sich sehnt. Wenn du deinen Partner ziehen ließest, dann bliebe dein inneres Kind zutiefst entwertet zurück. Unwert. Schuldig. Und alle Gefühle des Ungeliebtseins, die du je gefühlt hast, brächen über dich herein.

Und so kämpfst du darum, ihn zurückzugewinnen. Vielleicht gelingt es dir. Vielleicht lässt du ihn dann fallen. Trennst dich dann, wenn du dich seiner Liebe versichert hast, wenn die Kränkung behoben, die Entwertung entschärft ist. Dann kannst du gehen.

Wenn du ehrlich bist, dann spürst du, dass deine Gefühle die Gefühle eines Kindes sind. Du denkst magisch. Du willst glauben, dass er schon sehen wird, was er davon hat, sich von dir zu trennen. Du verhältst dich wie das unglückliche Kind, das nachts in seinem Bett liegt und sich vorstellt, es sei tot. Und dann wären alle traurig und würden endlich merken, wie lieb sie dich hatten. Das Kind in dir ist unfähig zu trauern. Es beharrt darauf, dass er seinen Irrtum einsehen muss. Er kann nie gehen. Denn er ist deine große Liebe. Sind nicht Vertrauen,

Bindung und Gewohnheit lange genug unterschätzt worden? Ist es nicht an der Zeit, etwas für die Beziehung zu tun? Die Liebe muss siegen. Die Liebe, die wir nicht anders als ewig denken können, obwohl jede Scheidungsstatistik unsere Gefühle verhöhnt.

Der Gedanke, dass wir unseren Partner in jeder Minute unseres Lebens verlieren könnten, würde jeden von uns vor Angst erstarren lassen. Niemals könnten wir uns auf einen anderen Menschen einlassen, wenn es nicht etwas gäbe, das uns Sicherheit bietet: die Liebe. Und so klammerst du dich an die Idee der wahren Liebe. Wie im Märchen. Nur, das hier ist real. Du könntest diesen Mann sehen, der dich belogen und betrogen hat. Der dich mit seinen Worten schlug, dich oft nicht befriedigte. Der sich in fünfzehn Jahren nicht einmal richtig bei dir entschuldigte. Solltest du nicht froh sein, ihn los zu sein? Sollte nicht ein helles Licht am Ende des dunklen Tunnels eurer Beziehung leuchten? Stattdessen richtest du alle Vorwürfe auf dich selbst, haderst mit deinen Fehlern, glaubst, alles falsch gemacht zu haben. Aber du kannst nicht verhindern, dass eine Liebe stirbt. Weil du dich so mit Schuld belädst, bist du unfähig zur Wut und kannst das Band, das dich an dein Unglück bindet, erst recht nicht zerreißen.

Der Mythos der ewigen Liebe ist jenen am wichtigsten, die als Kinder verletzt wurden. Der Glaube an die eine große Liebe ist nichts anderes, als die Unfähigkeit zu trauern. Doch vermutlich lässt du irgendwann den Zweifel zu. Hat diese Liebe, die du fühlst, vielleicht doch keine Zukunft mehr? Kämpfst du vielleicht wirklich um etwas längst Verlorenes? War die Beziehung vielleicht doch nicht so perfekt, wie du es gerne sehen willst?

Liebe ist jetzt kein Argument mehr. Denn du ahnst, dass du dich an die Liebe klammerst, weil du damit den Trennungsschmerz, die Hoffnungslosigkeit und Hilflosigkeit, die du nicht ertragen könntest, von dir fernhältst. Also beginnst du abzuwägen. Du legst deine Liebesbeziehung auf die Waagschale der Vernunft. Langsam erkennst du: Du bist verletzt, enttäuscht, voller Rache und Trauer. Das lässt die guten Erinnerungen verblassen. Dennoch idealisierst du die Vergangenheit. Für jedes Pro findest du ein Contra und für jede Ablehnung ein liebevolles Gefühl.

Hat die Liebe eine zweite Chance?

Wir wissen genau, dass es geschehen wird. Wir haben tausend Mal davon gehört. Wahrscheinlich haben wir es schon am eigenen Leib erlebt. Wir haben keine Chance, es zu verhindern. Aber wenn es dann eintritt, trifft es uns doch wie ein Hammer. Irgendwann ist die Liebe futsch. Wo einst der Traumprinz thronte, kauert nur noch ein blasser Langweiler mit schlechter Haltung und dem Tick, dauernd an den eigenen Lippen zu knabbern. Wir sind fertig, deprimiert, in der Krise. Wie geht es weiter, wenn wir das Gefühl haben, dass es nicht weitergeht?

Auf den Moment, in dem es „zong" macht und wir endorphingeschwängert die Welt rosarot sehen, bereiten wir uns endlos vor. Den Moment, in dem es „puff" macht und die letzte Luft aus unserer rosa Wolke weicht, verdrängen wir so lange wie möglich. Wir haben unser Leben im Griff. Da passt es nicht, dass wir zwar wissen, es kommt dieses Hindernis auf uns zu, aber nicht sicher sind, wie und ob wir es überwinden.

Es gibt ein paar Kriterien, wann eine Beziehung besser verlassen wird: zum Beispiel fehlende Lebensziele, Gewalt, Respektlosigkeit, mangelnde Achtung, Illoyalität, körperlicher Ekel. Aber meistens geht es ja weniger darum, wann es keine Chance mehr gibt, sondern wie wir diese Tatsache begreifen, verarbeiten, emotional bewerten.

Statt uns Gedanken zu machen, wie es sein wird und wie wir damit umgehen, warten wir ab. Die romantische Liebe ist in unserer Vorstellung eine Schicksalsmacht. Wer den Richtigen gefunden hat, bleibt bis an sein Lebensende glücklich. Das bedeutet umgekehrt: Wer nicht mehr glücklich ist, hat den Richtigen nicht gefunden. In der romantischen Vorstellung der Liebe ist keine zweite Chance vorgesehen.

In jeder Beziehung entsteht aber ein Drittes, etwas Neues, nämlich die Beziehung selbst, deren Dynamik die beiden Liebenden zu beeinflussen beginnt. Im besten Fall wird aus der Verliebtheit dann Liebe. Aber das geht nicht ohne Krisen. Und diese kleinen oder größeren Krisen sind jeweils Situationen, in denen die Partner sich, dem anderen und der Beziehung wieder eine Chance geben. Oder eben nicht.

Die große Krise – mit der Trennung auf Zeit, dem Paartherapeuten, der anderen wichtigen Beziehung, dem Anruf beim Scheidungsanwalt, dem vorübergehenden Auszug –, diese große Krise ist doch letztlich nur die überdimensionale Ausgabe der kleinen Krisen.

Tatsächlich gibt es in der Partnerschaft ständig einen Neuanfang. Auch in kontinuierlichen Beziehungen. Es gibt keine ewige, unveränderliche Liebe.

Was gerät eigentlich in der Krise in die Krise? Nicht die Menschen, die verhalten sich ja nur. Sondern die Vision der Liebe, die starre, lebensuntaugliche Idee der romantischen Liebe, die aus Glück keine Phase, sondern einen Dauerzustand machen will.

Auch die narzisstische Aufwertung durch die Liebesbeziehung steht der zweiten Chance im Weg. Wenn die Krise kommt, dann kommen negative Gedanken auf. Gegen die kann ich mich wehren, indem ich den anderen für nicht richtig, nicht geeignet, als jemanden, den ich doch offenbar nicht liebe, hinstelle. Ich bin in Ordnung, aber leider der andere nicht, und deshalb muss ich mich trennen.

Unser Organismus überlebt nach einem einfachen Prinzip: Flucht oder Kampf, fliehen oder standhalten. Ein überzeugendes Konzept. Solange wir mit der Keule in der Hand einem Säbelzahntiger gegenüberstehen, übernimmt Mutter Natur für uns die Entscheidung. Aber wenn wir mit Bauchweh und Unwillen vor unserer ehemals großen Liebe stehen, lässt sie uns im Stich. Wir frieren ein, gebannt und überwältigt wie die Maus vor der Viper. Und wissen dann nicht mehr, ob bleiben oder gehen die richtige Entscheidung ist. Plötzlich sind da viele Gedanken – mehr als uns lieb sind, mehr als wir verarbeiten können. Unser Großhirn ist auf Schlingerkurs. Was sollen wir glauben, woran sollen wir uns orientieren? Hat Kathrin, die Hendrik noch nie richtig leiden konnte, Recht, weil sie glaubt, er sei im Grunde feige und verstecke sich hinter seinen Frauen? Ist jetzt gehen das Richtige? Alles abbrechen, sich trennen, bevor man sich noch einmal auf einen Mann einlässt, mit dem es nie eine echte Partnerschaft geben wird? Oder hat Elin Recht? Elin, die so viel Wert auf Sex und Spaß legt. Elin, deren längste Beziehung sechseinhalb Monate dauerte. Die Hendrik einfach süß findet und sagt, solange der Sex kein Problem ist, sei doch noch alles im grünen Bereich. Und Sex scheint ja tatsächlich das Einzige zu sein, das noch lebendig ist. Aber sollte man dann nicht lieber eine Affäre haben, aber keine Beziehung? Jörg, Hendriks bester Freund, zuckt die Achseln. Schade, wenn ihr euch trennen würdet. Mama sagt, sowas käme doch immer mal wieder vor und man solle bloß nicht glauben, dass ihre Ehe immer Gold gewesen sei. Sie jedenfalls möge Hendrik. Papa zuckt auch nur die Achseln.

Also woran halten? Woran glauben wir denn? An den romantischen Mythos nicht mehr wirklich. Eher an eine umgeschriebene Version, die nicht mehr heißt: „... und wenn sie nicht gestorben sind, dann lieben sie sich noch heute", sondern an eine undeutliche und verschwommene Version, die in etwa lautet: „... und wenn sie nicht gestorben sind, dann ist aus ihrer heißen Verliebtheit *irgendwie* Liebe geworden und *irgendwie* sind sie immer noch *irgendwie* glücklich miteinander." Nur: Wie wissen wir, ob es *irgendwie* gerade passiert oder *irgendwie* nicht? Wo es sich doch *irgendwie* so anfühlt, als passiere es und auch wieder nicht.

Uns fehlt eindeutig ein Mythos. Der Mythos der zweiten Chance. Er ist bei Experten umstritten, in der Wirklichkeit nicht überprüfbar. Es gibt keine Wahrheit, an der wir uns orientieren können. Wenn die Verliebtheit geht – wir alle wissen, sie wird es tun –, dann sollen wir lieben. Klingt gut. Aber wie soll das gehen?

Der Zweifel breitet sich aus, er zerfrisst langsam das alte Bild. Wir wehren uns. Wir denken, wir weinen, wir schreien, wir küssen, wir bemühen uns, wir verzweifeln und rappeln uns wieder hoch. Wir kämpfen. Unter uns rutscht der Hang. Und wir verdoppeln unsere Kräfte. Wir wehren uns und wissen, wir werden rutschen.

Die Experten können keine Antwort darauf geben, sind aber eine Antwort in sich. Wozu sollte es Paartherapeuten geben, wenn es für Paare keine zweite Chance gibt?

Jedes Paar, das überlebt, lebt davon, dass es eine zweite Chance gibt. Die Frage, wie Liebe entsteht, wird nie zu beantworten sein. War die Liebe schon da, als wir uns ineinander verliebt haben, und hat sie einfach überdauert? Oder hat sich die

Liebe durch die Nähe und das Zusammensein, das die Verliebtheit mit sich brachte, erst entwickelt?

Bei jedem Paar muss sich aus dem schönen Wahn der ersten Verliebtheit die große Liebe herausschälen. Die Frage: „Lieben sie sich nun wirklich oder nicht?“ muss jedes Paar für sich beantworten. Durch sein Leben als Paar. Eines ist klar: Der romantische Hormonrausch vergeht. Unabänderlich. Und wenn die hormonelle Verpuppung auseinander bricht, dann ist darunter kein hübscher Schmetterling gereift, sondern eine Zweisamkeit, die sich ihren Entwicklungsaufgaben stellen muss.

Aus dem traumhaften Aufstieg zum Olymp des Liebesgottes wird eine Berg- und Talfahrt.

12
1
2
3
4
5
6
7
8
9
10
11

Was die Liebe uns sagt

Wie die Liebe sich ändert

Juni 1954. Das erste Mal begegnen Helga und Kurt einander im Hausflur. Helga ist 23. Sie war schon einmal etwas verliebt, aber Kurt wird ihr erster Mann werden. Er ist Spätheimkehrer aus russischer Gefangenschaft und kurvt häufig auf einem alten Fahrrad vor dem Haus herum, immer in der Hoffnung, Helga zu treffen. Schließlich verabreden sich die beiden, gehen tanzen. Er bringt zwei Blumensträuße, einen für Helga und einen für ihre Mutter. Ein charmanter Mann mit Stil und festen Absichten. Ein Jahr später zieht Kurt dann in Helgas Haus ein. Als Ehemann, in die große Altbauwohnung, in der sie und ihre Mutter leben.

Juni 2003. Anne flattern die Hände, als sie ihren Golf zum Bahnhof lenkt. Noch eine Viertelstunde, und der Mann, den sie besser kennt als jeden anderen Menschen auf der Welt, wird zum ersten Mal vor ihr stehen. Anne ist 25. Sie hat Sex, seit sie 16 ist. Sie mag keine One-Night-Stands. Als Olaf aus dem Zug steigt, erkennt sie ihn sofort. Er ist etwas schmaler als auf den Fotos und trägt die Haare kürzer. In ihrer Wohnung zeigt sie ihm den roten Ordner. Sie hat alle E-Mails, die sie ausgetauscht haben, ausgedruckt. 337 sind es. Nur die allerersten fehlen ihr. Aus der Zeit, in der sie nur zwei Teilnehmer in einem Chat über finnische Literatur waren. Als sie einen Tag später Hand in Hand durch die Stadt bummeln, sind sie bereits glücklich, wirklich das Paar zu sein, das sie gerne sein wollten. Ein halbes Jahr später haben sie ihre Jobs gewechselt und ziehen gemeinsam in eine für beide unbekannte Stadt.

„Na und?“, sagt die Liebe. „Die Zeiten ändern sich eben. Aber die Liebe ist ewig.“

Ob nun die hungrigen Herzen der Nachkriegszeit entflammen oder die Liebe der abgeklärten Twenty-somethings des 21.

Jahrhunderts langsam im anonymen Schutz des Computerbildschirms heranreift: „A kiss is still a kiss."

Die Gefühle unserer Ahnen auf dem Bärenfell waren nicht wesentlich anders als die Schauer, die uns auf unseren Latexkernmatratzen befallen. Aber können wir uns andererseits vorstellen, dass Neandertaler darüber diskutierten, ob sie einen Seitensprung, wenn er denn mal vorkäme, lieber nicht erfahren würden? Dass ihr Liebesleben darüber zum Erliegen kam, weil Mr. Neandertaler seine Mammutjäger-Karriere rücksichtslos durchzog? So klassisch sind die uns vertrauten Beziehungsklassiker doch nicht. Im Gegenteil. In Anbetracht der Ewigkeit sind nur lachhafte 50 Jahre vergangen, und die ewige Liebe sieht völlig anders aus.

„Natürlich", sagt die Liebe. „Die Liebe lebt nur von Augenblick zu Augenblick und ist niemals gleich."

Und manchmal scheint sie sogar noch ungleicher zu werden. Wir wissen, wie es sich anfühlt, wenn die Liebe einen Quantensprung macht. Denn wir strampeln uns heute mit dem ab, was sich in den 60er und 70er Jahren veränderte. Die Arbeitskraft der Frauen war gefragt, und in der Apotheke gab es die Pille zu kaufen. Die finanzielle und sexuelle Abhängigkeit der Frauen begann sich aufzulösen. Und während die Jugend glaubte, in der Idee „Make love, not war" die Losung für eine befreite Zukunft jenseits verklemmter Spießer-Ehe und Kleinfamilie gefunden zu haben, entdeckten ihre Eltern zumindest die Klitoris und den Anspruch auf einen gepflegten Orgasmus.

Seitdem geht es in der Liebe auch immer um eine gleichberechtigte Partnerschaft. Doch damit nicht genug. Befreit von Ängsten und Zwängen, entwickelte sich ein neues Lebensziel: die Selbstverwirklichung. Der Psychoboom brach aus. Und seitdem sollen und wollen in jeder Liebesbeziehung nicht nur beide Partner gleichberechtigt sein, sondern sich gleichberechtigt frei selbst verwirklichen. Wozu sie ja aber in einer Liebesbeziehung den jeweils anderen unbedingt brauchen. Das konnte nicht gut gehen. Und ging es auch nicht. Der Zoff war vorprogrammiert. Paradoxe Probleme brauchen paradoxe Lösungen. Also galt fortan: Streiten verbindet. Als Partner ließ man erst mal voll authentisch die Sau raus, um dann über die Beziehungstrümmer erfolgreich miteinander kommunizieren zu lernen ... und zu kommunizieren ... und zu kommunizieren. Die Liebesbeziehung wurde zum endlosen Verhandlungs- und Lernprozess. Und das kommt uns dann doch schon bekannt vor.

In den 80er und 90er Jahren kam nicht viel Neues hinzu. Mit den Yuppies und der beginnenden Aktienglückseligkeit wuchs natürlich auch in der Liebe der Anspruch auf persönliches Glück. Und mit den Ansprüchen wuchsen die Schuldgefühle. Frauen waren, wie die erfolgreichen Buchtitel der Zeit es vorgaben, davon überzeugt, „zu sehr zu lieben“ und abhängig zu sein. Männer fühlten sich nicht Mann genug und zweifelten gemäß dem „Männer lassen lieben“ an ihrer Liebesfähigkeit.

Doch weil sich aller „Beziehungsarbeit“ zum Trotz kein Glück einstellte, stürzten sich Männer wie Frauen in den 90ern dann erleichtert auf die Mars- und Venus-Geschichten. Wenn genetische Steinzeitprogramme sie davon abhalten, einander verstehen zu können, wie sollten sie dann auch glücklich werden? Und so saßen die ersten Paare in meinem Therapieraum und verkündeten strahlend, dass sie einander ja wohl nie richtig begreifen könnten.

Und da stehen wir heute. Wir amüsieren uns großartig über „Sex and the City“ und den „Caveman“. Und mutieren dann in unserer Beziehung zum heulenden Elend, weil wir im richtigen Leben unseren Mr. Richtig noch immer nicht gefunden haben. Oder weil wir uns hoffnungslos ungeliebt fühlen, sobald wir länger den Badezimmerschrank miteinander teilen müssen.

„Nichts beschäftigt den Menschen so wie die Liebe“, sagt die Liebe. „Was zählt, ist allein die Liebe.“

Eine Liebesbeziehung soll uns Glück, sexuelle Erfüllung und emotionale Offenheit bringen. Bleibt unsere Zufriedenheit aus, weil die Beziehung schwierig wird, dann sinkt der Kurswert unseres Partners, und wir werden ihn wie eine Aktie, die nicht genug Geld abwirft, abstoßen. Andererseits sehnen wir uns auch nach ewiger Dauer, nach Treue, Loyalität und Solidarität. Nach Sicherheit und Geborgenheit in einer immer heftigeren Veränderungen unterworfenen Welt.

Das daraus erwachsende Problem begreifen wir langsam. Dauerglück auf hohem Niveau und Dauerbeziehung passen nicht zusammen. Wer das schmerzhafte Auf und Ab einer langfristigen Beziehung nicht auf sich nehmen will, der muss und kann die Bindung aufgeben und zum nächsten Partner weiterziehen.

Heute leben die meisten Menschen beides. Als Jugendliche und junge Erwachsene leben wir in serieller Monogamie und durchstreifen die Jagdgründe der Liebe nach immer fetterer Beute. Aber dann möchten wir doch irgendwann für uns selbst oder unsere Kinder die Stabilität einer Familie. Wir sagen: „Du bist es jetzt!“ und richten uns auf eine feste Dauerbeziehung ein. Blöderweise ist diese emotionale Vollbremsung nicht so einfach. Forschungen belegen, dass die früheren Trennungserfahrungen und die Zahl der vorangegangenen Partner mehr als alles andere die Instabilität einer Ehe voraussagen. Die erlebten Trennungen waren schmerzhaft und haben uns misstrauisch gemacht. Und so scheuen wir ängstlich davor zurück, uns verbindlich und tief einzulassen. Überdies fühlen wir uns wie Feinschmecker, die plötzlich immer nur noch im gleichen Restaurant essen sollen. Das Essen dort schmeckt hervorragend, aber was ist mit den vielen anderen hervorragenden Köchen, deren Kochkunst wir auch gerne noch ausprobieren möchten?

In jeder Beziehung stehen wir also irgendwann vor der Frage, ob der Gewinn an Bindung unseren Verlust an Glücksgefühlen aufwiegt. Steht uns diese Beziehung nur im Weg, und werden wir mit diesem Partner einfach nie so zufrieden sein, wie wir es in einer anderen Bindung wären? Oder zerstören wir durch eine Trennung eine Geborgenheit, die wir nie wieder finden werden?

„Die Liebe ist eine Frage an das Leben, keine Antwort“, sagt die Liebe. „Sie ist Bewegung. Wer die Antwort gefunden hat, hat die Liebe verloren.“

Weil Bindung für so viele Menschen zum Problem wird, genießt eine langjährige Liebesbeziehung heute wieder Ansehen. Angesichts der angeblich beziehungsfeindlichen Steinzeitgene, angesichts des allgegenwärtigen Scheidungsfrusts und exorbitanter Scheidungsraten wird die Liebesbeziehung zur Kunstform erklärt. Schon klar: Kunst bleibt auch in der Liebe ein Prozent Inspiration und 99 Prozent Transpiration. Damit wird die Liebe eine Leistung und die Liebesbeziehung ein persönlicher Erfolg. Sie wird als Ort großartiger Wachstumsmöglichkeiten verstanden, als quasi-spirituelle Reise. Und sicher gibt es keine andere zwischenmenschliche Beziehung, in der wir so unverblümt Rückmeldungen bekommen und unsere Ängste und Beschränkungen so gut kennen lernen müssen.

Immerhin: Wenn man an den Problemen in einer festen Beziehung wachsen kann, dann schließen sich das Streben nach Glück und der Wunsch nach Bindung nicht aus. Es ist zwar ein Problem, wenn der Partner fremdgeht, aber Seitensprünge zerstören die meisten Beziehungen nicht mehr zwangsläufig. Oft werden sie insgeheim in das Konzept einer festen Liebesbeziehung mit einbezogen.

Wie wir die Liebe leben, das liegt heute an uns und wird von unseren Wertvorstellungen bestimmt. Aber es ist eine Last, entscheiden zu müssen, welche Werte uns am wertvollsten sind. Wie sollen wir das tun? Woher sollen wir wissen, welches der bessere Weg ist? Wann das Glück zu klein ist? Oder die Bindung zu wichtig? Aber selbst wenn wir das wüssten, käme uns nicht die Liebe wieder dazwischen?

„Wer mich kennt, der kennt mich nicht. Und wer mich nicht kennt, der kennt mich doch", sagt die Liebe. Und hat wie immer das letzte Wort.

Die Kunst, die Liebe jung zu halten

Applaus auf einer Hochzeit ist nichts Ungewöhnliches. Aber dieser Applaus war etwas Besonderes: Er galt nicht dem Brautpaar und nicht der Hochzeitstorte. Er galt den Eltern der Braut. Aber nicht einmal das stimmt. Er galt den 40 Jahren Ehe, den 40 Jahren, die die Eltern der Braut schon Bett, Sofa und Kühlschrank teilten. 40 Jahre! Und plötzlich klatschten die etwa 100 Gäste, alle zwischen 30 und 50 Jahre alt, ganz spontan Applaus.

Wieso Beifall für ehelichen Langstreckenlauf? Die Menge an Ehejahren sagt ja selbst noch gar nichts aus. Vielleicht waren fünf Jahre gut, 15 todlangweilig und der Rest wurde mit stillen Vorwürfen verbracht. Vielleicht hatte sich die Warnung von Tschechow hier ganz dramatisch bewahrheitet, der einmal gesagt hat: „Wer die Einsamkeit fürchtet, sollte nicht heiraten."

Oder ist gar die Rekordsucht schon so weit gediehen, dass wir das olympische Höher, Weiter und Schneller nun auch schon bei Gefühlen und in Beziehungen suchen? Und es auch in der Liebe nur noch um den Eintrag ins Guinness-Buch der Ehe-Rekorde geht? 40, ja 50 Jahre!

Doch dieser Applaus war Erleichterung, Anerkennung, Hoffnung. Dieser Applaus war ein Bekenntnis zu einem Weg, Erleichterung darüber, dass es tatsächlich Paare gibt, die allen Widrigkeiten zum Trotz miteinander durchs Leben gehen und die allen, die dasselbe versuchen, zeigen, dass es möglich ist. Er war Anerkennung für die Liebesarbeit, die Einfühlsamkeit und die Sturheit, die es braucht, um Seite an Seite durchs Leben zu gehen. Er war Hoffnung, dass man es selbst als Paar auch schaffen könnte, trotz fast 50 Prozent Scheidungsrate in den großen Städten. Es war der Applaus einer Gemeinschaft gleich gesinnter Ehepaare. Ja! Wir sind auf dem richtigen Weg.

Wir leben in einer so genannten permissiven Gesellschaft. Einer, die uns viel erlaubt. Manchmal vielleicht mehr als uns recht ist. Einer Gesellschaft, die viel Freiheit gibt und in der wir nur noch wenig durch Rituale geführt, nur noch selten durch Tabus eingeengt werden. Wir entscheiden, ob wir auf einer Insel in der Nordsee leben oder lieber mitten in Berlin-Kreuzberg. Wir entscheiden uns, Versicherungsvertreter, Eheberater oder

Molekularbiologe zu werden. Wir entscheiden uns, jeden Morgen im Park zu joggen oder jeden Abend vor dem Fernseher Chips in uns reinzuschaufeln. Wir leben als Single oder in einer Familie. Mit mehr Zeit und wenig Geld oder wenig Zeit und mehr Geld. Die Freiheit hat auch ihre Schattenseiten. Uns dämmert allmählich, wie verwirrt und orientierungslos wir uns ohne die festen Regeln früherer Gesellschaften innerlich häufig fühlen und wie viel Kraft es uns kostet, unserem Leben die vermutlich richtige Richtung zu geben.

Und auch in der Liebe können und müssen wir uns entscheiden. Entscheiden, welchen Weg wir nehmen. Wenn wir von Liebesbeziehungen sprechen, dann können wir darunter drei unterschiedliche Beziehungen meinen.

- Einmal eine sexuelle Beziehung: zwei Menschen, die eine sie fesselnde erotische Beziehung haben und die sich deshalb nicht unbedingt auf eine andere Art lieben müssen.
- Dann ein Paar, das ineinander verliebt ist. Verliebt sind wir immer nur in eine einzige Person. Diese romantische Liebe oder Verliebtheit kennen alle bekannten Kulturen. Es gibt ein paar Kulturen, von denen wir nicht wissen, ob sie dieses Gefühl auch erleben. Aber das liegt einfach daran, dass die Forscher vergessen haben, danach zu fragen.
- Und schließlich, und das ist die dritte Art Liebesbeziehung: ein Paar, das sich über Jahre tief gebunden fühlt und seine Liebe im gemeinsamen Leben miteinander teilt.

Die bekannte amerikanische Anthropologin Dr. Helen Fisher geht aufgrund der modernen Hirnforschung davon aus, dass wir für jede dieser Beziehungsformen tatsächlich auch ein eigenes Hormon- und Neurotransmittersystem – Neurotransmitter sind jene Botenstoffe, die die Impulsübertragung in unserem Gehirn bestimmen – in unserem Körper besitzen, so dass sich Lust, Verliebtheit und Bindung auch organisch voneinander unterscheiden. Dies bedeutet, dass die unterschiedlichen Möglichkeiten an Liebesbeziehungen in uns genetisch nebeneinander angelegt sind. Wir können, so argumentiert Helen Fisher und das ist schwer zu widerlegen, ja gleichzeitig wahnsinnig verliebt sein, eine tiefe Bindung zu jemandem anderen haben und im selben Augenblick durch ein sexuell aufreizendes Plakat von noch jemand anderem erregt werden.

Offenbar gibt es also drei Wege der Liebe, die in uns angelegt sind. Und wir haben die Wahl: Wer sein Lusterleben immer auf 100 Prozent halten will, der bleibt dabei innerlich möglichst ungebunden. Wer immer romantische Gefühle leben will, der wählt die serielle Monogamie, wie es ja heute schon viele Menschen tun, besonders die unter 30-jährigen. Man bleibt so lange mit dem Partner zusammen, wie es prickelt und zischt. Wenn es dann schwierig, zäh und unerfreulich wird, dann wechselt man in die nächste Beziehung. Neues Spiel, neue Liebe, neues Glück? Wer Bindung leben will, der bleibt. Der sagt sich, dass es auf diese Liebe ankommt, und der versucht, sie jung zu halten.

Alle diese Formen der Liebesbeziehung gleichzeitig nebeneinander in einer einzigen Beziehung zu leben – das ist der Traum – und die Falle unserer gegenwärtigen Liebesvorstellungen. Viele rackern sich daran ab, ihn zu erfüllen.

Aber tatsächlich müssen wir uns wohl entscheiden.

Wenn die Liebe sprechen könnte, dann hätte sie vermutlich bis hierher stirnrunzelnd zugehört. Aber jetzt würde sie sich zu Wort melden: „Bitte liebe Leute“, so würde sie sagen, „nehmt es einfach zur Kenntnis. Ihr könnt nicht mich jung halten. Ich bin die Liebe. Ich bin ewig. Da gibt es kein jung oder alt. Kein gestern oder heute. Wie es einer eurer Dichter gesagt hat: Ich bin ewig, solange ich dauere. Aber natürlich hört bei euch keiner auf die Dichter. Jedenfalls ist es andersherum: Ich, die Liebe, bin es, die euch jung hält. Ihr verdreht die Dinge immer so genial. Also bitte hört auf, mich jung halten zu wollen. Das ist einfach lächerlich!“

Die Liebe hat natürlich Recht. Wir halten die Liebe nicht jung. Es ist umgekehrt. Wenn wir den Weg der Bindungsliebe gehen, wenn wir uns wirklich einer Beziehung verpflichten, dann bleiben wir jung, denn wir müssen biegsam und wach bleiben. Wir scheitern, wenn wir nicht lernen, das Leben auf eine Art zu verstehen und zu akzeptieren, die am Ende Liebe ist.

Liebe, und das ist das Geheimnis, das sich dabei enthüllt, Liebe steht nicht am Anfang einer Ehe oder Beziehung, wie viele glauben. Liebe steht am Ende einer Beziehung, einer Ehe. Liebe ist nicht der Beginn, Liebe ist das Ziel, der Sinn einer Liebesbeziehung. Das Ja der Hochzeit, das Ja, das wir tausende Male in uns erneuern müssen, wenn wir eine Ehe über Jahre führen, dieses Ja, diese immer wieder gefällte Entscheidung, sie führt uns erst zur Liebe.

Wenn man ältere oder wirklich alte Ehepaare fragt, wie ihre Ehe war, dann tun sie nach meiner Erfahrung alle etwas Ähnliches: Sie lächeln. Zunächst lächeln sie und man sieht, dass sie zufrieden sind und dass es gut war. Und sie sagen etwas wie: „Natürlich ging es auf und ab." Manche machen dabei diese hübsche Handbewegung. Auf und ab. Und das ist die Liebe.

Es ist ja einfach, jemanden zu lieben, den wir gerade großartig finden. Aber das ist kaum die Liebe, die wir verehren. Das ist zu einfach. Hochachtung haben wir für die Liebe zu jemandem, der es uns nicht einfach macht. Jemandem, der es uns vielleicht sogar sehr schwer macht. Jemandem, der uns das Leben vielleicht zeitweilig sogar zur Hölle macht. Eben unseren Ehepartner. Wenn wir den weiter lieben können, dann ist das wirklich Liebe.

Eine feste Liebesbeziehung ist eine großartige Lektion in Sachen Leben und eine geniale Anleitung, Liebe zu lernen.

Wir haben viele falsche Vorstellungen über das Leben. Dazu trägt unsere mediale Hochglanzwelt ganz entschieden bei. Das Leben ist in einem ständigen Fluss. Es geht auf und ab. Und genau das erleben wir in einer langfristigen Liebesbeziehung. Es gibt nichts Festes auf dieser irdischen Welt, nur ständige Veränderung. Liebe ist keine Lebensversicherung. Auch wenn wir das gerne hätten.

Leben ist Bewegung. Und zwar nicht nur Bewegung erst in die eine und dann in die andere Richtung. Sondern häufig auch in zwei oder gar mehr Richtungen gleichzeitig. Die meisten Dinge sind weder einfach gut noch einfach schlecht.

Tatsächlich erleben wir das meiste im Leben ambivalent. Sowohl als auch. 60 Prozent ja, 40 Prozent nein. Irgendwann finden wir unseren Liebsten nicht mehr zu 100 Prozent toll. Irgendwann kommen Zweifel, ob wir nicht doch mit jemand anderem glücklicher wären. Irgendwann finden wir unsere Liebste hinreißend und nervtötend zugleich. Und das ist sie ja dann auch. Oder noch schlimmer: Wir finden ein- und denselben Zug an ihr hinreißend und schrecklich. Sie ist spontan. Das ist lebendig. Aber dann nervt es uns, weil sie auch nie Ruhe geben kann. Die paartherapeutische Weisheit dazu besagt, dass es dieselben Faktoren sind, die ein Paar zusammenbringen, die es aber auch wieder auseinander bringen.

Ambivalenz leben zu können ist eine ganz wichtige menschliche Eigenschaft. Wo sie fehlt, entstehen Depression, Gewalt und narzisstische Unfähigkeit zur Einfühlung. Auf dem Weg der bindenden Liebesbeziehung lernen wir mit Ambivalenz, Verwirrung und Unsicherheit zu leben. Und diese Lernerfahrungen sind die entscheidenden Wendepunkte einer Liebesbeziehung.

Wir können zwei Arten von Wendepunkten der Liebe unterscheiden: äußere und innere. Die äußeren sind uns allen vertraut. Das Zusammenziehen, die Hochzeit, wenn die Kinder ausziehen. Oder eine Krankheit, ein Umzug, eine Affäre. Aber die wahren Wendepunkte sind unsere inneren Veränderungen, die persönlichen Wachstumspunkte.

Die Entwicklung von **Demut** ist ein weiterer Schritt, zu dem uns eine Liebesbeziehung herausfordert. Ein schöner alter Begriff. Es geht um Annehmen. Jede lang andauernde Beziehung ist irgendwann an einem Ende. Wir fühlen nichts Liebevolles mehr für den Menschen, der doch unser Liebster sein soll. Wir fühlen Hass, was uns erschreckt, was aber wenigstens noch Liebe ist – wenn auch auf den Kopf gestellt. Oder noch schlimmer: Wir fühlen nichts mehr. Vorbei. Leere. Vielleicht noch eine Prise Enttäuschung. Ein wenig Trauer. Wir könnten unsere Koffer packen und gehen. Die Liebe ist weg. Verloren. Aber wo ist sie, wenn sie weg ist?

Wenn wir dann bleiben und schauen, fühlen und denken, uns auseinandersetzen oder einfach nur durchhalten, wenn wir diese Wirklichkeit annehmen, ohne aufzugeben, dann irgendwann geschieht etwas, was nach der romantischen Liebeslogik à la Hollywood gar nicht geschehen dürfte. Denn die Hollywood-Logik sagt ja: Entweder du liebst sie oder du liebst sie nicht. Wenn die Liebe erloschen ist, ist es vorbei, dann bleibt nur die Trennung.

Aber plötzlich geht das Samenkorn der Liebe wieder auf. Und eine neue Liebe, die natürlich die alte ist und die sie doch nicht ganz ist, entsteht wieder in uns. Ein unglaublicher Wendepunkt der Liebe!

Es geschieht, wenn wir lernen, dass wir nichts halten können, wenn wir lernen zu warten und im positiven Sinne auszuhalten, zu tragen und zu ertragen. Machtlos zu sein. Demut üben also, in einer Welt, wo es so viel um machen, um Machbarkeit und Macht geht.

Doch werden wir weder mit Ambivalenz umzugehen lernen, noch so etwas wie Demut entwickeln, wenn wir nicht lernen, loszulassen. **Loslassen**, das ist die Grundfähigkeit, in der uns eine Liebesbeziehung trainiert. Nichts kann uns so unglücklich machen wie unsere Vorstellungen, unsere Erwartungen. Die meisten Menschen, die ein schwaches Selbstbewusstsein besitzen, sind nicht unfähig. Sie haben nur einen zu hohen Anspruch an sich und bewerten sich deshalb negativ. Wenn es einen Ort gibt auf dieser Welt, wo man das Loslassen von Erwartungen und Vorstellungen lernt, dann ist das die Partnerschaft. Da gibt es kein Vertun. Wir werden enttäuscht werden. Ehe ist sozusagen eine Liebesbeziehung mit Enttäuschungsgarantie. Und wir müssen dann entweder gehen, also äußerlich loslassen, oder wir lassen innerlich los und können bleiben.

Denn früher hatte er eine knackige Figur. Heute knacken nur noch die Dielen unter seinem Übergewicht. Früher liebte sie Sex ohne Ende. Heute liebt sie nur noch den Moment, wenn der Sex endlich zu Ende ist. Der einfühlsame Liebhaber ist zu einem heftig muffelnden Querkopf mutiert. Und irgendwie fühlt sich alles wie in Woody Allens berühmtem Spruch an, dass eine Beziehung im Wesentlichen darin bestehe, dass zwei Menschen gemeinsam versuchen Probleme zu lösen, die sie allein gar nicht hätten.

Die Fähigkeit, loszulassen, ist eine der wichtigsten menschlichen Eigenschaften. Spätestens wenn uns ein Schicksalsschlag ereilt, dann wissen wir, dass wir loslassen müssen. Und anerkennen, dass nicht wir es sind, die unser Schicksal bestimmen.

Um loszulassen, dürfen wir uns nicht zu wichtig nehmen. Um loszulassen, müssen wir trauern. Und genau das lernen wir in einer Paarbeziehung!

Es liegt Weisheit in diesem Erleben. Wir lernen, dass wir loslassen müssen, um festzuhalten.

Unsere persönliche Sicht der Welt ist nur eine von unendlich vielen Möglichkeiten. Vom Kopf her verstehen wir das sofort.

So muss es ja sein. Jeder ist anders. Aber das ist nur das Wissen unseres Verstandes. Wirklich fühlen tun wir das nicht. Unbewusst gehen wir Menschen immer davon aus, dass alle anderen alles genau so erleben wie wir auch. Wozu Heinrich Zille einmal gesagt hat: „Das Unglück ist, dass jeder denkt, der andere ist wie er. Und dabei übersieht, dass es auch anständige Menschen gibt."

Eine bindende Liebesbeziehung lehrt uns, die Relativität und Eingeschränktheit unserer Weltsicht auch im Gefühl, mit dem Herzen zu begreifen.

Denn in jeder Liebesbeziehung kommt es zu Konflikten. Und wir wissen aus der Paarforschung, dass sich 70 Prozent aller ehelichen Konflikte nicht lösen lassen. Sie sind schlicht unlösbar, denn sie beruhen auf unterschiedlichen Persönlichkeitseigenschaften. Du bist ordentlich, ich bin chaotisch. Aber wir können lernen, dass deine Liebe nicht meine Liebe ist. Und unsere beiden Welten nebeneinander bestehen lassen.

Wir lernen von Kindheit an in Beziehungen – zu Eltern, Lehrern, Freunden. Im Grunde genommen lernen wir sehr wenig allein. Aber die Liebesbeziehung ist, wenn wir sie zu nutzen verstehen, der Ort unseres tiefsten Lernens. Und in ihr lernen wir auch das Leid als Teil des Lebens anzunehmen.

Es gibt in unserer Kultur, in unserer Gesellschaft, unter dem Einfluss einer immer höher entwickelten Technologie die Tendenz, dass das Leben unmenschlich wird, unmenschlich perfekt, unmenschlich anspruchsvoll. Wir leben fast in der Erwartung, dass sich alles Problematische durch den Fortschritt beheben lassen wird. Dass es für alle Krankheiten bald die richtigen Medikamente, für alle Unwägbarkeiten die richtigen Versicherungen, für alle Unbequemlichkeiten die richtigen Maschinen, Roboter, Hilfsmittel geben wird und wir immer perfekter und glücklicher werden. Ganz so, als könnte das Leid aus unserem Leben irgendwann völlig verschwinden. In einer Partnerschaft aber leiden wir. Schon Sigmund Freud schrieb: „Niemals sind wir ungeschützter gegen das Leiden, als wenn wir lieben." Wir leiden, weil der andere eben nicht perfekt ist, weil er auch nur ein Mensch ist. Wenn wir uns aber deshalb nicht wie im Supermarktregal nach einem anderen, besseren Produkt umsehen, sondern ihn annehmen mit all seinen Schwächen und Unzulänglichkeiten, dann leiden wir. Angefangen damit, dass er immer zu spät kommt oder uns jede Nacht beim Schlafen die Decke wegzieht. Dass er einfach keinen Sinn für die von uns geliebte klassische Musik hat, dass er unsere beste Freundin 40 Jahre kennt und immer noch nicht leiden mag. Vielleicht sogar, dass er uns belogen hat, was uns schrecklich wehgetan hat. Wir lernen, **Leid** zu akzeptieren.

Das gute aber ist, dass eine Liebesbeziehung das ideale Lernfeld ist, denn sie vereint alle Voraussetzungen, unter denen Lernen oder Umlernen möglich ist. Wir Menschen möchten ja gerne das Beste aus uns machen. Und um das Beste aus uns zu machen, müssen wir uns verändern. Wir wissen, dass das nicht einfach ist. Wir möchten jeden Tag etwas für unsere Gesundheit tun und dann bleiben die Stöcke für das Nordic Walking doch nach drei Tagen wieder im Keller stehen.

Wir wissen heute, dass wir uns tatsächlich verändern können. Denn unser Gehirn ist plastisch, veränderbar. Die Verbindung zwischen unseren Hirnzellen ist jederzeit veränderbar. Es ist eine Schaltung, keine feste Verbindung. Neue Verbindungen sind immer möglich und entstehen ständig neu. Aber es gibt eine Bedingung für die Veränderung in unserem Gehirn: Das Gehirn muss erregt sein. Das, worum es geht, müssen wir als bedeutungsvoll erleben. Es muss uns emotional erreichen.

In Beziehungen ist das der Fall. Je enger die Beziehung, desto aufgewühlter sind wir. Überall sonst können wir ausweichen, aber der Partner lässt nicht locker. Niemand bringt uns so auf die Palme. Die Ehe ist tatsächlich ein Platz, an dem wir uns verändern können. So lange jedenfalls, wie wir sie ernst nehmen und wir nicht resignieren.

Epilog: Gespräch mit der Liebe

Was ist nun eigentlich mit der Liebe? Verstehen wir sie richtig oder machen wir alles falsch? Ich habe keine Antwort. Aber bevor ich noch weiter darüber nachdachte, hatte ich eine Idee. Ich würde die Liebe selber fragen. Wieso sich den Kopf zerbrechen? Also traf ich mich mit der Liebe.

Ich fand sie etwas eingeklemmt zwischen zwei anderen Gestalten. Die Liebe erkannte ich sofort an diesem vertrauten Gefühl, sie schon unendlich lange zu kennen. Etwas unschlüssig schaute ich auf die drei.

„Ah!" Die Liebe verstand sofort. Das ist ja ihre größte Fähigkeit. „Darf ich vorstellen: das Glück und die Bindung." Ich nickte freundlich. Das Glück wirkte angespannt und angestrengt. Und die Bindung sah blass und schwach aus, so als ginge es ihr im Moment nicht gut.

Ich stellte der Liebe meine Frage: „Sagen Sie mir, wer sind Sie wirklich?"

„Ich bin ich. Ich verändere mich nicht. Die Menschen, die verändern mich", sagte die Liebe und veränderte schon zum vierten Male in der kurzen Zeit ihre Gestalt. Gerade sah sie sehr sexy aus.

Sie kicherte. „Meistens verwechseln die Menschen mich einfach mit irgendjemand anderem. Häufig werde ich mit der Sexualität verwechselt. Dann verwechselt ihr mich mit der Verliebtheit. Aber ich finde das nicht so schlimm."

„Wir schon", warf ich ein. „Wir sind ziemlich süchtig nach diesem Zustand der Verliebtheit und können gar nicht genug davon bekommen. Am liebsten würden wir uns dauernd verlieben."

Die Liebe schaukelte mit dem Kopf. „Klar, und dabei merkt ihr gar nicht, wie euch das anstrengt." Sie wies mit ihrem überaus liebenswerten Finger auf das angespannte Glück, das ihr die ganze Zeit nicht einen Zentimeter von der Seite gewichen war. „Ihr Menschen könnt mich gar nicht mehr ohne das Glück sehen. Materiell seid ihr gut versorgt. Aber es macht euch nicht glücklich. Ihr seid süchtig nach Erfolg. Aber Erfolge machen euch auch nicht glücklich. Und da soll ich euch das Glück bringen. Aber wenn ihr das Glück nicht bei mir findet, was tut ihr dann? Ihr sucht euch einen neuen Partner!" „Und du meinst, das ist eine Sackgasse?"

In diesem Augenblick ging eine aufrechte Gestalt an ihr vorbei. „Die Treue!", sagte die Liebe.

Jetzt sah sie gerade aus wie das Meer. Kurz darauf schaute sie ein wenig wie der Himmel aus, blau mit fröhlichen Wolken.

Die Liebe lächelte, sie spürte meine Verwirrung: „Ich nehme ständig eine andere Form an. Und es gibt immer diese anderen Gestalten neben mir. Ohne sie könntest du mich gar nicht sehen. Oder nur in ganz seltenen Augenblicken."

„Du meinst in Momenten der Erleuchtung oder der reinen Liebe?" Ich senkte den Kopf. In der Gegenwart der Liebe fühlte ich mich mit so einem Gedanken sofort wie ein Aufschneider, wie jemand, der keine Ahnung hat, aber so tut, als wisse er etwas.

„Natürlich bin ich immer einzigartig. Aber deshalb habe ich unendlich viele Gesichter. Und ihr könnt mich immer wieder neu entdecken."

„Manche denken, du bist nur ein Hormoncocktail ..." Ich setzte mich etwas schlapp neben die Bindung, die sofort einen ihrer Arme um mich legte, so dass ich augenblicklich Angst bekam, ich käme hier nie wieder weg.

„Ach", seufzte die Liebe, „nimm diese Hormone und gieß sie auf eine Wiese. Wächst dort die Liebe?"

Sie sah mich auffordernd an. Im selben Augenblick scharwenzelten außer der Bindung und dem Glück noch ein paar andere Gestalten um sie herum.

Ich ahnte sofort, wer sie waren.

„Angst", japste ich, „Manipulation, Verführung, Macht und Dominanz!" Zum Glück verdrückten sich die dunklen Schattenwesen wieder.

Die Liebe nickte. Ich glaubte einen Anflug von Trübsinn an ihr zu entdecken.

Und dann verschwand sie. Nicht ohne mir vorher zu sagen, dass sie mich liebt. Seitdem bin ich total verliebt in die Liebe. Aber ich glaube, das war ich schon vorher.

Danksagung

Zuallererst danke ich dir, Claudia, denn ohne deine Liebe, dein Verständnis und deine Beharrlichkeit wären wir nie ein Paar geblieben.

Laura, Billy und Nick, danke dafür, dass ihr auch dann noch zu wissen scheint, dass ich euch über alles liebe, wenn ihr so viele Stunden nur den Rücken eures Vaters seht, der am Computer hockt!

Mein Dank gilt all den Redakteuren, die mir über die Jahre vertraut haben und die sich mit meinen hier versammelten Texten abgekämpft haben. Danke Hildegard Bode, Ulrike Matthaei, Erdmute Henning, Anne Volk, Dieter Killian, Mark Kuntz, Christa Russmann, Andreas Lebert, Christine Hohwieler, Karin Weber-Duve, Till Räther, Claudia Münster, Brigitte Huber und Nikola Haaks. Und allen, die auf die eine oder andere Art noch damit befasst waren und die ich jetzt bestimmt nicht vergessen wollte.

Mein Dank gilt auch all meinen Klienten, die mir so viel von sich mitgeteilt haben. Und von denen ich nur immer hoffen kann, dass sie mit mir genau so viel lernen wie ich durch sie.

Mein Dank gilt all meinen Freunden und meiner Familie, die mich über die Jahre als Paar oder Single begleitet haben. Über euch habe ich manche Einsichten ins Paarsein gewonnen. Danke Henning, Andrea, Ulrike, Stefan, Andrea, Sarod, Matthias, Tom, Thilo, Uschi, Georg, Monika, Caterina, Stevie, Bernd, Peter, Urs, Caty, Michèle, Lothar, Linda, Hannelore, Petra, Michael und allen anderen!

Und last, but not least, danke ich Marita Ellert-Richter und Gerhard Richter, die die Idee für dieses Buchprojekt hatten und die Energie, es in die Tat umzusetzen.

Oskar Holzberg, Februar 2006

Literatur

Alberoni, Francesco: Erotik. Weibliche Erotik, männliche Erotik – was ist das?, 2. Aufl., München: Piper, 1987

ders.: Liebe. Das höchste der Gefühle, München: Wilhelm Heyne Verlag, 1998

Amelang, Manfred; Ahrens, Hans-Joachim; Bierhoff, Hans Werner (Hg.): Brennpunkte der Persönlichkeitsforschung Bd. 4: Partnerwahl und Partnerschaft, Formen und Grundlagen partnerschaftlicher Beziehungen, 2. Aufl., Göttingen: Hogrefe-Verlag, 1995

ders.: Brennpunkte der Persönlichkeitsforschung Bd .3: Attraktion und Liebe, Formen und Grundlagen partnerschaftlicher Beziehungen, 2. Aufl., Göttingen: Hogrefe-Verlag, 1995

Argyle, Michael; Henderson, Monika: Die Anatomie menschlicher Beziehungen: Spielregeln des Zusammenlebens, München: mvg-Verlag, 1990

Asbell, Bernard; Wynn, Karen: Du bist durchschaut, Hamburg: E. Kabel, 1993

Auhagen, Ann Elisabeth; Salisch, Maria von (Hg.): Zwischenmenschliche Beziehungen, Göttingen: Hogrefe-Verlag, 1993

Averick, Leah S.: Schwiegereltern und andere liebe Verwandte. Vom Umgang mit der angeheirateten Familie, Stuttgart: Kreuz-Verlag, 1990

Basciano, Christina: Trennungsschmerz. So gehen Sie mit dem Ende einer Beziehung besser um, Landsberg am Lech: mvg, 2000

Bauer, Joachim: Das Gedächtnis des Körpers. Wie Beziehungen und Lebensstile unsere Gene steuern, Frankfurt am Main: Eichborn, 1992

Baumann, Zygmunt: Flaneure, Spieler und Touristen. Essays zu postmodernen Lebensformen, Hamburg: Hamburger Edition, 1997

ders.: Unbehagen in der Postmoderne, Hamburg: Hamburger Edition, 1999

Bauriedl, Thea: Leben in Beziehungen. Von der Notwendigkeit, Grenzen zu finden, Freiburg im Breisgau: Verlag Herder, 1996

Beck, Aaron T.: Liebe ist nie genug. Missverständnisse überwinden Konflikte lösen, Beziehungsprobleme entschärfen, Köln: Verlag Kiepenheuer & Witsch, 1992

Beck, Ulrich; Beck-Gernsheim, Elisabeth: Das ganz normale Chaos der Liebe, Frankfurt am Main: Suhrkamp Verlag, 1990

Berne, Eric: Spielarten und Spielregeln der Liebe. Psychologische Analyse der Partnerbeziehung, Reinbek: Rowohlt Taschenbuch Verlag, 1986

Bierhoff, Hans Werner; Grau, Ina: Romantische Beziehungen: Bindung, Liebe, Partnerschaft, 1. Aufl., Bern: Verlag Hans Huber, 1999

Bischof, Norbert: Das Kraftfeld der Mythen. Signale aus der Zeit, in der wir die Welt erschaffen haben, München: Piper, 1996

Bly, Robert: Eisenhans. Ein Buch über Männer, München: Kindler, 1991

Bodenmann, Guy: Stress und Partnerschaft. Gemeinsam den Alltag bewältigen, 2., überarbeitete und ergänzte Auflage, Bern: Verlag Hans Huber, 2001

Bourdieu, Pierre: Die männliche Herrschaft, Frankfurt am Main: Suhrkamp Verlag, 2005

Bruckner, Pascal: Verdammt zum Glück. Der Fluch der Moderne, Berlin: Aufbau-Verlag, 2001

Buss, David M.: Die Evolution des Begehrens. Geheimnisse der Partnerwahl, München: Wilhelm Goldmann Verlag, 1997

ders: Wo warst du? Der Sinn der Eifersucht. Reinbek: Rowohlt Verlag, 2003

Clasen-Holzberg, Claudia; Holzberg, Oskar: Familie im Gleichgewicht, in: Brigitte, Kursbuch Familie, Köln: Naumann & Göbel, 2000

Connell, Robert W.: Der gemachte Mann. Konstruktion und Krise von Männlichkeiten, 2. Aufl., Opladen: Leske + Budrich, 2000

Crenshaw, Theresa L.: Die Alchemie von Liebe und Lust. Hormone steuern unser Liebesleben, München: Deutscher Taschenbuchverlag, 1999

Dym, Barry; Glenn, Michael L.: Liebe, Lust und Langeweile. Die Zyklen intimer Paarbeziehungen, München: Deutscher Taschenbuch Verlag, 1997

Ehrenreich, Barbara: Angst vor dem Absturz. Das Dilemma der Mittelklasse, München: Kunstmann, 1992

Faludi, Susan: Männer, das betrogene Geschlecht, Reinbek: Rowohlt Taschenbuchverlag, 2001

Felser, Georg: Bin ich so wie du mich siehst? Die Psychologie der Partnerwahrnehmung, München: Beck, 1999

Felton-Collins, Victoria; Blair Brown, Suzanne: Paare und Geld. Hört beim Geld die Liebe auf? Hamburg: Kabel, 1992

Fisher, Helen: Why We Love. The Nature and Chemistry of Romantic Love, New York: Henry Holt, 2004

ders.: Anatomie der Liebe. Warum Paare sich finden, sich binden und auseinandergehen, München: Droemer Knaur, 1993

Gergen, Kenneth J.: Das übersättigte Selbst. Identitätsprobleme im heutigen Leben, 1. Aufl., Heidelberg: Carl Auer-Systeme, Verlag und Verlagsbuchhandlung, 1996

Giddens, Anthony: Wandel der Intimität. Sexualität, Liebe und Erotik in modernen Gesellschaften, Frankfurt am Main: Fischer Taschenbuch Verlag, 1992

Gillis, John R.: Mythos Familie. Auf der Suche nach der eigenen Lebensform, Weinheim und Berlin: Beltz Quadriga Verlag, 1997

Gottman, John; Silver, Nan: Die 7 Geheimnisse der glücklichen Ehe, 2. Aufl., München: Marion von Schröder Verlag, 2000

Gottman, John: Laß uns einfach glücklich sein! Der Schlüssel zu einer harmonischen Partnerschaft, München: Wilhelm Heyne Verlag, 1995

Grammer, Karl: Signale der Liebe. Die biologischen Gesetze der Partnerschaft, 1. Aufl., Hamburg: Hoffmann und Campe, 1993

Gray, John: Männer sind anders. Frauen auch. München: Goldmann, 1993

Hassebrauck, Manfred; Küpper, Beate: Warum wir aufeinander fliegen. Die Gesetze der Partnerwahl, Reinbek: Rowohlt Verlag, 2002

Hellinger, Bert: Ordnungen der Liebe. Ein Kurs-Buch, Heidelberg: Carl Auer-Systeme, Verlag und Verlagsbuchhandlung, 1994

Hendrix, Harville: Soviel Liebe, wie du brauchst. Das Therapiebuch für eine erfüllte Beziehung, Düsseldorf und Wien: ECON-Taschenbuch-Verlag, 1992

Hettlage, Robert: Familienreport. Eine Lebensform im Umbruch, 2., aktualisierte Aufl., München: C. H. Beck, 1998

Horsfield, Margaret: Der letzte Dreck. Von den Freuden der Hausarbeit, Berlin: Rütten & Loening, 2001

Illouz, Eva: Der Konsum der Romantik. Liebe und die kulturellen Widersprüche des Kapitalismus, Frankfurt am Main: campus Verlag 2003

Imber-Black, Evan; Roberts, Janine; Whiting, Richard A.: Rituale. Rituale in Familien und Familientherapie, Heidelberg: Carl-Auer-Systeme, 1993

Jacoby, Mario: Scham, Angst und Selbstwertgefühl, Düsseldorf: Walter, 2000

Jaeggi, Eva; Hollstein, Walter: Wenn Ehen älter werden. Liebe, Krise, Neubeginn, 4. Aufl., München: Piper Verlag, 1998

Keen, Sam: Die Lust an der Liebe. Leidenschaft als Lebensform, Weinheim; Basel: Beltz Verlag 1984

Kirshenbaum, Mira: Soll ich bleiben, soll ich gehen? Ein Beziehungs-Check, 1. Aufl., Bern; München; Wien: Scherz Verlag, 1996

Koch, Klaus; Schwertfeger, Bärbel: Zu zweit am Ende. Phasen der Trennung, München: Deutscher Taschenbuch Verlag, 1998

Kreppold-Gröger, Gabriele; Kreppold, Josef: Der Weg zu zweit. Als Paar zueinander finden, ohne sich selbst aufzugeben, Freiburg im Breisgau: Verlag Herder, 1998

Lasch, Christopher: Das Zeitalter des Narzissmus, Hamburg: Hoffmann und Campe Verlag, 1995

Lazarus, Arnold: Fallstricke der Liebe. Vierundzwanzig Irrtümer über das Leben zu zweit, 3. Aufl., Stuttgart: Klett-Cotta, 1989

Lenz Gerhard; Osterhold, Gisela; Ellebracht, Heiner: Erstarrte Beziehung – heilendes Chaos. Einführung in die systemische Paartherapie und -beratung, Freiburg im Breisgau: Verlag Herder, 1995

Meier, Heinrich; Neumann, Gerhard: Über die Liebe. Ein Symposion, 2. Aufl., München: Piper Verlag, 2001

Meier, Heinrich; Ploog, Detlev (Hg.): Der Mensch und sein Gehirn. Die Folgen der Evolution, 2. Aufl., München: Piper, 1997

Michel, Karl Markus; Karsunke, Ingrid; Spengler, Tilman: Kursbuch Das liebe Geld, Heft 130 (Dezember 1997), Berlin: Rowohlt

Michel, Karl Markus; Spengler, Tilman: Kursbuch Männer, Heft 127 (März 1997), Berlin: Rowohlt Verlag

Mitchell, Stephen A.: Can Love Last? The Fate of Romance over Time, New York: Norton, 2003

Moeller, Michael Lukas: Auf dem Weg zu einer Wissenschaft von der Liebe, Reinbek: Rowohlt Taschenbuch Verlag, 2002

ders.: Wie die Liebe anfängt. Die ersten drei Minuten, 2. Aufl., Reinbek: Rowohlt Taschenbuch Verlag, 2003

ders.: Worte der Liebe. Erotische Zwiegespräche. Ein Elixier für Paare, 4. Aufl., Reinbek: Rowohlt Taschenbuch Verlag, 2001

Morris, Richard: Darwins Erbe. Der Kampf um die Evolution, Hamburg: Europa Verlag 2002

Nave-Herz, Rosemarie: Familie heute: Wandel der Familienstrukturen und Folgen für die Erziehung, Darmstadt: Primus Verlag, 1997

Neuburger, Robert: Mythos Paar. Was Paare verbindet, Düsseldorf: Walter, 1999

Notarius, Clifford; Markman, Howard: Wir können uns doch verstehen. Paare lernen mit Differenzen leben, Reinbek: Rowohlt Verlag, 1996

Nuber, Ursula: Die Egoismus-Falle. Warum Selbstverwirklichung so oft einsam macht, Frankfurt a. M.: Fischer, 2000

Olivier, Christiane: Jokastes Kinder. Die Psyche der Frau im Schatten der Mutter, Düsseldorf: Claassen, 1987

Pease, Allan & Barbara: Warum Männer nicht zuhören und Frauen schlecht einparken, 14. Aufl., München: Ullstein, 2001

Petri, Horst: Verlassen und verlassen werden. Angst, Wut, Trauer und Neubeginn bei gescheiterten Beziehungen, Stuttgart; Zürich: Kreuz Verlag, 1991

Phillips, Adam: Monogamie. ... aber drei sind ein Paar, Frankfurt am Main: Fischer Taschenbuch Verlag, 1997

Riehl-Emde, Astrid: Liebe im Fokus der Paartherapie, Stuttgart: Klett-Cotta, 2003

Rose, Steven: Darwins gefährliche Erben. Biologie jenseits der egoistischen Gene, München: C. H. Beck, 2000

Rosenberg, Marshall B.: Konflikte lösen durch gewaltfreie Kommunikation, Freiburg im Breisgau: Verlag Herder, 2004

Rubin, Theodore: Gegeneinander oder miteinander? Beziehungsfallen erkennen- Freunde gewinnen, München: mvg-Verlag, 1990

Satir, Virginia: Selbstwert und Kommunikation. Familientherapie für Berater und zur Selbsthilfe, 11. Aufl., München: Pfeiffer, 1993

Scarf, Maggie: Autonomie und Nähe. Grundkonflikte in der Partnerschaft, 5. Aufl., München: Heyne, 1989

Schmid-Fahrner, Christine: Spielregeln der Liebe. Integrativ systemische Paartherapie, München: Deutscher Taschenbuchverlag, 1997

Schmidt, Gunter: Das Verschwinden der Sexualmoral. Über sexuelle Verhältnisse, Hamburg: Klein, 1996

Schmidt, Gunter; Strauß, Bernhard (Hg.): Sexualität und Spätmoderne. Über den kulturellen Wandel der Sexualität, Stuttgart: Enke, 1998

Schoch, Anna: Perspektiven für erwachsene Männer, Zürich: Orell Füssli, 1997

Schwartz, Pepper: Everything You Know about Sex Is Wrong. Twenty-five Relationships Myths Redefined to Achieve Happiness and Fulfillment in Your intimate Life, New York: Putnam, 2000

Shem, Samuel; Surrey, Janet: Alphabete de Liebe. Warum Mann und Frau *doch* zusammen passen, Stuttgart: Klett-Cotta, 1999

Tannen, Deborah: Du kannst mich einfach nicht verstehen. Warum Männer und Frauen aneinander vorbeireden, Hamburg: Kabel, 1991

Welter-Enderlin, Rosmarie: Deine Liebe ist nicht meine Liebe, Freiburg im Breisgau: Verlag Herder, 1996

ders.: Paare, Leidenschaft und lange Weile. Frauen und Männer in Zeiten des Übergangs, München: Piper, 1992

Wile, Daniel B.: Couples Therapy. A Nontraditional Approach, New York: Wiley-Interscience, 1993

Willi, Jürg: Die Zweierbeziehung, Spannungsursachen Störungsmuster Klärungsprozesse Lösungsmodelle, Reinbek: Rowohlt Verlag, 1990

ders.: Psychologie der Liebe. Persönliche Entwicklung durch Partnerbeziehungen, Stuttgart: Klett-Cotta, 2002

ders.: Was hält Paare zusammen? Reinbek: Rowohlt Verlag, 1991

Witte, Erich H.; Wallschlag, Helga: Die fünf Säulen der Liebe. Wie Paare glücklich bleiben, Freiburg im Breisgau: Verlag Herder, 2000

Wolf, Doris: Wenn der Partner geht... Wege zur Bewältigung von Trennung und Scheidung, 14. Aufl., Mannheim: PAL, 2001

Yablonsky, Lewis: Der Charme des Geldes, Köln: Edition humanistische Psychologie, 1992

Zilbergeld, Bernie: Die neue Sexualität der Männer, DGVT-Verlag, 2000

ders.: Männliche Sexualität, DGVT-Verlag, 2000

Uwe Böschemeyer
Das Leben meint mich

400 Seiten mit 13 Abb.
ISBN 3-8319-0016-7

Dieses Jahrbuch ist eine starke Herausforderung, das Leben zu bejahen. Es ist mit Herz und Verstand in einer einfachen und emotionalen Sprache geschrieben. Das Buch basiert auf vielen Erfahrungen im Umgang mit Menschen. Die Inhalte umspannen die ganze Weite des Lebens. Der Autor bleibt jedoch nicht in Betrachtungen stehen, sondern beschreibt so konkret wie möglich, welche Wege zu Sinn und Glück möglich sind. „Das Leben meint mich" ist eine Fundgrube der Menschenkenntnis und ein Kompaß für die Orientierung im Leben.

Uwe Böschemeyer
Magda Van Cappellen
Bei sich beginnen
17 Wege zum Glück

176 Seiten
ISBN 3-8319-0141-4

Wahrscheinlich verbindet Menschen nichts mehr als die Sehnsucht nach diesem Gefühl: Glück, sagt Uwe Böschemeyer, ist das Erleben eines Menschen, die Situation, in der er sich befindet, voll bejahen zu können und nirgendwo anders sein zu wollen. Die möglichen Wege zu dieser Einstellung beschreibt er anschaulich und konkret. Anhand eines Fallbeispiels schildert Magda Van Cappellen in berührender Weise die therapeutische Begleitung einer jungen Frau, die unglücklich kam und glücklich ging.

Uwe Böschemeyer
Das heitere Enneagramm
Eine verständliche und humorvolle Typenlehre

144 Seiten mit 9 Abb.
ISBN 3-8319-0090-6

Die inzwischen weltweit bekannte Typenlehre des Enneagramms ist ein Glücksfall für die Psychologie.
Sie beschreibt neun menschliche Charaktere, die sich im Denken, Fühlen und Handeln unterscheiden. Hätten wir mehr Kenntnis von unserem eigenen Typus und dem uns nahestehender Menschen, fiele uns der Umgang miteinander leichter. Uwe Böschemeyer führt verständlich und humorvoll in diese Schatzgrube der Menschenkenntnis ein und regt dazu an, daraus persönliche Schlüsse zu ziehen.

Stephan Peeck
Woher kommt die Kraft zur Veränderung?
Neue Wege zur Persönlichkeitsentwicklung

312 Seiten
ISBN 3-8319-0222-4

Sich und ihr Leben verändern, das wollen viele Menschen. Doch woher bekommen wir die Kraft dazu, es auch wirklich zu tun?
Konkret und lebensnah entfaltet Stephan Peeck Methoden, mit denen sich die wichtigsten inneren Kraftquellen zur persönlichen Weiterentwicklung erschließen und typische Hindernisse auf diesem Weg überwinden lassen. Der erfahrene Therapeut zeigt, wie sich aus Träumen und Wertimaginationen starke Lebensenergie schöpfen lässt und leitet dazu an, verborgene Motivationskräfte neu zu entdecken.

Christa Pauls, Uwe Sanneck,
Anja Wiese
Rituale in der Trauer

144 Seiten mit 42 Abb.
ISBN 3-8319-0110-4

Rituale sind als Begleiter in der Trauer von unschätzbarem Wert. Die Autoren stellen ihre Arbeit mit Trauernden in einem von ihnen entwickelten ganzheitlichen Ansatz vor und geben Einblick in die in ihrer Form einzigartige Auseinandersetzung mit trauernden Menschen. Trauernden und Personen, die Trauernde begleiten, bietet das Buch wertvolle Hilfe und vielfältige Anregung.

Sigrid Baschek
Herta Betzendahl
Wo sind meine Schuhe?
Was ist ein Trauma und wie bewältigt man es?

168 Seiten
ISBN 3-8319-0229-1

Die Bewältigung ihres schweren Kriegstraumas erzählt Sigrid Baschek eindrucksvoll und sehr bewegend: den Tod des Vaters und die grausame Flucht aus dem Osten. Mehr als 50 Jahre später schildert die erwachsene Frau ihr traumatisch besetztes Kindheitsschicksal und lässt den Leser an der direkten Traumaarbeit und der Bewältigung ihres Traumas teilhaben.
Die Psychotherapeutin Herta Betzendahl stellt dar, was ein Trauma ist und wie Betroffene und Angehörige damit umgehen können.
Ein wichtiges Buch für die erst jetzt einsetzende Diskussion.

Stefanie Stahl
Melanie Alt
So bin ich eben!
Erkenne dich selbst und andere

272 Seiten
ISBN 3-8319-0200-3

Sich und andere zu verstehen ist so schwer und doch so einfach. Wer hätte sie nicht gern, eine „Gebrauchsanweisung“ für sich selbst und für seine Mitmenschen? Amüsant und fundiert stellen die Autorinnen die Typenlehre nach C. G. Jung und Myers/Briggs vor.
Ein Buch mit vielen Aha-Erlebnissen: Plötzlich sieht man typisch menschliche Verhaltensweisen in einem ganz neuen Licht. Verbunden werden diese Einsichten mit konkreten Ratschlägen, wie man mit sich selbst und seinen Mitmenschen am besten zurechtkommt.
Mit Persönlichkeitstest!

Astrid von Friesen
So haben wir das nicht gewollt!
Die Emanzipation und ihre Folgen für Frauen, Männer und Kinder

168 Seiten
ISBN 3-8319-0256-9

Was ist bloß los mit Männern und Frauen? Der Feminismus der 70er Jahre hat uns Frauen viel gebracht, doch die Mann-Frau-Beziehungen werden immer komplizierter.
Astrid von Friesen, Therapeutin und Journalistin, beschreibt witzig und selbstironisch ihren eigenen Werdegang als aufmüpfige, feministisch engagierte junge Frau. Sie reflektiert jedoch auch kritisch über die negativen Folgen der Emanzipation und fordert eine Emanzipationsbewegung der Männer und eine neue Rollendiskussion, um zu einem kreativen und friedfertigen Miteinander zu gelangen.

Bibliographische Information der Deutschen Bibliothek
Die Deutsche Bibliothek verzeichnet diese Publikation in der Deutschen Nationalbibliographie; detaillierte bibliographische Daten sind im Internet über <http://dnb.ddb.de> abrufbar.

ISBN 3-8319-0246-1

Texte: Oskar Holzberg, Hamburg
Die Texte „Kultur und Partnerschaft", „Kommunikation: Rede mit mir", „Wie die Liebe sich ändert" und „Gespräch mit der Liebe" erscheinen mit freundlicher Genehmigung der Zeitschrift BRIGITTE.
Illustrationen: Peter Gaymann, Köln
Lektorat: Inga Klingner, Hamburg
Gestaltung: Büro Brückner + Partner, Bremen
Druck: Tutte Druckerei GmbH, Salzweg bei Passau
Bindung: S. R. Büge GmbH, Celle